추천사

이 책은 딸을 키우는 엄마들의 필독서입니다. 이 책은 10대, 20대뿐만 아니라 그 이후에도 우리의 딸들이 거짓된 생각과 유혹에 흔들리지 않고 당당하게 서도록 돕는 강력한 지침서입니다. 미래를 위해 자녀가 진리로 무장하게 해 주세요. 오래된 금언대로, 예방이 치료보다 훨씬 더 중요합니다.

— 메리 A. 카시안,
『현명한 소녀들』의 저자

저는 낸시 드모스 월게머스와 다나 그레쉬가 쓴 『1020 여성들이 믿고 있는 거짓말』(세움북스 역간)을 감명 깊게 읽었습니다. 어린 소녀들이 이 책을 읽고 거짓말의 유혹에서 자유롭게 되리라는 생각에 마음이 벅차오릅니다. 물론 이 일을 이루시는 분은 예수님이지만, 이 책은 그 과정을 더 쉽게 이해하고 경험할 수 있도록 잘 설명해 줍니다. 이 책을 빨리 제 손녀들에게 주고 싶습니다!

— 캐시 로리,
하베스트 크리스천 펠로우십 교회의 여성 사역인 '버추'(Virtue)의 설립자이자 디렉터

소녀들이 진리를 발견하고, 신뢰와 관계를 깨뜨리는 거짓말을 깨닫도록 돕고 싶다면 이 책은 매우 훌륭한 방법이 될 것입니다. 다나 그레쉬는 소녀들이 자신에 대한 잘못된 믿음을 바로잡고, 그리스도가 그들의 삶을 위해 세우신 목적을 발견할 수 있도록 거짓과 진리를 명확하게 비교하고 쉽게 설명합니다.

— 론 헌터 주니어, D6 콘퍼런스의 공동 설립자이자 디렉터,
『DNA of D6: 세대별 제자훈련의 구성 요소』의 저자

추천사

우리 딸들은 "성공한 여성이 최고다" 혹은 "여자들이 세상을 지배한다"처럼, 그럴듯하지만 진리와는 동떨어진 말들이 넘쳐나는 세상에 살고 있습니다. 하지만 그것이 진짜 진리일까요? 아닙니다. 진리는 예수님이 참된 주인이시고 세상을 다스리신다는 것입니다! 다나 그레쉬가 소셜 미디어, 대중문화 그리고 부정적인 친구들이 전하는 거짓된 메시지에 우리 딸들이 맞서 싸울 수 있도록 이 책을 써 주어서 정말 고맙습니다. 딸과 함께 이 책을 들고 좋아하는 장소로 가서 대화를 나누어 보세요. 이 책이 딸과 의미 있는 대화를 시작하는 좋은 출발점이 될 거라고 확신합니다.

— 알린 펠리케인,
강연가, 『페어런츠 라이징』과 『행복한 엄마가 되는 31일』의 저자

딸들의 삶은 어머니들이 하나님의 진리를 아느냐에 달려 있습니다. 이 말이 진부하게 들릴 수도 있지만, 저는 딸의 생명을 구하는 데 이것을 가장 중요한 원칙으로 삼았고, 지금도 그렇습니다. 다나 그레쉬는 어머니와 딸이 함께 거짓을 물리치고, 하나님의 사랑, 가정, 친구 관계 그리고 미래에 관해 하나님이 주신 진리를 발견하는 과정을 자세히 설명합니다. 우리 딸들은 이 책을 통해 하나님의 진리를 듣고 묵상하며 믿음으로 실천하는 방법을 배울 것입니다. 하나님의 진리를 따를 때 진정한 자유를 누릴 수 있습니다.

— 제니 서머스,
임신 자원 클리닉 총괄 디렉터이자 여덟 아이의 엄마

진리 위에
딸 세우기

A Mom's Guide to Lies Girls Believe
Copyright © 2019 by Dannah Gresh
First published in the United States by Moody Publishers, 820 N. LaSalle Blvd., Chicago, IL 60610
with the title *A Mom's Guide to Lies Girls Believe*
All rights reserved.

This Korean translation edition © 2025 by Timothy Publishing House, Inc.,
Seoul, Republic of Korea
Published and translated by permission.

이 한국어판의 저작권은 Moody Publishers와 독점 계약한 (주)도서출판 디모데에 있습니다.
신저작권법에 따라 한국 내에서 보호받는 저작물이므로 무단 전재와 무단 복제를 금합니다.

진리 위에 딸 세우기

1쇄 발행	2025년 9월 25일
지은이	다나 그레쉬
옮긴이	고동일
펴낸이	고종율
펴낸곳	주)도서출판 디모데〈파이디온선교회 출판 사역 기관〉
등록	2005년 6월 16일 제 319-2005-24호
주소	서울특별시 서초구 서초대로 141-25(방배동, 세일빌딩)
전화	마케팅실 070) 4018-4141
팩스	마케팅실 02) 6919-2381
홈페이지	www.timothybook.com

ISBN 978-89-388-1722-8 (03230)
ⓒ 2025 도서출판 디모데 All rights reserved. 〈Printed in Korea〉

일러두기
본문에 나오는 한글 성경은 새번역을 사용하였고, 그 밖의 경우는 따로 밝혀 두었습니다.

『앗, 내가 이런 거짓말을 믿었다니!』
부모 가이드

진리 위에 딸 세우기

다나 그레쉬 지음
고동일 옮김

차례

머리말 _ 11

들어가는 말
    엄마가 딸의 감정에 대해 알아야 할 모든 것 _ 15

1부
딸을 도울 준비하기 (엄마가 믿고 있는 3가지 거짓말 파헤치기) _ 25

    1장   우리는 결정해야 한다 _ 29
    2장   진리 안에서 딸을 양육하는 법 _ 47
    3장   은혜는 어떤 역할을 하는가? _ 61

2부
소녀들이 믿고 있는 거짓말 그리고 자유롭게 하는 진리 _ 73
(딸의 삶에 진리의 씨앗 심기)

    4장   **하나님에 대한 진리와 거짓말** _ 77

        진리 1 하나님은 언제나 너를 변함없이 사랑하셔. _ 83
        거짓말 "하나님은 내가 착할 때만 나를 사랑하셔."

        진리 2 하나님만으로 충분해! _ 86
        거짓말 "하나님만으로는 부족해."

        진리 3 예수님을 믿고 구주로 영접하면 그리스도인이 될 수 있어. _ 88
        거짓말 "나는 _____ 이기 때문에 그리스도인이야."

5장 나에 대한 진리와 거짓말 _ 95

| 진리 4 | 하나님이 너를 선택하셨어! _ 101 |
| 거짓말 | "나는 부족해." |

| 진리 5 | 하나님은 내면의 아름다움을 더 중요하게 여기셔. _ 104 |
| 거짓말 | "예쁜 소녀가 더 가치 있어." |

| 진리 6 | 너는 더 많은 책임을 감당할 수 있어. _ 107 |
| 거짓말 | "나는 더 많은 자유를 누리고 싶어." |

6장 가족에 대한 진리와 거짓말 _ 113

| 진리 7 | 모든 가족은 특별해. 그래서 좋은 거야. _ 119 |
| 거짓말 | "우리 가족은 정말 이상해." |

| 진리 8 | 상처 입은 가정도 행복할 수 있어. _ 123 |
| 거짓말 | "우리 가족은 서로 멀어져서 절대 행복할 수 없어." |

| 진리 9 | 부모님을 공경하면 하나님이 주시는 기쁨을 누릴 수 있어. _ 126 |
| 거짓말 | "부모님은 나를 조금도 이해하시지 못해." |

7장 죄에 대한 진리와 거짓말 _ 133

| 진리 10 | 죄는 우리를 하나님에게서 멀어지게 해. _ 139 |
| 거짓말 | "내 죄는 별것 아니야." |

| 진리 11 | 죄를 숨기면 더 큰 어려움을 겪게 될 거야. _ 142 |
| 거짓말 | "내 죄를 굳이 고백할 필요 없어." |

| 진리 12 | 우리가 보고 듣는 모든 것은 참되고, 경건하며, 옳고, 순결하며, 사랑스럽고, 명예로우며, 덕이 되고, 칭찬할 만한 것이어야 해. _ 146
| 거짓말 | "내가 보고 듣는 것은 별로 중요하지 않아."

8장 여자에 대한 진리와 거짓말 _ 153

| 진리 13 | 하나님은 남자와 여자를 다르게 만드셨어. _ 163
| 거짓말 | "남자와 여자는 별로 다르지 않아."

| 진리 14 | 생명을 만드는 능력은 특별한 축복이야. _ 166
| 거짓말 | "생리가 시작되면 정말 끔찍할 거야."

9장 이성 친구에 대한 진리와 거짓말 _ 173

| 진리 15 | 이성 친구에게 지나치게 관심을 갖지 않도록 마음을 다스릴 수 있어. _ 180
| 거짓말 | "이성 친구에게 푹 빠져도 괜찮아."

| 진리 16 | 우리에게는 지혜로운 조언이 항상 필요해. _ 182
| 거짓말 | "이성 친구에 관해 엄마랑 이야기할 필요 없어."

10장 우정에 대한 진리와 거짓말 _ 189

| 진리 17 | 우리에게는 믿을 만한 친구가 필요해. 그런 친구를 찾는 가장 좋은 방법은 내가 먼저 믿을 수 있는 친구가 되는 거야. _ 196
| 거짓말 | "나는 친구가 없어."

| 진리 18 | 다른 사람을 향한 말과 생각은 하나님을 기쁘시게 해야 해. _ 199
| 거짓말 | "다른 사람에게 상처 주어도 괜찮아."

11장   미래에 대한 진리와 거짓말 _ 205

  진리 19   아내와 엄마가 되는 것은 중요하고 멋진 일이야. _ 211
  거짓말   "아내와 엄마로만 사는 건 멋지지 않아."

  진리 20   너는 지금 미래의 네 모습을 빚고 있어. _ 215
  거짓말   "나는 아직 어려서 _____ 을(를) 할 수 없어."

3부
우리를 자유롭게 하는 진리(거짓말을 분별하고 진리로 바꾸는 방법)_ 221

12장   뿌리를 뽑으라(거짓말을 알아차리고 분별하는 방법) _ 225
13장   진리를 심으라(거짓말을 진리로 바꾸는 방법 8) _ 237
14장   진리의 허리띠를 매라(진리로 자유로워지는 방법) _ 247

20가지 핵심 진리 _ 251
포커스 그룹 결과 요약 _ 257
초등학교 여자 어린이 설문 조사 결과 요약 _ 262
감사의 말 _ 272
주 _ 275

머리말

낸시

당신의 마음에 제 마음이 닿기를 바라며.

2001년『여성들이 믿고 있는 거짓말』(Lies Women Believe, 세움북스 역간)을 처음 펴냈을 때, 저는 특히 대적의 속임수에 빠진 여성들을 돕고 싶은 마음이 컸습니다. 그런데 책을 읽은 많은 여성이 자신이 믿었던 거짓말이 십대 때부터 마음속에 뿌리내렸다고 고백했습니다.

이런 이야기를 들으며, 거짓말이 뿌리내리고 삶에 파괴적인 결과를 초래하기 전에 젊은 여성들과 이 문제를 나누어야 할 필요성을 더 깊이 느끼게 되었습니다. 그래서 2008년에 저는『1020 여성들이 믿고 있는 거짓말』(Lies Young Women Believe, 세움북스 역간)을 함께 집필하려고 다나 그레쉬에게 손을 내밀었습니다.

그때는 그보다 더 어린 소녀들이 거짓말을 인식하고 극복할 수 있도록 돕는 또 다른 책이 필요할 거라고는 예상하지 못했습니다. 그 당시 이 연령대의 소녀들은 십대들처럼 거짓말과 싸워야 하는 상황에 있지 않았습니다. 또한 엄마와 할머니들이 거짓말을 믿으며 살아온 결과가 아직 그들의 삶에 뚜렷이 드러나지도 않았습니다.

그러나 다나와 제가 십대를 위한 책을 쓰는 동안, 상황은 빠르게 변하고 있었습니다. '초등학교 고학년'(tween)이라는 단어는 1941년에 처음 등장했지만, 8세에서 13세 사이의 새로운 소비자층을 묘사하는 용어로 본격적으로 사용되기 시작했습니다. 기업들은 성인과 십대를 대상으로 하던 제품의 시장을 넓히려고 이 연령대를 새로운 타깃으로 삼았습니다. 그 결과, 화장품이나 브랜드 의류 같은 물건이 어린 소녀들에게 갑자기 '필수품'처럼 여겨지기 시작했습니다.

결과는 금세 드러났습니다. 아직 사춘기도 겪지 않은 많은 소녀 사이에서 우울증, 신체 이미지 문제, 섭식 장애가 급격히 증가하기 시작한 것입니다. 그리고 지난 10여 년 동안 이 문제는 더욱 악화되었습니다.

어린 소녀들을 위한 책을 펴내기로 결심한 두 가지 중요한 이유가 있습니다.

1. 세상의 자극적인 콘텐츠들이 초등학교 여자 어린이들을 타깃으로 삼고 있습니다

세상의 거짓말에서 딸을 지켜 주려고 이 책을 읽고 있는 모든 엄마의 마음에 깊이 공감합니다. 저는 딸은 없지만, 친딸과 다름없는 소중한 어린 소녀들과 젊은 여성들 그리고 이제는 손녀 같은 아이들이 있습니다. (그중 몇몇은 제 결혼식에서 벨을 울리는 귀여운 화동 역할을 했답니다!)

저는 이 아이들이 망가진 세상의 죄악과 추한 모습을 목격하지 않았으면 좋겠습니다.

하지만 한때 유대-기독교적 가치를 기반으로 했던 미국의 문화는 이제 완전히 포스트 기독교 사회로 변했으며, 이 문화는 기만적인 사고방식으로 요람에서 무덤까지 우리를 세뇌하려 하고 있습니다. 이를 피할 방법은 없습니다.

솔직히 말하면, 아름다움, 우정, 학업에 대한 압박, 이성 친구 같은 주제 외에도, 다나가 소셜 미디어, 젠더 문제, 동성애 같은 주제도 다루어야 한다고 했을 때 저는 망설였습니다. 많은 질문이 머릿속을 스쳐 지나갔습니다. 과연 그렇게까지 할 필요가 있을까? 여자아이들이 이런 문제를 인식하고 고민하고 있을까? 아직 발달 단계에 있는 어린 마음에 그런 주제를 인식시키고 다루는 것이 적절할까? 곧 아시게 되겠지만, 제가 접한 연구 결과를 보고 저는 무언가를 해야 한다고 확신했습니다. 저는 이러한 어린 마음과 생각을 지키려고 헌신한 다나에게 말로 다할 수 없는 고마움을 전합니다. 이 소중한 소녀들이 이렇게 어려운 문제들을 피하도록 막을 방법은 더는 없습니다. 그래서 우리는 그들이 하나님의 말씀을 알고 믿도록 최선을 다해야 합니다.

2. 초등학교 여자아이들도 삶을 형성하는 영적 성장의 경험을 할 수 있습니다

어린 시절을 간과하기 쉽지만, 이 시기는 영적으로 성장할 수 있는 중요한 때입니다. 엄마들은 자녀가 신체적으로 적절한 속도로 성장하고 있는지 확인하려고 애씁니다. 그리고 요즘 아이들은 학업, 운동, 음악 그리고 사회적 기술을 발전시키고 뛰어난 성과를 내도록 격려받습니다. 하지만 그들의 마음과 하나님과의 관계를 키우는 일에 우리는 얼마나 관심을 기울이고 있을까요?

예수님의 삶은 어린 시절부터 이루어지는 영적 성장의 모델입니다. 성경은 예수님이 "지혜와 키가 자라고, 하나님과 사람에게 더욱 사랑을 받았다"(눅 2:52)라고 말씀합니다. 우리는 모두 몸과 마음, 영혼을 포함해 전인격적으로 성장해야 합니다. 여러분의 딸이 아직 어려도 삶의 방향을 결정할 만한 마음과 영혼의 성장을 충분히 경험할 수 있습니다.

제가 일곱 살이었을 때, 부모님께 쓴 편지가 바로 그 예입니다. 그 편지는 부모님과 다른 분들이 제 마음속에 심어 주신 씨앗이 자라 맺은 열매입니다. (다나는 그 편지를 딸이 읽고 있는 『앗, 내가 이런 거짓말을 믿었다니』 137페이지에 그리고 이 책의 215페이지에 실었습니다.) 그 편지는 어린아이다운 글씨체와 맞춤법 실수로 가득하지만, 저는 그 순간을 기억합니다. 하나님이 저를 '그분을 위한 선교사'로 부르셨다는 것을 느꼈고, 이 놀라운 소식을 부모님께 전하고 싶었습니다.

제 소중한 친구들은 제가 마흔 살이 되었을 때 이 편지를 액자로 만들어 선물해 주었습니다. 지금도 우리 집 거실에 걸려 있는 이 액자는 어린 시절 하나님께 받은 부르심을 떠올려 주는 소중한 증거입니다. 저는 그때의 느낌을 여전히 기억합니다. 제 삶이 하나님께 속해 있으며, 하나님 나라를 위해 그분의 도구로 쓰이도록 구별되었다는 사실을 말입니다.

저는 하나님이 여러분의 딸을 위해 어떤 계획을 세우셨는지는 알 수 없습니다. 하지만 아이가 여덟 살, 열 살에 어떤 생각을 하고, 무엇을 믿으며, 어떤 행동을 하는지가 정말 중요하다는 것은 분명히 압니다. 여러분의 딸이 하나님을 점점 깊이 알고, 온 마음으로 사랑하며, 진리를 분별하여 굳건히 붙드는 법을 배우는 것은 매우 중요한 일입니다.

여자 어린이를 위한 『앗, 내가 이런 거짓말을 믿었다니!』와 이 책은 여러분이 딸의 마음에 진리의 씨앗을 심고, 그것을 잘 돌보아 성장하도록 돕기 위한 도구입니다. 이 중요한 시기에 딸을 잘 양육하는 일은 시간도 많이 들고, 그 과정은 쉽지 않습니다. 그러나 지금 아이의 삶에 쏟는 시간과 노력이 앞으로 수년 그리고 그 이후 세대까지도 열매를 맺는다는 것을 꼭 믿으세요. 하나님이 이 고귀한 소명을 감당할 지혜와 은혜를 풍성히 부어 주시기를 바랍니다. 그리고 여러분과 딸이 함께 진리의 아름다움과 능력을 누리며 기쁨으로 가득하시기를 기도합니다.

낸시 드모스 월게머스
『우리가 믿고 있는 거짓말』 시리즈의 저자이자 편집자,
〈마음을 새롭게 하기〉(Revive Our Hearts)의 설립자이자 진행자

들어가는 말

엄마가 딸의 감정에 대해 알아야 할 모든 것

다음은 딸과 재미있게 대화를 시작하기 좋은 질문입니다. "이 세상에서 가장 큰 생명체는 무엇일까?" 푸른 고래라고 생각할 수도 있지만, 정답이 아닙니다! 정답은 미국 유타주 피시레이크 국립공원에 있는 한 나무인데, 이름도 있습니다. 바로 판도(Pando)입니다. 그리고 그것은 흔히 레드우드라고 알려진 자이언트 세쿼이아가 아닙니다.

판도는 사시나무 거인(Trembling Giant)으로도 불리는 사시나무의 수컷 개체군, 더 정확히 말하면 일종의 군락입니다. 판도는 언뜻 보면 숲으로 보입니다. 하지만 각 나무 줄기의 유전자 표식을 확인한 결과, 이 나무들이 하나의 거대한 뿌리를 공유하고 있다는 사실이 밝혀졌습니다. 이 식물은 106에이커(약 43만 제곱미터)에 걸쳐 퍼져 있으며, 무게는 약 6,600톤으로 추정됩니다. 이는 푸른 고래 약 33마리의 무게와 같습니다!

특별히 이 나무가 흥미로운 점은 깊고 넓게 퍼진 뿌리 덕분에 잦은 산불에서도 생존해 왔다는 것입니다. 불이 덮칠 때 넓게 퍼진 뿌리는 뜨거운 열기에서 판도를 보호합니다. 지하에 뿌리 내리고 있는 이 나무의 생명 근원은 활기를 되찾아, 결국 불이 지나가고 남은 비옥해진 토양 위로 새 묘목이 자라나게 합니다.

반면, 같은 지역에서 자라고 있는 다른 침엽수들은 뿌리 시스템이 얕습니다. 산불이 닥치면 이 나무들은 완전히 불에 타 버립니다.

뿌리는 강력한 존재입니다.

하지만 우리는 뿌리를 볼 수 없습니다. 나무가 튼튼하고 건강해 보여도, 땅속 뿌리가 어떤 상태인지 알려면 시험해 보아야 합니다.

여러분의 딸은 어떤 뿌리를 가지고 있나요? 판도처럼 깊고 넓은 뿌리인가요? 아니면 침엽수처럼 얕고 약한 뿌리인가요? 저는 자녀의 영적 뿌리를 세우기 위해 과거로 돌아가고 싶어 하는 많은 부모를 압니다. 하지만 이미 늦은 경우가 많습니다. 한때 우주복 잠옷을 입던 귀여운 그 아이들은 이제 고등학생이나 대학생이 되어 상처와 죄로 가득한 통계의 한 단면이 되고는 합니다. 하나님을 거리낌 없이 거부하는 극단적인 모습은 아니더라도, 하나님 없는 '좋은 사람'이라는 미묘한 중립성에 안주합니다. 믿음의 뿌리가 충분히 깊지 않았기 때문입니다.

분명히 말하고 싶습니다. 부모가 경건하다고 해서 항상 자녀까지 경건한 것은 아닙니다. 아담과 하와의 이야기가 이를 증명하죠. 하지만 제가 여기서 이야기하려는 것은 그런 경우가 아닙니다. 제가 말하려는 것은, 자신이 더 잘할 수 있었다고 후회하는 부모들에 대한 이야기입니다. 그들은 건강 관리나 방과 후 활동에 신경을 쓰는 만큼 진리를 심는 데에는 그다지 관심이 없었다고 고백합니다. 학업을 너무 소중히 여긴 반면, 영적 성품에는 소홀했던 것에 대한 후회가 쌓여 고통스러울 정도로 무거운 짐이 되었다고 말합니다. 이 부모들은 이제 성인이 된 딸을 기적적으로 구해 주시기를 하나님께 기도하며 간절히 기다리고 있습니다.

저는 여러분이 그런 부모가 되지 않기를 바랍니다. 여러분의 딸이 아직 어린 지금, 여러분을 돕고 싶습니다. 물론 이 과정이 확실한 결과를 보증할 수는 없지만, 여러분이 자녀의 마음에 진리를 심으려고 의도적으로 노력했다는 사실만큼은 분명히 남을 것입니다.

저는 제 두 딸, 렉시와 어텀과 함께 이 과정을 겪었습니다. 이제 그 아이들은 20대가 되어 '성인의 삶'을 실제로 경험하며 자신만의 자리를 찾아가고 있습니다. 물론, 그들의 삶은 완벽하지 않고, 저 역시 그들을 완벽하다고 말하고 싶지는 않습니다. 그러나 우리가 사춘기와 청소년기를 단순히 견뎌 낸 것이 아니라, 그 시간을 즐기며 의미 있게 보냈다는 점은 기쁘게 이야기할 수 있습니다.

물론 그 시절 이후로 많은 것이 변했습니다. 그래서 여러분이 직면한 양육 현실을 이해하고 싶었습니다. 이를 위해, 저는 전국을 여행하며 초등학교 여자아이들의 엄마를 대상으로 포커스 그룹을 만들고 인터뷰를 했습니다. 엄마들이 걱정하는 문제는 것은 아래와 같았습니다.

- 🍎 "제 딸은 5학년 때 여성의 권리와 낙태에 대해 배웠습니다. 아이의 학교 선생님은 강경한 페미니스트였고, 자신의 정치적 신념을 교과 과정에 통합해 가르쳤습니다. 저는 그 나이 때 그런 문제에 대해 전혀 알지 못했어요."

- 🍎 "요즘 맞춤형 광고가 더욱 증가하고 있습니다. 거대 미디어 기업들은 더 많은 수익을 올리려고 마케팅을 연구하면서 초등학생을 타깃으로 하는 시장에 주목했습니다. 특히 그들은 여자아이들을 주요 대상으로 삼았습니다. 과거에는 장난감이 중심이었지만, 이제는 화장품, 음식, 의류 등으로 광고 품목이 바뀌었습니다. 우리 딸들은 이런 제품들이 꼭 필요하다고 믿게 되었습니다."

- 🍎 "제 딸이 도서관에서 책을 한 권 빌려 왔습니다. 그 책의 주인공은 엄마가 둘이고, 역시 엄마가 둘인 소년을 만나는 이야기를 담고 있었습니다. 핵심은 엄마가 두 명인 것을 강조한 것이었죠. 제가 실망한 것은 공립 도서관에서 이런 특정한 관점을 주입하려는 책을 2학년밖에 되지 않은 우리 딸이 열람할 수 있었다는 것입니다."

- 🍎 "제 딸이 3학년이었을 때, 5학년 학생이 스스로 목숨을 끊은 일이 있었습니다. 제가 그 나이 때는 아이가 자살한다는 것을 들어 본 적이 없습니다."

이 엄마들은 복잡하고 민감한 주제들을 딸과 안전하면서도 그 나이에 어울리는 방식으로 이야기할 방법을 찾고 있었습니다. 혼란스러운 거짓말을 배제하면서 말이죠. 솔직히 말하자면, 이런 주제들은 우리 같은 어른들도 다루기 쉽지 않습니다. 그렇다면, 이런 주제들을 열 살짜리 아이와는 어떻게 이야기할 수 있을까요? 그리고 꼭 이야기해야 할까요?

    초등학교 고학년 시기에 느끼는 복잡한 감정 때문에 이러한 대화를 언제, 어떻게 시작해야 할지 결정하는 것이 더욱 어렵습니다. 엄마들이 딸을 묘사하며 사용한 단어는 '불안', '당황스러움', '혼란스러움', '스트레스', '화', '우울', '부끄러움', '외로움' 등이었습니다. 엄마들은 딸들이 삶에 대해 보이는 반응이 발달 단계상 정상인지, 아니면 걱정해야 할 문제인지 계속해서 제게 물었습니다. 이는 간단히 답할 수 없는 중요한 질문입니다. 모든 엄마가 스스로 답을 찾아야 하는 문제죠. 하지만 제가 여러분을 도우려고 도구를 개발했습니다. 저는 여러분과 딸이 건강하지 못한 감정을 식별할 수 있도록 '찝찝한 감정'이라는 용어를 만들었습니다. 이 개념을 고등학교와 대학교 여학생들에게 적용해 보았고, 우리의 감정적 반응이 건강한지 아니면 무언가 문제가 있다는 경고 신호인지를 판단하는 데 모두가 사용할 수 있는 유용한 도구라고 생각합니다.

찝찝한 감정

딸의 사랑스럽고 작은 몸은 곧, 혹은 이미 호르몬 변화로 복잡한 문제를 겪기 시작했을 것입니다. 이러한 변화는 건강한 감정과 건강하지 않은 감정을 구분하는 것을 어렵게 합니다. 하지만 그렇게 할 수 있습니다.

    『앗, 내가 이런 거짓말을 믿었다니!』(여자 어린이)의 서문에서 저는 여러분의 딸을 위해 이렇게 썼습니다.

> 하나님은 좋은 감정과 나쁜 감정을 모두 만드셨어요. 우리가 하나님의 진리를 떠올린 다음 감정에 반응하면, 이 감정들은 우리에게 유익할 수 있어요. 하

지만 이유도 모른 채 나쁜 감정이 계속해서 사라지지 않고 **매일 느껴진다면,** 그것은 '찝찝한 감정'일 수 있어요. 그리고 그것은 여러분이 어떤 거짓말을 믿고 있다는 신호예요!

딸이 특정한 감정으로 힘들어하고 있다면, 하나님이 (여러분의 도움을 통해) 진리로 반응하도록 딸에게 요청하시는 것일 수 있습니다. 예를 들어, 딸이 일정이 너무 많아 스트레스를 받고 있다면, 여러분이 딸이 쉴 수 있는 여유를 만들도록 도와야 할지도 모릅니다. 또는, 딸이 화나는 일들에 대해 터놓고 이야기할 수 없다고 느껴 우울해한다면, 자신의 좌절감을 성숙하게 표현하는 방법을 배워야 합니다. 하나님은 우리의 감정을 통해 메시지를 전달하시며, 우리는 그 신호에 반응해야 합니다. 우리가 그렇게 할 때, 그 감정은 종종 자신의 역할을 다했기에 사라지곤 합니다.

하지만 때로는 감정이 딸에게 계속 달라붙어 있을 수도 있습니다. 아무 이유 없이 나타나거나, 한번 나타나면 절대 사라지지 않을 때도 있습니다. 이런 경우에는 문제가 있을 가능성이 큽니다. 모든 엄마가 딸의 감정에 대해 알아야 할 점이 있습니다.

지속적이고 반복적으로 나타나는 찝찝한 감정은 딸의 믿음 체계의 뿌리에 거짓말이 자라고 있다는 증거일 수 있습니다. 딸이 영적으로 속박되어 있을지도 모릅니다.

'영적 속박'(spiritual bondage)이라는 용어는 낸시 드모스 월게머스의 『여성들이 믿고 있는 거짓말』에서 그리스도인 여성들의 경험을 설명하려고 사용한 표현인데, 이는 초등학교 여자 어린이들이 직면하고 있는 위기를 설명하기도 합니다. 제가 진행한 포커스 그룹 인터뷰에 참여한 엄마 중 72퍼센트는 딸의 감정이 훨씬 더 깊고 어두운 내적 싸움의 결과라고 믿고 있었습니다. 한 엄마는 이렇게 표현했습니다. "사탄은 나이에 따라 차별하지 않습니다." 저도 이 말에 동의합니다. 아마 여러분도 그렇게 생각하기 때문에 이 책을 집어 들었을 것입니다. 그렇다면, 우리의 소중한 딸들을 돕기 위해 어디서부터 시작해야 할까요? 낸시의 책 『여성들이 믿고 있는 거짓말』을 통해 100만 명이 넘는 여성이 온갖 종류의 죄, 우울증, 불안, 두려움, 외로움, 중독, 절망 등에서 승리를 경험했습니다. 낸시는 독자들이 뿌리 깊은 거짓말로 인한 영적 속박에서 벗어나도록 인도합니다. 그런 다음, 그 거짓말을 뽑아내고, 하나님의 진리로 대체하도록 돕습니다.

우리 딸들은 거짓말에 속아 왔습니다. 그들이 자유로워지려면 진리가 필요합니다

『앗, 내가 이런 거짓말을 믿었다니』(여자 어린이)와 이 책은 8세에서 13세 사이의 딸을 둔 엄마들의 강력한 요청으로 탄생했습니다. 만약 제가 이렇게 말한다면 어떨까요? 여러분의 딸이 질투심 많고, 까칠하며, 변덕스럽고, 욕심 많고, 속박된 상태로 자라는 대신, 아래와 같이 성장할 수 있다고 말입니다.

이것이 하나님이 여러분과 딸이 살기를 원하시는 자유로운 삶입니다. 물론 예수님은 그것이 쉽지 않을 것이라고 말씀하셨습니다. 예수님은 이렇게 말씀하셨습니다.

👑 진리 한 조각

"도둑[사탄]은 다만 훔치고 죽이고 파괴하려고 오는 것뿐이다. 나는, 양들이 [네 가] 생명을 얻고 또 더 넘치게 얻게 하려고 왔다"(요 10:10).

사탄이 거짓말로 여러분의 딸을 속이려 할 때, 딸의 삶에는 힘든 싸움이 있을 것입니다. 그러나 하나님은 딸이 진리를 알고 믿기를 원하십니다. 저는 여러분과 딸이 이 싸움에서 승리하도록 돕고 싶습니다. 그래서 예수님이 여러분 모두에게 주시려고 오신 풍성한 삶을 누릴 수 있기를 바랍니다. 여러분은 딸이 하나님의 말씀을 받아들이게 할 수는 없습니다. 그러나 딸의 마음에 진리의 씨앗을 심고 진리에 뿌리를 내리도록 도울 수는 있습니다.

구약의 저자들은 뿌리를 잘 내리는 것의 중요성을 잘 알았습니다. 예레미야, 에스겔, 시편 기자들은 모두 이에 대해 기록했습니다. 사도 바울은 그들의 가르침을 바탕으로 이렇게 썼습니다.

👑 진리 한 조각

"그러므로 여러분이 그리스도 예수를 주님으로 받아들였으니, 그분 안에서 살아가십시오. 여러분은 그분 안에 뿌리를 박고, 세우심을 입어서, 가르침을 받은 대로 믿음을 굳게 하여 감사의 마음이 넘치게 하십시오"(골 2:6-7).

『앗, 내가 이런 거짓말을 믿었다니』와 이 책의 목표는 여러분이 딸의 마음에 진리의 씨앗을 심고, 깊고 넓은 뿌리를 내리도록 돕는 것입니다.

어떤가요, 친구 여러분? 이제 함께 씨앗을 심어 볼까요?

『앗, 내가 이런 거짓말을 믿었다니!』(여자 어린이)와 이 책을 함께 사용하는 방법

1. **딸과 같은 속도로 읽으세요.** 딸이 『앗, 내가 이런 거짓말을 믿었다니!』를 읽는 동안, 여러분은 이 책을 같은 속도와 순서로 읽으세요. 예를 들어, 여러분이 이 서문을 읽는 동안 딸도 자기 책에서 서문을 읽도록 안내해 주세요. 두 책의 각 장은 연계되어 있어 엄마와 딸이 깊은 대화를 나누도록 도와줍니다.

2. **딸을 위해 기도하세요.** 이 책의 각 장에는 기도 방법이 실려 있습니다. 예를 들어, 다음과 같이 기도할 수 있습니다.

 하나님과 대화하기

요한복음 10장 10절을 사용해 딸을 위한 기도문을 아래 빈칸에 적어 보세요. 사탄이 딸의 마음을 훔치려 할 때 이를 알아차리는 지혜로운 엄마가 되게 해 달라고 하나님께 간구하세요. 또한 딸이 그리스도 안에서 풍성하고 만족스러운 삶을 누릴 수 있도록 이 책을 도구로 삼아 주시기를 기도하세요.

"도둑[사탄]은 다만 훔치고 죽이고 파괴하려고 오는 것뿐이다. 나는, 양들이[네가] 생명을 얻고 또 더 넘치게 얻게 하려고 왔다"(요 10:10).

3. 딸과 이야기를 나누세요. 해당하는 장 끝에 있는 내용을 토대로 딸과 이야기를 나누어 보세요. 예를 들어, 다음과 같은 형식으로 진행할 수 있습니다.

 **딸과 대화하기**

딸이 『앗, 내가 이런 거짓말을 믿었다니!』의 '들어가는 말'을 읽은 후, 책의 14페이지로 넘어가 '소녀들이 겪는 갈등' 퀴즈에 대한 답을 함께 나누고 싶은지 물어보세요. 이 대화로 딸이 어떤 부분에서 여러분의 기도와 지도가 필요한지 더 깊이 파악할 수 있습니다.

1부

딸을 도울 준비하기

엄마가 믿고 있는 3가지 거짓말 파헤치기

 다나

이 책에 담을 이야기를 모으려고, 저는 미국의 11개 도시를 방문해 초등학교 여자아이를 키우는 엄마들과 대화를 나누었습니다.

총 156명의 엄마가 포커스 그룹에 참여했습니다!

각 행사에서 다나와 저는 "여러분의 딸이 이성 친구에게 지나치게 관심이 많나요?"와 같은 질문을 했고, 각 참석자는 전자투표기로 비공개 답변을 제출했습니다. 이를 통해 각 문제가 얼마나 널리 퍼져 있는지를 나타내는 기본적인 비율을 알 수 있었습니다. 이후 우리는 이 데이터를 바탕으로 이야기를 나누었습니다.

우리의 이야기는 종종 눈물로 가득했고, 엄마로 사는 것에 대한 깊은 두려움과 슬픔을 나누며 치유의 시간을 가졌습니다. 동시에, 진리를 위한 싸움에서 승리를 경험한 이야기를 들으며 큰 격려를 받기도 했습니다.

이 책의 여러 페이지에는 그러한 엄마들의 이야기, 즉 사례 연구가 담겨 있습니다. 이름은 가명으로 처리했지만, 이야기는 모두 실제입니다.

이 엄마들의 도움으로 우리는 이 책에서 살펴볼 거짓말들을 명확히 찾을 수 있었습니다.

또한 엄마들이 믿고 있는 세 가지 거짓말을 발견했는데, 이는 딸들에게 진리를 따라 사는 법을 가르치려는 엄마의 목표를 방해합니다. 그 세 가지 거짓말은 다음과 같습니다.

🍎 **엄마들이 믿고 있는 거짓말 1:**
"딸이 무엇을 믿을지는 내가 통제할 수 없다/ 통제할 수 있다."

🍎 **엄마들이 믿고 있는 거짓말 2:**
"딸과 _____ 에 대해 이야기하기에는 아직 이르다."

🍎 **엄마들이 믿고 있는 거짓말 3:**
"내 딸은 다른 여자아이들처럼 위험한 상황에 있지 않다."

위 문장이 불편할 만큼 정확하게 느껴진다면, 서로 위로하면서 앞으로 나아갈 방향을 고민해 봅시다. 여러분은 혼자가 아닙니다.

만약 위의 문장이 여러분과는 관계없다고 생각한다면, 그래도 몇 장만 더 읽어 보라고 권하고 싶습니다. 제가 틀렸다는 것을 보여 주신다면 좋겠지만, 사실 저도 처음에는 이런 거짓말을 믿지 않았습니다. 하지만 제 마음을 돌아보며, 이런 거짓말을 이미 받아들였거나 그것이 제 삶에 나타나고 있음을 깨달았습니다. 여러분도 마찬가지일지 모르겠지만, 저는 제 딸들이 진리 안에서 자유롭게 사는 것을 방해하는 어떤 것도 원하지 않습니다! 그래서 여러분의 딸을 돕기 전에, 다음 세 장에서 여러분을 격려하고 응원하는 시간을 먼저 가지려고 합니다.

1장

우리는 결정해야 한다

제 마음에 영원히 각인된 두 장의 사진이 있습니다. 첫 번째는 제가 아는 한 소녀가 엄마와 함께 무릎을 꿇고 자신의 삶을 그리스도께 드리는 모습이 담긴 소중한 사진입니다. 그 엄마는 제 친구입니다. 그 사진 속 소녀, 즉 이름조차 가명으로 바꿀 수 없을 만큼 특별한 그 아이는 너무나 환하게 웃고 있어, 보는 사람까지 미소 짓게 합니다.

다른 사진은 끔찍합니다. 같은 소녀의 사진입니다. 사진에 대해 설명하기 전, 제 친구와 그녀의 딸에 대해 조금 더 이야기해 드리겠습니다.

그 딸은 열한 살 때부터 부모님께 인스타그램 계정을 만들게 해달라고 졸랐습니다. 하지만 부모님은 그 앱을 쓰는 데 적합하다고 권장되는 연령을[1] 존중해야 한다고 고집했습니다. 단호하게 "아직 안 돼"라고 말하며 허락하지 않았습니다. 딸이 그들의 결정에 강하게 반발하며 실망스러워했을 때, 부모님은 이것이 '평범한' 초등학교 여자아이가 겪는 갈등일 뿐이라고 생각했습니다.

결국 딸아이는 여러 가지 방과 후 활동에 참여하면서 즐겁게 지냈고, 동생들에게 든든한 언니로 도움을 주었으며, 아름다운 노래로 주변 사람들의 마음을 감동시켰습니다. 딸아이는 부모님의 "아직 안 돼"라는 말을 받아들인 듯 보였습니다.

하지만 몇 달 후, 이웃에게서 걸려 온 전화는 아무도 예상하지 못한 일이었습니다. 이웃은 그들의 딸이 숨겨 온 비밀을 알려 주려고 전화했습니다. 딸아이는 부모 몰래 인스타그램 계정을 만든 것이었습니다.

하지만 그보다 더 충격적인 일이 있었습니다.

딸아이의 최근 게시물에는 제가 차라리 보지 않았으면 좋았을 소름 끼치는 사진이 게시되어 있었습니다. 아직 열두 살도 되지 않은 이 아이는 손목에 피를 흘리며 텅 빈 눈으로 카메라를 응시하고 있었습니다. 제 친구는 중요한 결정을 내려야 했습니다. 이 고통스러운 상황을 어떻게 딸을 진리로 이끌 기회로 삼을 것인가?

아마 여러분이 이 책을 읽는 이유는 제가 이 책을 쓴 이유와 같을 것입니다. 우리 딸들이 어려움에 처해 있다는 것을 깨닫고, 무언가 해야 한다고 느끼기 때문이겠지요. 오늘날 대부분 초등학교 여자아이는 불안과 고통의 스펙트럼에 놓여 있습니다. 우울증, 불안감, 두려움, 외로움, 분노 같은 문제를 겪을지의 여부가 아니라, 그것을 얼마나 심각하게 겪을지가 더 큰 문제인 시대입니다.

가족과 여성 문제의 동향을 연구하는 사회학자 줄리엣 쇼어(Juliet Schor)는, 우리 딸들에게 나타나는 정서적 문제가 우리에게는 '정상'처럼 보일지 몰라도, 몇 년 전만 해도 그런 문제들은 적극적인 치료가 필요하다고 판단했을 것이라고 경고합니다.

> 오늘날 9세에서 17세 사이의 평균적인(즉, '정상적인') 청소년은 1957년에 정신과 클리닉에 입원했던 아이들만큼이나 불안 수치가 높다.[2]

딸에게 이런 일이 일어나지 않게 하려고 많은 엄마가 자녀양육 분야의 베스트셀러, 상담, 다른 엄마들의 블로그, 인기 강연자에게 의지하고 있습니다. 이런 도움을 받는 것은 문제가 없습니다. 사실, 저도 더 건강한 여성으로 성장하고 자녀를 잘 키우려고 이 모든 방법을 사용했습니다. 이런 자원을 통해 우리는 더 깊이 이해하게 되고 좋은 아이디어를 제공받지만, 그것만으로는 가족의 문제를 근본적으로 해결하지 못합니다.

친구 여러분, 단순히 초등학교 소녀들에게 일어나고 있는 파괴적인 현실을 이야기하는 것만으로는 충분하지 않습니다. 우리는 해결책이 필요합니다. 아이들이 왜 그토록 힘들어하는지 이해해야 하고, 그것을 어떻게 멈출 수 있는지 알아내야 합니다.

왜 소녀들이 어려움을 겪는가

여러분의 딸이 『앗, 내가 이런 거짓말을 믿었다니!』 1장에서 배우고 있듯이, 우리가 겪는 모든 문제는 에덴동산으로 거슬러 올라갑니다. 사탄이 뱀으로 변장해 최초의 여성에게 첫 번째 거짓말을 한 곳에서부터 시작된 것이죠. 그때부터 지금까지 사탄은 속임수로 우리의 마음을 사로잡고, 선택에 영향을 미치며, 결국 우리의 삶을 파괴하려 하고 있습니다.

♛ **진리 한 조각:**

"너희는 너희 아비인 악마에게서 났으며, 또 그 아비의 욕망대로 하려고 한다. 그는 처음부터 살인자였다. 또 그는 진리 편에 있지 않다. 그것은 그 속에 진리가 없기 때문이다. 그가 거짓말을 할 때에는 본성에서 그렇게 하는 것이다. 그는 거짓말쟁이이며, 거짓의 아비이기 때문이다"(요 8:44).

사탄은 게임에서 이기려고 언제나 거짓말을 계획합니다. 그런데 문제는, 우리가 사탄과 함께 이 게임에 참여한다는 것입니다. 하와는 순진하게 방관만 한 것이 아닙니다. 그녀는 뱀과 협력했습니다.

하와는 어떻게 천국에서 보내는 완벽한 하루를 인류 역사상 가장 비극적인 날로 만들게 되었을까요? 그녀는 뱀의 거짓말을 들었고, 그것을 곱씹기 시작했습니다. 그녀는 뱀의 말을 계속 생각하며 감정적으로 휘말렸고, 결국 몰락의 길로 들어섰습니다.

강박적인 생각과 감정이 우리를 지배하면 우리는 큰 문제에 빠지게 됩니다. 저는 여러분의 딸을 위해 그것을 이렇게 표현했습니다.

하와는 **혼란스러웠을** 거예요.
"잠깐, 아담이 하나님의 말씀을 잘못 들은 건가?"

어쩌면 반항심을 **느꼈을지도** 몰라요.
"하나님이 그렇게 하신다면, 난 하나님의 규칙을 따르고 싶지 않아!"

혹은 두려움을 **느꼈을 수도** 있지요.
"이럴 수가! 하나님이 우리의 생각만큼 좋은 분이 아니면 어떡하지?"

우리는 하와가 무슨 생각을 했는지, 어떤 감정을 느꼈는지는 정확히 알 수 없어요. 하지만 하와가 자신의 감정에 휘둘렸다는 것은 확실해요. 그리고 그 순간 정말 나쁜 일이 일어났어요. **하와는 거짓말을 믿기 시작했어요.** 하나님의 진리를 의심하게 된 거예요!

거짓말을 믿은 하와

하와가 그 거짓말을 믿은 결과, 하나님이 그녀와 아담에게 먹지 말라고 하신 열매를 먹고 말았습니다. 그 죄의 결과는 끝이 없었습니다. 그 결과가 오늘날 우리 딸들에게 나타나는 몇 가지 심각한 사례는 다음과 같습니다.

- 🍎 청소년 우울증 비율이 증가하고 있으며, 특히 초등학교 고학년 여자아이들이 위험에 처해 있다.[3]
- 🍎 아동 및 청소년의 불안, 불면, 외로움, 걱정, 의존증 증가가 스마트폰이 처음 출시된 시점과 일치한다.[4] 11세 이하의 스냅챗 사용자 수는 2,350만 명에 달한다.[5]
- 🍎 2009년부터 2015년 사이, 10세에서 14세 사이의 소녀 중 자해, 화상, 독극물 섭취로 응급실에 실려 온 비율이 19퍼센트 증가했다.[6]
- 🍎 거식증이 발병하는 평균 연령은 13-17세에서 9-12세로 낮아졌으며, 심지어 7세 어린이도 진단받고 있다. 초등학교와 중학교 교사 중 60퍼센트가 학교에서 섭식 장애를 목격하고 있다.[7]

위의 충격적인 통계에 포함되지 않는 많은 소녀도 대부분 신체 이미지 문제, 친구 사이의 갈등, 이성에 대한 과도한 관심, 물질주의, 학업에 대한 압박 그리고 그 밖의 여러 가지 문제로 어려움을 겪고 있을 것입니다.

우리는 무언가를 해야 합니다.

어떻게 딸들을 도울 수 있을까요?

사탄의 거짓말보다 더 강력한 것이 있습니다. 그것은 하나님의 진리입니다.

저는 20년 넘게 청소년과 성인 여성들이 감정적 트라우마, 중독 그리고 죄의 습관에서 회복하도록 돕고 있습니다. 저는 그들이 어떤 거짓말을 믿고 있는지 깨닫고 하나님의 영이 함께하시는 진리와 극적인 만남을 경험할 수 있도록 도왔습니다. 하나님이 역사하시는 모습을 지켜보는 것은 항상 숨이 멎을 만큼 놀랍습니다.

이 과정은 어린 소녀들에게도 적용됩니다. 이제 그 과정을 시작할 때입니다. 소녀들이 믿는 거짓말은 뿌리 뽑혀야 하며, 하나님의 진리로 대체되어야 합니다. 저는 이 책을 통해 여러분의 딸이 이 기술을 배우도록 돕고 싶습니다.

이것이 신비로운 공식처럼 모든 초등학교 여자 어린이의 갈등을 해결해 줄 수는 없을 것입니다. 친구 문제, 학업 스트레스, 가족 간의 아픔 등을 피할 지름길은 없습니다. 인생은 힘듭니다. 하지만 여러분과 제가 힘을 모아 딸들이 어떤 문제에도 준비되도록 도울 수 있습니다. 학교에서 벌어지는 문제, 또래의 압력, 소셜 미디어로 인한 불안감, 팀에서 탈락하는 아픔, 심지어 가족의 깨어짐 같은 삶의 현실을 자유와 참된 기쁨 속에서 헤쳐 나갈 수 있도록 말입니다.

하지만 여러분의 딸에게 필요한 진리에 대해 이야기하기 전에, 여러분과 저에게 필요한 진리에 대해 이야기해도 괜찮을까요?

『앗, 내가 이런 거짓말을 믿었다니』에서 딸이 배우고 있는 창세기 3장을 함께 살펴보며 우리의 마음을 진리에 맞추도록 노력합시다. 우리가 엄마(혹은 아빠)라는 이유만으로 찜찜한 감정이 없거나 거짓말에 면역력이 생기는 것은 아니까요.

이 책의 첫 세 장에서는 엄마들이 믿는 가장 큰 거짓말 세 가지를 살펴보려고 합니다. 첫 번째 이야기를 시작하겠습니다.

그것은 제가 너무나 잘 아는 거짓말입니다.

저는 초등학교 여자아이들을 키우면서 때로 깊은 무력감을 느꼈습니다. 마치 혼수상태에 빠진 것처럼 아무것도 할 수 없고, 무슨 말을 해야 할지조차 상상할 수 없었어요. 예를 들어, 딸들이 친구 문제로 힘들어할 때, 어떻게 해결해야 할지 몰라 막막했던 적이 있습니다. 또는 귀엽지만 너무 짧은 반바지를 사고 싶어 할 때, "안 돼"라고 말하면서도 제 의가 넘쳐 보이거나, 이 문제가 딸들의 영성과 제 영성을 판단하는 기준처럼 들리지 않도록 어떻게 말해야 할지 고민이 많았습니다. 이 혼란스러움은 매우 컸습니다. 때로는 딸들이 무엇을 믿을지 전혀 통제할 수 없을 것 같은 느낌도 들었습니다.

그러다가 가끔은 마치 '올해의 그리스도인 어머니 상'을 받을 자격이 있는 듯 느껴지는 황홀한 순간도 있었습니다. 그럴 때면 다른 엄마들보다 제가 더 훌륭하다고 느꼈고, 딸들의 믿음을 제가 완전히 통제할 수 있다고 생각하기도 했습니다. 이런 저를 너무 나무라지 마세요! 여러분도 한 번쯤 그렇게 생각해 본 적이 있을 거예요.

여기서 중요한 것은 '내 감정'입니다. 하와도, 우리 딸들도 그렇듯이, 엄마인 우리도 감정에 지배당하기 쉽습니다. 저는 딸들의 신앙이 자라나는 과정과 제 육아 방식에 대해 느꼈던 감정들이, 결국 제가 많은 엄마가 빠지는 흔한 거짓말과 씨름하고 있다는 증거임을 깨달았습니다.

🍎 엄마들이 믿고 있는 거짓말 1:
"딸이 무엇을 믿을지는 내가 통제할 수 없다/ 통제할 수 있다."

사실, 이 거짓말은 본질적으로 같지만 두 가지 다른 형태로 나타나며, 매우 강력하고 지배적인 영향을 미칩니다. 그래서 『여성들이 믿고 있는 거짓말』에서도 이 문제를 다루고 있습니다. 이 거짓말의 첫 번째 버전은 우리는 아무것도 통제할 수 없다고 말합니다. 두 번째 버전은 우리는 완벽하게 통제할 수 있다고 주장합니다.

사탄은 이 양극단의 거짓말을 이용해 엄마들을 옭아맵니다. 첫 번째 버전은 우리가 딸의 신앙에 개입해도 소용없을 것이라는 두려움을 심어, 결국 무기력하게 하고 방관하게 합니다. 두 번째 버전은 우리가 모든 것을 통제할 수 있다는 교만을 심어, 딸이 어려움을 겪고 있을 때 중요한 신호를 놓치게 합니다.

한 번은 포커스 그룹에 참여하지 않는 한 엄마와 당황스러운 대화를 나눈 적이 있습니다. 그녀는 논리적이고 지적인 여성으로, 자신의 의견이 연구에 반영되기를 바랐습니다. 어느 행사에서 그녀를 만나 이렇게 말했습니다. "포커스 그룹에서 만나면 좋겠어요." 그러자 그녀는 친절하게 설명했습니다. "저는 참석하지 않을 거예요." 그 이유를 묻자 이렇게 대답했습니다. "제 딸은 홈스쿨링을 하고 있어요. 저는 아이의 주변 환경을 철저히 관리하고 있기 때문에, 거짓말에 속을 일이 없어요."

저는 그 순간 멍해졌고, 뭐라고 대답해야 할지 몰랐습니다. 제가 그녀의 말을 잘못 이해했거나, 그녀가 무심코 실수했을 수도 있다고 생각해 다시 한번 확인했습니다. 그러나 그녀는 확신에 차 있었습니다. 자신의 딸은 어떤 위험에도 노출되지 않았다고 믿고 있었습니다.

이것은 다소 극단적인 예일 수도 있지만, 저는 많은 엄마가 이 거짓말의 두 가지 버전 중 하나를 믿고 있다는 사실을 발견했습니다. "딸이 무엇을 믿을지는 내가 전혀 통제할 수 없다." 혹은 "딸이 무엇을 믿을지는 내가 완전히 통제할 수 있다."

진리는, 하나님이 여러분이 할 수 있는 모든 방법으로 딸의 마음에 진리의 씨앗을 심기 원하신다는 것입니다. 딸의 행동이나 상황 때문에 그 일이 벅차게 느껴질 때가 있더라도, 여러분에게 주어진 사명은 진리를 충실하게 전하는 것입니다. 구약 성경의 한 중요한 구절에서는, 자녀에게 진리를 가르치는 일이 얼마나 의도적이고 신중하게 이루어져야 하는지를 강조합니다.

♛ 진리 한 조각

"자녀에게 부지런히 가르치며, 집에 앉아 있을 때나 길을 갈 때나, 누워 있을 때나 일어나 있을 때나, 언제든지 가르치십시오. 또 당신들은 그것을 손에 매어 표로 삼고, 이마에 붙여 기호로 삼으십시오. 집 문설주와 대문에도 써서 붙이십시오"(신 6:7-9).

이렇게 하는 것이 쉽지 않을 수도 있습니다. 저처럼 여러분도 때때로 당면한 문제를 해결할 능력이 부족하다고 느끼는 날이 있을 것입니다. 아무리 좋은 환경에서도 어려움이 있을 것입니다.

어떤 엄마들은 더욱 특별한 어려움을 마주하고 있습니다. 예를 들어, 이 책을 위해 모인 포커스 그룹에서 많은 엄마가 불신자 아버지 밑에서 딸들이 자라고 있다고 눈물로 고백했습니다. 아버지가 함께 사는 경우도 있었고, 그렇지 않은 경우도 있었습니다.

한 새엄마는 저에게 이런 이야기를 들려주었습니다. 열한 살인 그녀의 딸은 한 달의 절반은 자기 집에서, 나머지 절반은 무신론자인 친엄마와 함께 지낸다고 했습니다. 다행히도 그 소녀는 종종 기독교가 약한 사람들을 위한 '지팡이'라는 말을 듣습니다.

자녀를 키울 때 두려움을 기준으로 삼지 마세요. 진리는 언제나 적과 반대편에 서지만, 그렇다고 딸의 마음에 진리를 심는 일을 포기해서는 안 됩니다.

하나님은 사탄이 아담과 하와에게 거짓말할 것을 아셨지만, 그들이 선악과에 대해 확실히 알도록 시간을 내셔서 진리를 가르치셨습니다. 하나님은 심지어, 그분의 말씀을 따르지 않을 경우 어떤 심각한 결과에 직면할지도 미리 알려 주셨습니다.

👑 진리 한 조각

"주 하나님이 사람에게 명하셨다. '동산에 있는 모든 나무의 열매는, 네가 먹고 싶은 대로 먹어라. 그러나 선과 악을 알게 하는 나무의 열매만은 먹어서는 안 된다. 그것을 먹는 날에는, 너는 반드시 죽는다'"(창 2:16-17).

하나님은 그분의 소중한 첫아들과 딸에게 진리를 심으셨습니다. 여러분도 같은 일을 해야 할 때 감정이 복잡해지기도 할 거예요. 그렇다면 우주의 창조주이신 하나님이 자녀들에게 그 말씀을 하실 때 감정이 어떠셨을지 생각해 본 적이 있나요? 하나님의 감정은 죄악에 물들거나 왜곡되는 법이 없으며, 언제나 거룩함 안에서 온전하게 표현됩니다. 하지만 하나님도 감정이 있으십니다. 사탄이 곧 거짓말로 유혹할 것을 아셨기에, 하나님은 이 말씀을 하시면서 마음 한편으로 슬프셨을지도 모릅니다. 그런데도 하나님은 진리를 말씀하셨습니다.

우리도 이 모범을 따라야 합니다. 자녀가 앞으로 어떤 유혹을 받게 될지 미리 이야기해 주는 것은 매우 중요합니다. 저는 여자 어린이를 위한 책인 『앗, 내가 이런 거짓말을 믿었다니!』를 통해, 부모가 주도적으로 딸에게 진리를 가르칠 수 있도록 안전한 환경에서 다양한 주제를 다루려고 했습니다. 1장에서 여러분의 딸은 조이라는 가상의 소녀를 만날 것입니다.

조이는 부모님 몰래 소셜 미디어를 시작하고 싶은 유혹을 받고 있습니다. 조이를 유혹하는 선악과 같은 것이었죠. 부모님은 조이가 친구들과 다양한 방식으로 소통할 수 있도록 허락했지만, 소셜 미디어는 아직 경험할 준비가 되지 않았다고 생각했습니다.

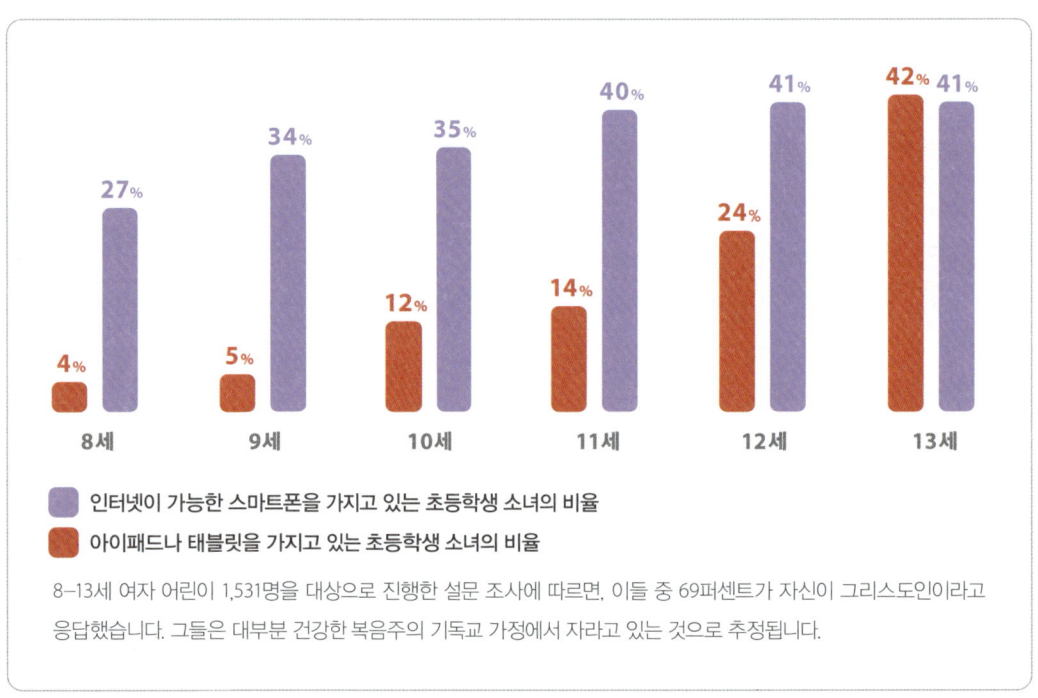

8–13세 여자 어린이 1,531명을 대상으로 진행한 설문 조사에 따르면, 이들 중 69퍼센트가 자신이 그리스도인이라고 응답했습니다. 그들은 대부분 건강한 복음주의 기독교 가정에서 자라고 있는 것으로 추정됩니다.

솔직히 말씀드리면, 여러분의 딸을 위한 책의 초반부에서 소셜 미디어를 주요 이야기 소재로 포함하는 문제를 두고 출판팀과 오랫동안 논의했습니다. 이것은 쉽지 않은 결정이었습니다. 왜냐하면 우리는 모두 13세 이하의 아이들은 소셜 미디어를 잘 다룰 만큼 인지적, 정서적 성숙도가 부족하다는 데 동의했기 때문입니다. (사실, 13세가 지나도 여전히 어려운 경우가 많습니다.) 심지어 소셜 미디어 앱을 만든 사람들도 보통 13세 미만은 계정을 만들 수 없도록 권장 연령을 제한했습니다. 이렇게 하는 분명한 이유가 있습니다.

만약 여러분이 이 권장 연령을 존중하고 있다면, 진심으로 박수를 보냅니다. 쉬운 일이 아닙니다. 여러분은 세상의 거센 흐름을 거스르고 있는 것입니다. 한 엄마는 이렇게 말했습니다. "제 열한 살 딸아이의 친구 대부분이 인스타그램 계정을 가지고 있지만, 저는 아직 허락하지 않고 있어요. 가끔 제가 유별난 것 같은 기분이 듭니다."

그렇게 느낄 수도 있지만, 여러분은 혼자가 아닙니다. 여전히 많은 엄마가 권장 연령을 존중하고 있습니다. 그리고 모든 엄마가 이를 신중하게 고려해야 합니다.

만약 여러분의 딸이 이미 소셜 미디어를 사용하고 있다면, 그 영향이 얼마나 클 수 있는지를 깊이 고민하시기를 바랍니다. 소셜 미디어가 대중문화 속에 자리 잡은 이후, 소녀들이 이미 겪고 있던 문제들이 더욱 악화되었습니다. 그중에서도 신체 이미지 문제를 포함해 여러 가지 심각한 문제가 급격히 증가했습니다. 미국 최고의 섭식 장애 클리닉에서는 미디어가 소녀들의 섭식 장애에 미치는 영향에 대해 공식 성명을 발표했습니다.

> 2016년 초, 과학자들은 소셜 미디어 사용과 청소년들의 신체 이미지 문제 사이에 연관성이 있다는 증거를 발표했다. 그 영향은 다이어트, 외모 집착, 마른 몸에 대한 강한 욕망과 자기 대상화 등을 포함한다. 소셜 미디어가 섭식 장애의 직접 원인은 아니지만, 신체 이미지 문제를 유발하는 중요한 요인 중 하나라는 사실이 밝혀졌다.[8]

현재 십대 소녀 사이에서 가장 인기 있는 두 가지 앱인 인스타그램과 스냅챗은 많은 찜찜한 감정을 많이 만들어 내고 있으며, 그 결과 소녀들은 우울감, 자존감 저하, 스트레스를 경험하고 있습니다. 심지어 이런 현상을 설명하는 새로운 단어까지 사전에 추가되었습니다. 바로 '소외불안'(FOMO: Fear of Missing Out), 즉 소외될까 봐 불안한 마음입니다. 소녀들은 소셜 미디어에서 친구들이 함께 어울리는 모습을 보면서, 자신이 그 자리에 끼지 못했다는 불안감과 소외감을 느낍니다.

저는 여러분의 딸이 소셜 미디어를 사용하지 않는 것이 좋다고 생각합니다. 그렇다면 왜 이 책에서 소셜 미디어를 주요 이야기로 다루었을까요? 그것은 수많은 엄마가 제게 이 문제에 대해 경각심을 일깨워 달라고 간절히 요청했기 때문입니다. 그중 한 명이 바로 『앗, 내가 이런 거짓말을 믿었다니!』의 39페이지의 첫 번째 사례 연구에 소개된 이야기를 들려준 엄마였습니다. 그 이야기를 바탕으로 조이의 이야기가 쓰였습니다.

결과적으로, 소셜 미디어 사용이라는 주제를 이 책에 포함한 이유는, 엄마가 딸들과 미리 적극적으로 이야기해야 한다고 믿기 때문입니다. 하나님이 아담과 하와에게 그들이 에덴동산에서 직면할 유혹과, 그것을 따를 때 어떤 결과를 맞을지 미리 말씀하신 것처럼, 우리도 딸들에게 진리를 무시했을 때 맞이할 결과를 이야기해 주어야 합니다. 소셜 미디어는 우리가 딸들에게 심어야 할 진리의 씨앗 중 하나일 뿐이며, 이 책에서 그 밖의 중요한 주제들도 살펴볼 것입니다.

여러분은 딸의 마음에 진리의 씨앗을 심어야 할 책임이 있습니다. 하지만 동시에, 딸아이의 믿음을 완전히 통제할 수 없다는 것도 사실입니다. 언젠가 딸은 하나님 앞에 서서 자신의 믿음에 대해 스스로 책임지게 될 것입니다(신 24:16, 렘 31:29-30).

아담과 하와의 이야기는 하나님이 우리를 억압하시는 분이 아니라는 사실을 보여 줍니다. 하나님은 아담과 하와가 그 나무에 접근하지 못하도록 벽을 세우실 수도 있었습니다. 그 나무 주변에 깊은 협곡이나 해자를 만드실 수도 있었습니다. 아니면, 그 나무가 꽃을 피우지 못하게 하거나 열매를 맺지 못하도록 하실 수도 있었습니다. 결과를 통제할 수 있는 방법은 많았습니다. 하나님은 전능하신 분이며 주권자이시기 때문입니다. 하지만 하나님은 그분의 자녀들에게 옳고 그름을 선택할 자유를 주셨습니다. 왜 그러셨을까요?

그 선택이 진실하기를 원하셨기 때문입니다. 그들의 행동이 그들의 마음을 진정으로 반영하는 것이기를, 즉 그들의 행동이라는 열매 밑에 있는 뿌리를 보여 주기 원하셨기 때문입니다.

여러분의 딸이 하는 행동, 즉 여러분이 겉으로 볼 수 있는 것은 보이지 않는 것의 결과입니다. 겉으로 드러나지는 않지만, 딸아이의 감정이 삶의 방향을 결정하려 하고 있습니다. 하지만 『앗, 내가 이런 거짓말을 믿었다니!』의 마지막 부분에서 설명한 것처럼, 사실 생각이 감정의 '주인'입니다. 그리고 그 생각 바로 밑에는 딸아이가 믿고 있는 것들이 자리 잡고 있으며, 그것이 모든 것을 좌우하는 뿌리가 됩니다. 진리를 믿는다는 것은 단순히 동의하는 것이 아닙니다. 성경은 심지어 귀신들도 하나님이 한 분이심을 믿고 두려워 떤다고

사례 연구

캔디스

캔디스는 스냅챗을 내려받고 싶었습니다. 캔디스는 부모님께 계속해서 스냅챗이 왜 필요한지 논리적으로 설명하며 설득하려 했습니다. 하지만 부모님은 여러 번 "안 돼"라고 단호하게 말했습니다. 부모님은 캔디스가 스냅챗을 사용할 만큼 아직 성장하지 않았다고 생각했고, 그 결정을 굽히지 않았습니다.

시간이 지나자 캔디스는 스냅챗에 대해 이야기하지 않았고, 부모님은 캔디스가 포기한 것으로 여기고 안심했습니다.

그런데 어느 날, 캔디스가 휴대폰을 탁자 위에 두고 갔습니다. 엄마가 지나가는데, 핸드폰 화면이 빛나며 진동했습니다. 무심코 내려다본 엄마의 눈에 띈 메시지는 이러했습니다. '제이슨이 당신의 스냅챗 초대를 수락했습니다.'

엄마는 충격을 받았습니다. "우리를 완전히 속였어요! 제가 따져 물었을 때도 거짓말을 하더라고요. 도무지 믿기지가 않아요."

말씀합니다(약 2:19). 또한 단순히 우리 행동을 진리에 맞추는 것만으로는 부족합니다. 바리새인들은 율법을 철저하게 지켰지만, 예수님은 그들을 가리켜 "회칠한 무덤"(마 23:27)이라고 하셨습니다. 겉으로는 깨끗하고 거룩해 보였지만, 내면은 전혀 그렇지 않았기 때문입니다.

그렇다고 해서 여러분이 딸의 행동을 통제하거나 지도하지 말아야 한다는 뜻은 아닙니다. 건강한 경계를 설정하는 것은 부모의 책임입니다. 자녀가 모든 결정을 스스로 내리도록 허용하는 부모를 볼 때 저는 정말 걱정스럽습니다. 마치 부모가 아무런 결정권이 없는 것처럼 행동하는 것은 위험합니다. 여러분의 딸은 언제 연애를 시작할지, 어떤 소셜 미디어를 사용할지, 어떤 텔레비전 프로그램이나 영화를 볼지, 심지어 어떤 교육 환경이 가장 적합한지와 같은 대부분의 선택을 혼자서 할 준비가 되어 있지 않습니다. 이 단계는 딸이 혼자서 할 수 없습니다. 올바로 선택하도록 도와줄 부모가 필요합니다. 그렇게 아이는 스스로 현명하게 선택할 수 있는 어른으로 점차 성장할 것입니다.

딸의 행동은 진짜인가요?

조나단 에드워즈(Jonathan Edwards)는 그의 논문 『참된 미덕의 본질』(The Nature of True Virtue, 부흥과 개혁사 역간)에서 미덕에는 두 가지 종류가 있다고 설명합니다.[9] 즉, 높은 도덕적 기준을 나타내는 행동에는 두 가지 형태가 있습니다.

제한적인 미덕은 올바르게 행동하지만, 동기가 순수하지 않은 경우를 말합니다. 두려움, 이기심, 교만 때문에 옳은 일을 하는 것입니다. 예를 들어, 여러분의 딸이 정직하게 행동하는 이유가 단지 벌받지 않기 위해서라면, 이것은 제한적인 미덕입니다. 우리는 나이가 들면서 가끔 자존심 때문에 정직해지기도 합니다. 거짓말하는 '그런 사람들'처럼 되고 싶지 않기 때문입니다. 이런 종류의 미덕은 진리에 깊이 뿌리내리지 않고 자기 영광을 추구하는 것입니다. 대부분 사람이 이러한 미덕을 지니고 있습니다.

참된 미덕은 하나님이 하나님이시기 때문에 옳은 일을 하는 것입니다. 우리는 하나님이 정직하라고 말씀하셨기 때문에 정직해야 합니다. 그 이유는 단 하나, 하나님이 그렇게 하라고 하셨기 때문입니다. 이 미덕은 하나님의 진리에 뿌리를 두고 있으며, 그분의 영광을 위한 것입니다. 대부분 사람은 첫 번째 형태의 미덕에 만족하지만, 참된 미덕을 추구하는 사람은 많지 않습니다. 그러나 우리의 목표는 딸들에게 참된 미덕을 심어 주는 것입니다.

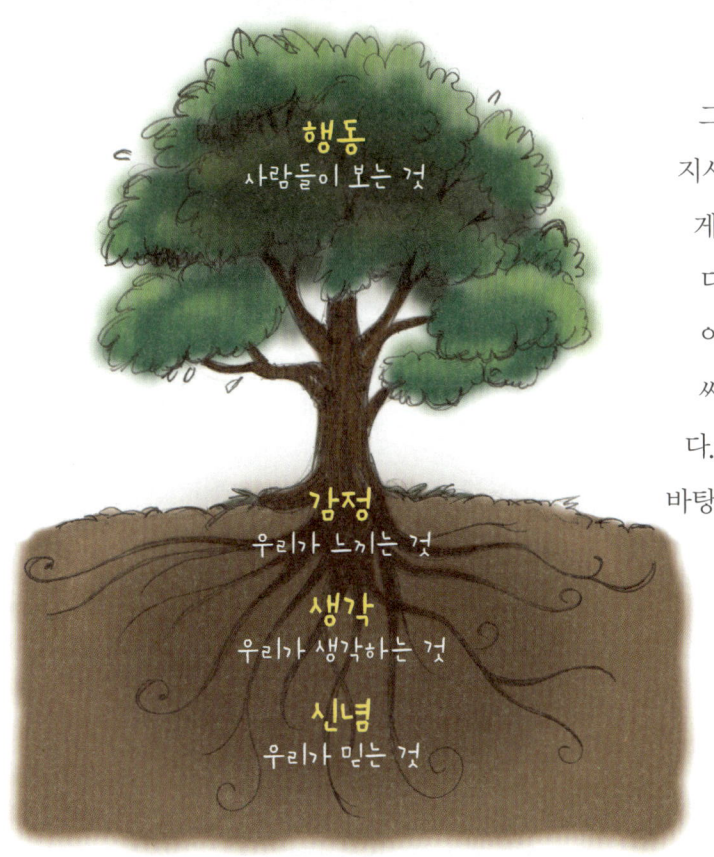

그렇다고 해서 단순히 딸의 행동을 통제하고 지시하는 것만으로는 충분하지 않습니다. 그렇게 하면 나중에 더 큰 문제가 생길 수도 있습니다. 딸은 왜 부모가 정한 규칙과 경계를 따라야 하는지 이해해야 하며, 이는 부모가 진리의 씨앗을 심는 과정에서 자연스럽게 이루어집니다. 단순히 딸의 행동을 통제하는 것과, 진리를 바탕으로 건강한 경계를 설정하며 양육하는 것 사이에는 큰 차이가 있습니다.

많은 부모는 두려움 때문에 딸의 행동을 억제하는 위험에 빠집니다. 우리는 딸이 실수할 가능성을 최대한 줄이려고 행동을 철저히 통제하려 합니다. 가족이 죄와 유혹에서 최대한 멀리 떨어져 있도록 노력하며, 때로는 딸을 지나치게 보호하여 마치 수도사처럼 살게 하기도 합니다. 물론, 외적인 행동을 제한하는 것이 단기적으로는 더 효율적이고 쉬워 보일 수도 있지만, 장기적으로 어떤 결과를 맺을지는 불확실합니다. 왜냐하면 딸의 마음에 진리를 사랑하는 마음을 심어 주지 않았기 때문입니다. 결국, 부모가 곁에 없을 때 지혜롭게 선택할 가능성이 오히려 줄어드는 것입니다.

♥ **딸을 진리로 양육하는 핵심 요소는 '은혜'입니다.**

이 과정에서, 여러분은 딸을 대할 때 하나님이 하와를 대하신 방식으로 해야 합니다. 즉, 진리를 심되, 동시에 치열한 싸움을 치를 것을 예상하는 것입니다.

여러분의 딸이 죄를 지을 것을 알고, 그때 그리스도가 우리에게 주신 은혜로 반응할 준비를 해야 합니다. 죄와 유혹에 대해 솔직하게 이야기하고, 중요한 결정을 내리는 과정에 딸이 적극적으로 참여하도록 격려해야 합니다. 진리 안에서 자녀를 양육하는 일은 시간과 노력이 많이 필요하며, 때로는 답답할 수도 있습니다. 하지만 장기적으로는, 여러분이 없을 때에도 하나님이 기뻐하시는 결정을 내릴 수 있는 사람으로 성장할 것입니다.

여러분은 겉으로만 진리에 순종하는 것처럼 보이도록
딸의 행동만 통제하는 엄마가 되겠습니까?

아니면,

딸의 행동이 마음속 깊은 곳에 심어진 진리에서 흘러나오도록
양육하는 엄마가 되겠습니까?

여러분은 어떤 선택을 하겠습니까?

이 장의 첫 부분에서 이야기했던 제 친구는, 딸이 부모 몰래 소셜 미디어에 올린 자해한 손목 사진을 보았을 때, 선택의 기로에 서게 되었습니다. 친구는 두려움에 휩싸여 당장 딸의 행동을 통제하고 싶은 마음이 들었지만, 진리 안에서 양육하는 더 어려운 길을 선택했습니다. 친구는 먼저 딸에게, 손목을 그을 만큼 힘든 일이 무엇인지 조심스럽게 물었습니다. 딸은 눈물을 흘리며, 나이에 비해 너무도 성숙하고 어두운 말들을 내뱉기 시작했습니다. 그것은 학교에서 몇몇 남학생이 딸아이를 괴롭히며 한 말들이었는데, 어떤 소녀도 들어서는 안 되는 말이었습니다. 딸아이는 그 말들을 사실로 믿기 시작한 것입니다.

그러자 제 친구와 남편은 딸에게 말했습니다. "우리 가족에게 도움이 필요하구나." 그리고 몇 시간 후, 목사님이 방문해 함께 기도하고 이야기를 나누었습니다. 그들은 이 문제를 딸

아이의 탓으로 돌리지 않고 가족 전체가 함께 해결해야 할 위기로 받아들였습니다.

그 후, 거짓말의 뿌리를 뽑아내고 치유하는 진리를 심기 위해 길고 힘든 대화를 시작했습니다.

물론, 딸에게는 몇 가지 제한을 가하는 등 후속 조치를 취했습니다. 하지만 이 모든 일의 초점은 딸의 행동이 아니라 마음이었습니다.

제가 이 글을 쓰는 지금, 그 일이 일어난 지 거의 1년이 지났지만, 제 친구는 여전히 딸과 끊임없이 대화하며 진리 안에서 딸을 양육하고 있습니다.

 하나님과 대화하기

신명기 6장 6-9절을 묵상하며 하나님께 기도하세요. 여러분의 마음을 살피고, 이 말씀의 명령처럼 자녀들에게 진리를 철저하고 세심하게 심고 있는지 돌아보세요. 아래 빈칸에 솔직한 기도 제목을 적으며, 하나님께 여러분의 간구를 올려 드리세요.

"내가 오늘 당신들에게 명하는 이 말씀을 마음에 새기고, 자녀에게 부지런히 가르치며, 집에 앉아 있을 때나 길을 갈 때나, 누워 있을 때나 일어나 있을 때나, 언제든지 가르치십시오. 또 당신들은 그것을 손에 매어 표로 삼고, 이마에 붙여 기호로 삼으십시오. 집 문설주와 대문에도 써서 붙이십시오"(신 6:6-9).

 **딸과 대화하기**

여러분의 딸이 『앗, 내가 이런 거짓말을 믿었다니!』 1장을 다 읽으면, 그 책 22페이지를 펴고 창세기 3장 1-7절을 읽고 배운 내용을 함께 이야기하세요. 아이가 성실하게 공부했다면 칭찬해 주세요. 도움이 필요하다면 도와주세요. 그런 다음, 27페이지를 펴서 부모님의 말씀을 어기고 싶은 유혹을 받고 있는 조이에게 딸이 어떤 조언을 해 주었는지 살펴보세요. 딸의 생각에 대해 깊은 대화를 나누어 보세요.

2장

진리 안에서 딸을 양육하는 법

저는 클로이가 대학교 2학년일 때 처음 만났습니다. 그녀는 옳지 않다고 생각하면서도 남자 친구에게 구강 성교를 하고 있다고 상담을 요청했습니다. 고등학교 때부터 남자들과 경계를 설정하는 데 어려움을 겪었다고 말했습니다. 선한 의도를 가진 많은 그리스도인 리더는 클로이의 고백을 듣고 함께 기도한 후, 죄를 멈추도록 조언했을 것입니다. "당분간 남자 친구와 헤어지는 게 좋겠어"라고 권유했을 것이고, "다음에 만날 때 확인할 테니 다시 실수하지 않도록 노력하자"라며 책임감을 부여하기도 했을 것입니다.

    이런 방식은 시간이 지나면 어느 정도 도움이 되겠지만, 저는 보통 그렇게 시작하지 않습니다. 왜냐하면 저는 그런 방식으로 죄를 뿌리 뽑는 경우를 보지 못했기 때문입니다. 그것은 마치 민들레를 뿌리째 뽑지 않고 줄기만 잘라 내는 것과 같습니다. 결국 다시 자랄 것입니다.

    그래서 클로이 같은 친구가 찾아오면 저는 항상 문제의 뿌리를 찾으려고 노력합니다.

    때때로, 한 소녀가 겪고 있는 죄의 뿌리는 행동과는 관련이 없는 경우도 있습니다. 그렇기 때문에 저는 상대가 어떤 거짓말을 믿고 있는지 확신하기 전에, 충분한 시간을 들여 깊이 대화하고 기도하는 과정을 거칩니다.

    클로이는 알면 알수록 참 사랑스러운 친구였습니다. 똑똑하고, 유머 감각이 뛰어나며, 진실한 성품을 가진 그녀는 누가 보아도 모범적인 그리스도인 대학생이었습니다. 성적은 항상 A를 받았고, 운동선수로서도 성공했으며, 교회에서 적극적으로 봉사했습니다.

    저는 클로이의 고민을 풀 수 있는 고리를 찾지 못하고 있었습니다. 그러나 곧 하나님이 답을 보여 주셨습니다. 우리는 기도 시간에 클로이가 왜 사도 바울이 로마서 7장에서 말한 것과 같은 영적 싸움을 반복하고 있는지 하나님께 여쭈었습니다. 즉, "내가 원하는 선한 일은 하지 않고, 도리어 원하지 않는 악한 일을 하는" 이유를 알려 달라고 기도한 것입니다.

그리고 잠시 후, 클로이는 눈물을 가득 머금은 채 저를 바라보며, 8-9세 때부터 믿어 온 거짓말을 고백했습니다.

"사랑받으려면 무언가를 해야 해."

우리 믿음에서 가장 중요한 것은 행동이 아니라 뿌리입니다.

성경은 믿음의 뿌리를 '마음'이라고 표현합니다. 만약 사람의 생각, 감정, 행동을 진정으로 변화시키고 싶다면, 겉으로 드러나는 행동을 억제하는 데만 집중해서는 안 됩니다. 그 사람의 마음과 믿음 체계에 영향을 주어야 합니다. 성경은 이 진리를 분명히 말씀합니다.

> "무릇 그 마음의 생각이 어떠하면 그의 사람됨도 그러하니"(잠 23:7).

하와는 선악과를 먹음으로써 자신이 무엇을 믿고 있는지를 증명했습니다. 클로이가 남자 친구에게 구강 성교를 했을 때도 마찬가지였습니다. 그녀의 행동은 단순히 성(性)에 대한 생각 때문이 아니라, '사랑받으려면 무언가를 해야 한다'는 믿음 때문이었습니다. 저는 그녀가 믿고 있던 거짓말을 찾도록 도왔고, 그것을 성경의 진리로 대체하도록 도왔습니다.

저는 클로이를 통제하거나 단순히 책임을 부여하는 사람이 되려고 한 것이 아닙니다. 그 대신, 클로이의 마음속에 자리 잡은 거짓말을 뿌리째 뽑아내고, 그 자리에 진리의 씨앗을 심는 것을 목표로 삼았습니다. 딸들이 찝찝한 감정에 휘둘리거나, 해로운 행동을 하거나, 부모를 속이는 모습을 보일 때, 그것은 마음속에 자리 잡은 거짓된 믿음을 드러내는 것입니다. 여러분이 단순히 딸의 겉모습과 행동을 통제하는 것이 아니라 진리로 양육하는 데 집중한다면, 여러분은 중요한 도구를 개발하는 것입니다. 이 도구는 나쁜 뿌리가 어디에서 자라고 있는지

파악하고, 그 뿌리를 뽑아내어 진리로 대체하는 능력입니다.

저는 이 복잡한 과정이 엄마들을 겁먹게 한다는 것을 알았습니다. 단순히 행동을 통제하는 것이 훨씬 쉽기 때문입니다. 보고 싶지 않은 거짓말을 마주할 필요가 없으니까요. 그래서 어떤 엄마들은 거짓말의 증거를 애써 외면하기도 합니다.

"이것이 바로 두려움 아닐까요?"

만약 여러분이 진리를 심고 은혜로 양육하고 싶다면, 먼저 두려움을 극복해야 합니다. 부모가 두려움에 빠지면 자녀를 과도하게 통제하거나, 지나치게 보호하거나, 율법적이 되거나, 비밀스러워질 수 있습니다.

물론, 두려움은 건강한 감정이 될 수도 있습니다. 만약 곰에게 쫓기고 있다면, 두려움은 꼭 필요한 감정입니다. 하지만 자녀 양육에서 두려움은 위험하고, 오히려 역효과를 불러올 수 있습니다.

두려움이 엄마들의 마음속에서 계속 맴돌게 하는 가장 좋아하는 주제는 바로 '과거'입니다. 그리고 그것은 종종 '자기 비하'라는 감정을 동반합니다. 이러한 감정은 엄마들이 과거에 믿었거나 지금도 믿고 있는 거짓과 관련된 주제에 대해 이야기할 때 더욱 강하게 작용합니다. 그 주제는 바로 성(性), 젠더, 섭식 장애, 우울증 같은 것이죠.

제 포커스 그룹에 참여한 여성 중 일부는 이런 주제에 대해 이야기하는 것이 두렵지는 않지만, 딸이 아직 이해할 준비가 되지 않은 내용을 꺼내는 것이 걱정스럽다고 말했습니다. 이 반응은 놀랍지 않았지만, 일부 엄마가 신학과 영적 성장까지도 조심해야 할 주제로 여긴다는 사실에 저는 놀라고 말았습니다. 이 엄마들은 딸이 너무 일찍 영적인 결정을 내리는 것이 위험할 수 있다고 믿었습니다. 즉, 딸이 내린 신앙적 결정이 깊이 뿌리내리지 못할 수도 있다는 것이었습니다. (이것도 또 다른 두려움처럼 들리지 않나요?)

이 대화가 진행되면서, 다른 엄마들은 반대 입장을 보였습니다. 이 엄마들도 다른 두려움이 있었고, 자신만의 이야기가 있었습니다. 51페이지에 나오는 엔젤의 사례 연구를 확인해 보세요.

그렇다면, 누가 맞을까요? 조심스럽게 다가가려는 엄마들? 혹은 모든 주제를 솔직하게 논의해야 한다고 생각하는 엄마들?

사실, 딸이 언제 어떤 주제를 받아들일 준비가 되었는지는 부모가 가장 잘 알 수 있습니다. 하지만, 솔직하게 말하면, 저는 여러분을 조금 불편한 영역으로 초대하고 싶습니다. 많은 엄마가 두려워하며 이 거짓말을 믿고 있다고 생각합니다.

🍎 엄마들이 믿고 있는 거짓말 2:
"딸과 _____에 대해 이야기하기에는 아직 이르다."

이 가능성에 대해 논의했을 때, 일부 엄마는 자기 딸이 아직 이런 민감한 주제에 대해 믿고 있는 거짓말이 없다고 확신하며 반박했습니다. 한 엄마는 딸이 거짓말에 쉽게 흔들리지 않는다면서 이렇게 말했습니다. "제가 딸에게 _____에 대해 이야기하지 않으면, 거짓말이 스며들 기회는 없을 거예요."

정말 그럴까요? 어떻게 그렇게 확신할 수 있죠? 만약 여러분이 그 주제에 대해 딸과 한 번도 이야기한 적이 없다면, 딸이 무엇을 믿고 있는지, 무엇을 믿고 있지 않은지 어떻게 알 수 있을까요?

저는 딸들이 우리가 생각하는 것보다 훨씬 더 일찍부터 민감한 주제를 고민할 준비가 되어 있다고 생각합니다. 초등학교 시기는 무엇이 진짜이고 무엇이 거짓인지 스스로 정리해 가는 중요한 시기이며, 이 시기의 딸들은 부모님의 가르침을 간절히 필요로 할 가능성이 있다고 생각합니다. 이것이 무슨 뜻인지 좀 더 자세히 설명할게요.

어린이의 도덕적 발달 단계

저는 20년 넘게 어린이의 도덕적 발달 과정을 연구해 왔습니다. 물론, 저는 박사 학위가 있는 학자가 아닙니다. 그저 엄마이자 책을 좋아하는 사람으로서 연구를 했어요. 그래서 학문적인 용어가 너무 어렵고 불필요하다고 생각되어, 제가 직접 세 가지 도덕적 발달 단계를 쉽게 정리해 보았습니다.

'따라 하기' 단계 (2-5세)
신념 따라 하기

아이들은 아주 어릴 때부터 도덕적 가치관을 형성하기 시작합니다. 특히 2세에서 5세 사이에는 주로 부모를 따라 하면서 신념을 형성합니다. 아이들은 하루의 모든 순간에 부모를 지켜보고, 관찰하며, 그대로 흉내 냅니다.

그래서 이 시기의 딸들은 휴대폰이든, 장난감 주방

사례 연구
엔젤

에본의 딸 엔젤이 초등학교 4학년이었을 때, 에본이 집에 돌아오니 딸이 아빠와 함께 소파에 앉아 있었습니다. 아빠는 엔젤에게 오늘 학교에서 있었던 일을 엄마에게 이야기하라고 말했습니다.
"학교에서 친구가 '성'(Sex)이라는 단어를 말했나 봐요." 에본이 말했습니다. "집으로 돌아온 딸은 궁금해서 그 단어를 검색해 봤죠. 그리고 끔찍한 것들을 보게 됐어요. 성을 아주 잘못된 방식으로 접한 거예요."
엔젤의 사례는 특별한 경우가 아닙니다. 성은 8세에서 12세 어린이가 가장 많이 검색하는 단어 중 11위입니다.[1]
에본은 딸과 성에 대한 대화를 더 일찍 시작하지 않은 것을 깊이 후회했습니다.
에본은 눈물을 흘리며 이렇게 말했습니다. "아이가 미리 조금이라도 알았다면, 우리에게 먼저 물어볼 수 있었을 거예요. 우리가 가르쳐 주지 않으면, 세상이 가르칩니다. 그렇게 아이들은 순수함을 잃어 가는 거예요."

사례 연구
치오소카

다요의 딸 치오소카가 네 살이었을 때, 그녀는 딸에게 순종적인 태도를 가르치고 싶었습니다. 그러나 딸의 반응은, 순종하는 것이 얼마나 어려운 일인지를 보여 주었습니다.

"엄마 말대로 순종할래? 아니면 순종하도록 엄마가 더 도와줄까?" 다요가 딸에게 물었습니다.

그러자 솔직한 치오소카는 이렇게 대답했습니다.

"아마…벌을 받아야 할 것 같아요."

다요는 그 대답을 듣고, 딸이 옳고 그름을 구별할 줄 알면서도, 잘못된 선택을 하고 싶은 마음이 있음을 스스로 인정하는 증거라고 생각했습니다.

나이지리아 출신의 이 엄마는 이렇게 말했습니다.

"딸이 '올바른 선택을 하고 싶지 않을 때도 있다'는 사실을 인식하고 있다는 것은, 아이가 진리를 받아들이는 세계관을 서서히 형성하고 있다는 증거라고 생각해요."

이든 엄마가 가진 모든 것을 갖고 싶어 합니다. 딸의 어린 마음은 "엄마가 하는 건 다 좋아! 나도 엄마처럼 되고 싶어! 나도 해 볼래!"라고 말합니다. 그래서 이 시기의 아이들은 엄마처럼 요리하는 것을 흉내 내고, 컴퓨터를 만지며 일하는 척합니다. 또한 "고마워요"라고 말하고, 도움을 주거나 공감하는 행동도 엄마를 따라 하는 것입니다. 엄마가 주변 사람에게 공손하고 존중하는 태도를 보인다면, 아이도 자연스럽게 그렇게 행동합니다. (이 부분은 조금 찔리네요. 그렇죠? 저도 제 발을 스스로 밟는 기분이에요. 여러분만 그런 것이 아닙니다!)

부모의 작은 행동 하나하나가 중요합니다. 남편에게 애정을 표현하는 모습을 보이면, 아이는 자연스럽게 결혼의 아름다움을 배웁니다. 계산원에게 더 많이 받은 거스름돈을 돌려주는 모습을 보이면, 아이는 정직함을 배웁니다. (저도 어릴 때, 엄마가 그렇게 하시는 것을 보고 정직이 무엇인지 배웠어요.) "여자로 태어나서 참 좋아!" 같은 말을 들으면, 아이는 여성으로서의 가치를 자연스럽게 받아들이면서 작은 진리의 뿌리를 형성해 갑니다.

이 시기의 도덕적 발달은 초기 단계에 불과합니다. 아직 굳어진 것은 아무것도 없지만, 엄마가 진리를 심고 가꾸는 데 집중한다면 놀라운 일이 일어날 수 있습니다.

물론, 이제 막 형성되기 시작한 믿음 체계는 매우 미숙합니다. 심지어 진리가 아이의 마음속에 뿌리내리고 있다는 증거가 뜻밖의 방식으로 나타날 수도 있습니다. 포커스 그룹의 한 엄마가 유치원생 딸에 대한 흥미로운 이야기를 들려주었습니다. 52페이지에 나오는 치오소카 사례 연구를 확인해 보세요.

상담 단계 (6-11세)
믿음 고민하기

6-11세 사이의 아이는 부모가 왜 그렇게 믿고 행동하는지를 물으며 진리를 배웁니다. 이 시기는 도덕적 발달이 활발하게 상호작용을 하는 단계로, 아이는 끊임없이 질문합니다. "엄마는 왜 저렇게 하실까?" "나는 엄마처럼 되고 싶은데, 엄마도 그걸 좋아하실까?" "엄마는 그렇게 해서 기분이 좋으신 걸까? 그런데 내가 싫으면 어떡하지?" "엄마가 이유를 알려 주시면 나도 그렇게 해 볼까?"

이 시기의 아이들은 어떤 것이 논리적으로 이해되면 그것을 받아들이고, 행동하며, 믿습니다. 하지만 이해되지 않으면 계속해서 질문을 던지죠. 그래서 저는 이 단계를 '상담 단계'라고 부릅니다. 왜냐하면 아이가 자신의 믿음을 정립해 가는 과정에서 부모가 상담자 역할을 하기 때문입니다.

이 시기에는 엄마가 자주 답답해질 수 있습니다! 아이들의 끊임없는 질문 공세에 시달리다 보면 '이게 정말 중요한 질문일까?' 싶어 그냥 넘어가고 싶은 유혹이 듭니다. (진리를 심는 데 시간이 많이 걸린다고 제가 말했었죠?)

하지만 저는 질문에 '왜'라는 단어가 등장할 때마다, 그것이 영적인 질문일 수도 있다고 생각하려 했습니다. 그렇게 생각하니, 때로는 영적 주제와 전혀 관련이 없어 보이는 질문도 진리와 연결될 수 있다는 것을 깨달았습니다. 예를 들어 볼까요? 제 딸이 한번은 "아빠가 잔

사례 연구
로리

로리는 밝은 미소와 사랑스러운 웃음으로 주변까지 환하게 만드는, 활기찬 초등학교 고학년 소녀입니다. 로리와 저는 십계명에 대해 이야기했는데, 특히 안식일을 지키라는 하나님의 명령에 대해 나누었습니다. 로리는 계속해서 많은 질문을 던졌습니다.

"안식일이 뭔가요? 그럼 안식일은 일요일인가요, 토요일인가요? 쉰다는 게 정확히 무슨 뜻이에요? 누가 쉬어야 하는 거예요? 그럼 요리하거나 침대를 정리하면 안 되는 건가요? 양치질도 하면 안 되는 거예요?"

저는 로리의 질문에 하나하나 차근히 대답해 주었습니다. 마침내 로리는 조용히 앉아 생각에 잠겼지만, 저는 그 아이가 여전히 무언가를 고민하고 있다는 것을 느낄 수 있었습니다. 그러다 로리가 불쑥 말했습니다.

"엄마와 아빠는 안식일을 안 믿으시는 것 같아요. 엄마와 아빠는 안식일을 지켜야 한다고 말씀은 하지만, 정작 주일에는 쉬지 않으시거든요. 아빠는 서류 작업을 하시고, 엄마는 쉬지 않고 집안일을 하세요."

디를 깎으면 풀 냄새가 너무 강하게 나요"라고 의아해한 적이 있습니다. 그러면서 "잔디도 아픔을 느끼는 걸까요?"라고 궁금해했죠. (참고로, 잔디도 아픔을 느낍니다. 잔디를 깎을 때 나는 냄새는 식물이 보내는 '스트레스 신호'랍니다!)

부모가 기억해야 할 것은, 이런 질문들은 아이의 마음에 진리를 뿌리내리고 자라게 하는 중요한 과정입니다. 아이의 모든 질문에 답해 주세요. 심지어 풀 냄새에 대한 질문까지도요.

그리고 이 과정에서 하나님이 여러분에게 인내할 수 있는 힘을 주시기를 기도하세요. 여러분이 인내하며 딸과 대화하는 동안, 그 아이는 부모의 대답과 삶의 방식을 보며 자신이 무엇을 진리로 받아들일지 고민하게 될 것입니다.

로리라는 소녀와 짧은 대화를 나눈 적이 있습니다. 이 대화는 아이들이 생각을 정리하는 과정에서, 어떻게 진리를 받아들이거나 거부하는지를 잘 보여 줍니다. 로리의 사례 연구를 확인해 보세요! 이 시기의 아이들은 여전히 부모를 관찰하고 따라 하지만, 이전보다 더 신중하고 분별력 있게 행동합니다. 11-12세가 될 즈음에는, 이미 상당히 복잡한 믿음 체계의 토대가 형성됩니다. 아직 더 성장해야 하지만, 진리의 뿌리는 단단히 자리를 잡았습니다.

딸이 초등학교를 마칠 즈음이면, 아이의 기본적인 믿음 체계는 대체로 확립됩니다. 아직 모든 것이 완벽하지는 않지만, 그렇기 때문에 도덕적 발달의 마지막 단계가 더욱 중요합니다.

코칭 단계 (12세 이상)
믿음 조정하기

12세가 되면, 딸은 자신만의 도덕적 가치관을 실천합니다. 이 단계에서는 논리적 사고가 더욱 활발해지며, 자신의 믿음이 행동에 영향을 미치는 과정이 일어납니다. 이제 딸은 더 이상 부모를 관찰하는 입장이 아니라, 자신을 관찰하는 입장이 됩니다. 즉, 아이는 더 이상 "엄마는 왜 저렇게 하실까?"가 아니라, "나는 이 문제를 어떻게 풀까?", "내가 결정하는 데 도움이 될 만한 무언가가 있을까?", "내 믿음과 맞는다면 시도할 수도 있겠어"와 같은 자기 주도적인 질문으로 생각의 방향이 바뀝니다.

저는 이 단계를 '코칭 단계'라고 부릅니다. 이 시기의 부모는 마치 스포츠 코치와 같은 역할을 해야 하기 때문입니다. 이제 딸은 자신이 직접 경기를 뛰며 플레이(결정)하고, 슛(행동)도 던집니다. 반면, 부모는 경기장 밖에서 지켜보며, 아이가 벤치에서 쉴 때 지도할 기회를 기다립니다. 딸이 어떤 행동이나 감정을 선택했는지 질문하면서 믿음을 지키도록 도울 기회가 생길 것입니다.

딸에게 훌륭한 코칭을 해 준 한 엄마의 이야기가 있습니다. 중학생 로라는 갑자기 위축된 모습을 보이기 시작했습니다.

로라는 새로운 도전을 하지 않으려 했고, 자신감을 잃은 듯 보였습니다. 엄마 첼시는 이것이 성장 과정에서 흔히 겪는 불안감인지, 아니면 찝찝한 감정과 관련된 문제인지 알아내기로 했습니다.

어느 날 학교에서 돌아온 딸아이와 함께 간식을 먹으며 이야기를 나누던 중, 퍼즐 조각들이 맞춰지기 시작했습니다. 로라는 학교에서 괴롭힘당하고 있었고, 자기 귀에 들려오는 모든 나쁜 말을 사실로 믿고 있었습니다. 나쁜 생각이 뿌리를 내리면서, 한때 생기 넘치고 두려움 없던 이 작은 소녀의 감정과 행동이 변하고 있었습니다

로라가 자신을 괴롭힌 친구의 이름을 말했을 때, 첼시는 딸이 모르는 사실 하나를 알게 되었습니다. 로라를 괴롭히는 그 친구는 이혼으로 파국을 맞은 부모의 싸움을 보며 깊은 상처를 받은 것입니다. 첼시는 딸에게 이렇게 말했습니다.

"네가 거짓말에 맞서 자신을 지킬 수 있도록 가르쳐 주고 싶구나. 하지만 올바른 방식으로 해야 해." 그리고 친구에게 부드럽지만 진실하게 괴롭힘을 멈추어 달라고 요구하라는 과제를 주었습니다. 물론, 로라가 용기를 내기까지 많은 격려와 기도가 필요했습니다. 하지만 첼시는 딸이 다시 활기찬 모습으로 돌아오려면, 반드시 이 '진리를 마주할 용기'가 필요하다는 것을 알고 있었습니다.

다음 날, 로라는 학교에서 그 친구에게 이렇게 말했습니다. "네가 지금 힘든 시간을 보내고 있다는 거 알아. 내가 도와줄 수 있는 일이 있으면 도와줄게. 하지만 나를 괴롭히는 건 이제 그만해 줘." 그 순간 모든 것이 달라졌습니다. 그 친구는 사실 '못된 아이'가 아니라, 고통과 외로움 속에서 방황하던 아이였습니다. 그 후, 둘은 좋은 친구가 되었고, 로라는 강하고 활기찬, 삶을 사랑하는 아이로 회복되었습니다.

모든 코칭이 이렇게 극적으로 또는 빠르게 효과를 발휘하는 것은 아닙니다. 때로는 아이가 부모의 조언을 제대로 받아들이지 않을 수도 있고, 받아들였더라도 적용할 용기가 없을 수도 있습니다. 단순한 사실은, 아이들이 항상 정답을 찾지는 않는다는 것입니다. 어린이, 심지어 청소년기 초반의 아이들도 탁월한 관찰자이지만, 형편없는 해석자입니다. 그들이 세상을 올바로 이해하고 진리에 따라 반응하려면 부모의 도움이 필요합니다!

위에서 우리는 아이들이 신념 체계를 형성하는 과정을 살펴보았습니다. 이제 저는 이번 장의 핵심 메시지를 좀 더 강렬하게 전하고 싶습니다.

바로 지금이, 즉 여러분의 딸이 초등학교 시기를 보내고 있는 이때가, 아이의 마음에 진리의 씨앗을 심기에 가장 중요한 시간입니다.

제 친구이자 미국인의 종교적 신념과 행동을 오랫동안 연구해 온 조지 바나(George Barna)는 위 문장을 이렇게 표현합니다.

♥ 14세 때 형성된 믿음은 대개 평생 변하지 않는다.[2]

이 사실을 알게 되었을 때, 저는 초등학교 아이들의 마음에 기본적인 진리를 심는 것이 얼마나 중요한 일인지 깨닫게 되었습니다. 그리고 그 깨달음 덕분에, 저는 두려움을 떨칠 용기를 얻을 수 있었습니다. 저는 이 진리가 여러분에게도 도움이 되기를 바랍니다.

두려움을 떨치는 것이 얼마나 어려운 일인지 저도 잘 압니다. 저는 아이들을 키우면서 아래의 성경 구절을 수없이 의지했습니다.

♛ 진리 한 조각

"하나님께서는 우리에게 비겁함의 영을 주신 것이 아니라, 능력과 사랑과 절제의 영을 주셨습니다"(딤후 1:7).

우리는 두려움에 사로잡혀 자녀를 양육해서는 안 됩니다. 그것은 하나님에게서 온 것이 아닙니다.

많은 엄마가 거룩함을 지키려고 자신을 절제하고, 어렵고 복잡한 주제에 대해 적절한 시기에 적절한 언어로 대화하려고 노력하고 있습니다. 하지만 어떤 엄마들은 중요한 발달 과정에 대한 대화를 피하면서 두려움 속에서 아이를 양육하기도 합니다. 어떻게 말해야 할지 모르겠다는 두려움, 아직 말하기에는 너무 이른 것 같다는 두려움, 괜히 말했다가 딸을 혼란스럽게 할 것 같다는 두려움, 이런 이야기를 하면 딸이 거짓말에 유혹당할 것 같은 두려움 등. 우리가 이런 두려움을 곱씹을수록 중요한 대화를 미루게 됩니다. 심지어, 한 엄마는 포커스 그룹에서 이렇게 말했습니다. "딸에게 성에 대해 이야기하기에 가장 좋은 시기는, 그 아이가 실제로 성관계를 할 준비가 되었을 때입니다. 그래서 저는 결혼식 전날 밤에 말해 주는 것이 좋다고 생각해요."

하지만 저는 딸의 마음이 궁금증으로 가득 차 있을 지금이야말로, 진리를 심을 때라고 믿습니다.

그렇다고 해서 신중함까지 버리라는 뜻은 아닙니다. 버려야 할 것은 '두려움'이지, '지혜로운 태도'가 아닙니다. 여러분은 나이에 맞는 적절한 방식으로 어려운 주제를 다룰 때 지혜를 사용해야 합니다. 자녀가 선과 악을 아는 지식으로 인해 순수함을 잃지 않기를 원하는 것은 부모로서 당연한 바람입니다. 사실, 이것이 바로 하나님이 아담과 하와를 걱정하셨던 이유이기도 합니다. 하나님은 그들에게 선악과를 먹지 말라고 경고하셨습니다. 그분은 그들이 죄를 지음으로 순수함을 잃고, 그로 인해 끔찍한 결과를 맞는 것을 원하지 않으셨습니다.

앞서 말했듯이, 어떤 주제를 언제, 어떻게 다룰지는 부모만이 가장 잘 알 수 있습니다. 만약 여러분이 딸의 발달 상태가 아직 이해하기 어려운 시기라고 판단하거나, 특별한 이유로 아이가 어떤 개념을 받아들이기 어려울 것 같다면, 그 대화를 미루는 것은 두려움이 아니라 지혜로운 결정입니다. 하지만 단순히 '이 주제가 두려워서' 혹은 '어떻게 말해야 할지 몰라서' 피하려고 한다면, 그것은 올바른 이유가 아닙니다.

우리가 두려움 때문에 침묵하면, 딸은 결국 다른 '거짓된 목소리'에 귀를 기울이게 됩니다. 안타깝게도, 에덴동산에서 아담과 하와는 단 하나의 거짓된 목소리를 들었습니다. 사탄은 뱀을 이용해 거짓말을 퍼뜨렸지만, 지금은 거짓말을 퍼뜨리는 입이 훨씬 더 많습니다. 사실, 우리도 이 거짓된 목소리들에서 자유롭지 않습니다. 광고, 영화, 친구, 정치 이념, 심지어 신뢰했던 지도자조차도 거짓말을 퍼뜨릴 수 있습니다. 그리고 우리가 두려움 때문에 침묵하면, 그 침묵은 오히려 더 증폭된 마이크가 되어, 우리 자녀의 마음에 거짓말이 심어질 기회를 주게 됩니다.

이번 장에서, 여러분의 딸은 하와가 사탄과 협력한 네 가지 방법을 배우고 있습니다.

하와가 사탄과 협력한 4가지 방법

🍎 사탄의 거짓말을 들었어요.

🍎 사탄의 거짓말을 곱씹었어요.

🍎 사탄의 거짓말을 믿었어요.

🍎 사탄의 거짓말을 행동으로 옮겼어요

낸시

딸과 어떤 주제에 대해 이야기하기에는 아직 이르다고 생각하나요? 아니면, 너무 이르다는 생각에 속고 있는 것은 아닐까요? 이 차이는 굉장히 중요합니다. 왜냐하면 우리가 거짓말을 믿는 순간, 우리는 사탄과 협력하는 것이나 다름없기 때문입니다. 그리고 저는 제 딸들의 마음에 사탄이 거짓말을 심도록 돕는 일은 절대 하고 싶지 않습니다.

우리는 성령님의 인도하심에 민감하게 반응하며 깨어 있어야 합니다. 언제, 어떤 순간에 어려운 대화를 시작해야 할지를 분별해야 합니다. 그렇게 할 때, 우리는 생각보다 훨씬 수월하게 대화를 나눌 수 있습니다. 결국, 하나님이 아담과 하와에게 오직 진리만을 말씀하셨다는 사실을 기억해야 합니다. 그분은 뱀이 어떤 거짓말을 할지 미리 언급하지 않으셨습니다. 저는 여러분이 딸과 거의 모든 주제에 대해 안전하게 이야기할 수 있다고 믿습니다. 아이의 마음과 생각에 맞지 않는 거짓말을 굳이 소개하지 않아도 말이죠. 우리는 거짓말이 아니라 진리에 초점을 맞추어야 합니다. 딸들이 진리를 따라가도록 인도해야 합니다.

하지만 만약 딸이 하나님의 진리를 정확하게 배우지 못한다면, 아이는 그 말씀을 들을 수도, 깊이 생각할 수도, 믿을 수도, 실천할 수도 없습니다. 그리고 무엇보다도, 진리를 배우지 못한 딸은, 거짓말이 귀에 속삭이기 시작해도 그것이 거짓말인지 분별하지 못합니다.

 하나님과 대화하기

잠언 23장 7절을 묵상하며 하나님께 기도하세요. 딸의 마음속에 있는 것을 분별할 수 있는 지혜를 달라고 구하세요. 아이의 행동 중 무엇이 마음속에 있어서는 안 되는 것에 뿌리를 두고 있는지 깨닫게 해 주시기를 기도하세요. 아래 빈칸에 여러분의 솔직한 기도문을 적어 보세요.

"무릇 그 마음의 생각이 어떠하면 그의 사람됨도 그러하니"(잠 23:7).

 딸과 대화하기

여러분의 딸이 『앗, 내가 이런 거짓말을 믿었다니!』 2장을 읽고 나면, 그 책 30페이지를 펴고 하와가 사탄과 협력했던 네 가지 방법을 딸이 직접 설명하게 하세요. 그리고 딸에게 "너도 이런 방식으로 거짓말에 동조한 적이 있니?"라고 물으며 대화를 나누세요. 그다음, 27쪽을 펴고 부모님의 말씀을 어기고 싶은 유혹을 받는 조이에게 딸이 조언한 내용을 함께 살펴보세요. 딸의 생각을 듣고 이야기를 나누어 보세요.

3장

은혜는 어떤 역할을 하는가?

포커스 그룹을 진행하면서 배운 것이 하나 있습니다. 우리는 자신의 딸들에 대해서만큼은 객관적이지 않다는 것입니다. 만약, 제 남편이 이 글을 읽는다면 아마 큰 평안을 느낄 거예요. 왜냐하면 남편이 지난 25년 동안 제게 알려 주려고 노력해 온 것을 이제야 이해하게 되었기 때문입니다.

    토론을 시작할 때마다, 저는 엄마들에게 요즘 초등학교 여자아이들이 과거보다 더 큰 문제에 직면해 있다고 생각하는지, 또 오늘날의 아이들이 거짓말에 영적으로 속박되기 더 쉽다고 생각하는지 물었습니다.

- 🍎 80퍼센트의 엄마가 "그렇다"고 대답했습니다.

하지만 그 답변에는 자기 딸을 포함하지 않는 경우가 많았습니다.

- 🍎 80퍼센트의 엄마는 자기 딸보다는 '다른 소녀들'이 거짓말을 더 잘 믿는다고 생각했습니다.

    이러한 격차가 이상해 보여서, 저는 조금 더 깊이 파고들었습니다. 저는 엄마들에게 딸이 규칙을 따르거나 순종해야 할 때 보통 어떻게 반응하는지 물었습니다. 처음에 엄마들은 자신

사례 연구
몰리

"우리 딸이 순종하지 않으려고 저지르는 속임수를 보면, 남편과 저는 그저 어리둥절할 뿐이에요." 몰리의 엄마, 재닛이 말했습니다.

몰리는 굉장히 영리한 아이로, 모든 시험과 퀴즈에서 A와 B를 받을 만큼 성적이 우수합니다. 기초 학력 진단 평가에서 상위 97퍼센트에 해당하는 점수를 받을 정도로 뛰어났죠. 하지만 숙제는 싫어해서 초등학교 2학년 때부터 숙제를 하지 않기로 결심했습니다.

당연히 담임 선생님은 이 결정을 탐탁지 않게 여겼고, 몰리가 숙제를 제출하지 않는 것에 대해 부모님께 여러 차례 알림장을 보냈습니다. 하지만 몰리는 그것을 전달하지 않았습니다.

이제 몰리는 초등학교 5학년이 되었습니다. 재닛과 그녀의 남편은 이 문제를 해결하고, 몰리의 마음을 바로잡으려고 할 수 있는 모든 방법을 시도했지만, 아직까지 해결책을 찾지 못했습니다.

그래서 재닛은 매년 새 학기가 시작될 때마다 선생님을 찾아갑니다. 그리고 몰리가 숙제를 제출하지 않는 문제를 설명한 뒤, 선생님에게 자신의 휴대폰 번호를 알려 줍니다. 몰리가 또다시 숙제를 내지 않으면 직접 연락해 달라고 요청하기 위해서입니다.

의 딸을 너무나 순종적인 아이로 묘사했습니다. 그래서 저는 "이 세대의 딸들이 반항심을 완전히 극복하고, 세상에 평화를 가져오는 최초의 세대인가?"라고 생각할 정도였습니다.

그런데 조금 시간이 지나자, 각 그룹에서 한 명쯤은 용기 있게 자신의 딸이 보였던 예상치 못한 불순종의 사례를 공유했습니다. 그 이야기 중 하나를 들려드리겠습니다.

용기 있게 먼저 나선 엄마를 따라 다른 엄마들도 하나둘씩 자신의 경험을 나누기 시작했습니다. 그들은 딸이 권위를 존중하고 순종하도록 가르치는 과정에서 겪은 어려움을 이야기하면서 이렇게 말했습니다.

- 🍎 "제 딸은 순종하지만, 마음에서 우러나오는 것이 아니라, 결과가 두려워 순종하는 것 같아요. 게다가 순종하기까지 시간이 너무 오래 걸려요."
- 🍎 "딸이 반항적인 태도를 보이지만, 아주 사소한 거예요. 예를 들면, 선크림을 바르지 않는다거나 침대를 정리하지 않는 일들이죠."
- 🍎 "제 딸은 아빠를 자기 친구처럼 대해요."
- 🍎 "저는 정말 지쳤어요."

엄마들의 마음이 점점 열리며 솔직해졌을 때, 저는 다음 단계로 나아갔습니다. 저는 단순히 '지금 이 순간' 딸들이 지녀야 할 신념에 대해 질문하는 것이 아니라, '미래'에 필요한 가치관에 대해서도 함께 탐구하고 싶었습니다. 그래서 저는 엄마들에게 딸들이 결혼과 엄마로서의 삶을 어떻게 인식하고 있는지 물었습니다. 대부분 엄마는 딸이 아내와 엄마가 되기를 원

엄마 대 딸

저는 엄마들이 딸들의 신념을 얼마나 정확하게 파악하고 있는지 확인하고 싶었습니다.
그래서 순종, 복종, 결혼, 엄마로서의 삶에 대한 인식을 비교해 보았습니다.
그리고 31명의 딸에게도 같은 질문을 던져 검증했습니다. 그 결과는 놀라웠습니다. 엄마들과 딸들의 관점에 놀라운 차이가 있었습니다. 이러한 차이는 엄마들이 미처 인지하지 못한 딸들의 내적 갈등을 드러내고 있을지도 모릅니다.

🍎 **인생 목표에 대한 엄마와 딸의 인식 차이**

- 딸이 직업보다 결혼과 엄마로서의 삶을 더 중요하게 여긴다고 답한 엄마의 비율. **67%**
- 결혼과 엄마로서의 삶이 직업보다 더 중요하다고 답한 딸의 비율. **5%**
- 사회생활과 직업이 결혼과 엄마로서의 삶보다 더 중요하다고 답한 딸의 비율. **48%**

🍎 **순종에 대한 엄마와 딸의 인식 차이**

- 딸이 순종하는 데 어려움을 겪는다고 답한 엄마의 비율. **76%**
- 순종하는 것이 어렵다고 솔직하게 인정한 딸의 비율. **97%**

한다고 대답했지만, 33퍼센트의 엄마는 딸이 결혼이나 가정을 이루기보다는 학업이나 직업을 더 중요하게 여기는 것 같다고 답했습니다. 많은 엄마가 이 현상을 안타깝게 여겼습니다. 저와 마찬가지로, 그들은 엄마로서의 삶을 사랑했고, 그보다 더 좋은 직업은 상상할 수 없었기 때문입니다.

이렇게 순종, 권위에 대한 존중, 결혼, 엄마로서의 삶에 대해 논의한 후, 그들의 딸들이 거짓말을 쉽게 믿을 수 있다고 생각하는지에 대해 동일한 질문을 던졌습니다. 그러자, 이번에는 결과가 달라졌습니다.

순종, 복종, 결혼, 엄마로서의 삶에 대한 토론을 마친 후에도, 여전히 56퍼센트에 이르는 엄마는 자기 딸이 다른 아이들보다 덜 위험한 상황에 있다고 생각했습니다. 이 수치는 이전보다 더 현실적이기는 했지만, 저는 여전히 불안했습니다. 생각해 보면, 많은 부모가 자녀를 양육하며 이런 거짓말을 믿는 경우가 많습니다.

🍎 엄마들이 믿고 있는 거짓말 3:
"내 딸은 다른 여자 아이들처럼 위험한 상황에 있지 않다."

저도 이해합니다. 저 역시 초등학교 고학년인 딸들을 바라보면서, 그 아이들은 제가 그 나이 때 받았던 유혹과 도전은 절대 경험하지 않을 거라는 거짓말을 믿고 싶었으니까요. (어쩌면 제 마음에서는 여전히 제 아이들을 귀여운 우주복 잠옷을 입은 천진난만한 유아 시절에 붙들어 놓고 싶었는지도 모릅니다.) "무슨 일이 있어도, 내 집에서는 절대 그런 일은 일어나지 않을 거야!"

어떤 엄마들은 우리 아이는 보호받고 있다는 말을 자랑스럽게 하기도 합니다.

물론, 여러분은 딸을 보호하고, 진리로 가득 채우며, 아이를 위해 열심히 기도했을 것입니다. 하지만 그렇다고 해서 딸이 거짓말에 노출되거나, 거짓말을 믿지 않고, 죄를 짓지 않는다는 보장은 없습니다. 만약 그랬다면, 하와는 왜 거짓말에 넘어갔을까요?

세상에서 가장 보호받고 살았던 여성이 바로 하와였습니다. 그녀는 죄로 더럽혀지지 않은 완전한 세상에서 살았습니다. 에덴동산에는 넷플릭스도, 소셜 미디어도, 음악도, 또래 집단도, 광고도, 죄도 없었습니다. 그녀는 진리만을 말씀하시는 완전하신 아버지와 함께 걷고 대화했습니다. 그런데도 하와는 이 세상 최초의 거짓말을 들었고, 인류 역사상 가장 파괴적인 거짓말을 믿고 말았습니다. 그렇다면 우리는 어떻게 '우리 딸은 안전할 거야'라고 확신할 수 있을까요?

진실은 여러분의 딸도 죄를 짓는다는 것입니다. 죄를 짓지 않는 사람은 아무도 없기 때문입니다(롬 3:23). 딸아이는 위험에 처해 있습니다, 왜냐하면 온 인류가 위험에 처해 있기 때문입니다. 그래서 우리는 딸에게 단순히 진리를 심어 주는 것으로 끝내지 말고, 아이가 죄를 범했을 때 그것을 은혜로 품어 주어야 합니다.

에덴동산 이야기는 하나님이 항상 은혜를 베푸시려고 준비하고 계심을 보여 줍니다. 하나님은 자녀들이 죄지을 것을 이미 아셨고, 그들의 타락에 대해 부드러운 대화와 단호한 직면이라는 두 가지 방식으로 반응하실 준비를 하셨습니다.

먼저, 하나님은 그들에게 다가가 대화를 시작하셨습니다. 하나님은 "네가 어디에 있느냐?"(창 3:9)라고 물으셨습니다. 물론 하나님은 그들이 어디에 있는지 이미 아셨습니다. 그분은 하나님이시니까요! 따라서 이 질문은 경건한 훈육에는 공동체적이고 상호작용을 하는 특성이 있음을 보여 줍니다. 아담과 하와는 자신들의 모든 것이 드러났음을 깨달았고 부끄러움을 느꼈습니다. 하나님은 그들이 무엇을 했는지, 왜 그렇게 했는지 그리고 어떤 감정을 느끼는지를 다 아셨습니다. 그러나 그들이 맞이할 가혹한 결과를 서둘러 설명하시기보다, 먼저 그들에게 말할 기회를 주셨습니다. 하나님은 그들과 대화하시며, 그들이 자신들의 반응과 수치심을 이해하도록 도우셨습니다.

딸의 행동에서 중요한 것은 단순히 '무엇을 했는가'가 아니라, '왜 그렇게 했는가'입니다. 바로 딸의 신념 체계를 지탱하는 뿌리가 '왜'라는 이유에서 드러납니다.

여러분은 아마도 딸이 오늘 동생에게 왜 심술을 부렸는지 알게 될 것입니다. 생일 파티의 주인공인 동생에게 모든 관심이 쏠리자 속상하고 질투가 났을 수도 있습니다. 또한 딸이 독해력 평가에서 왜 부정행위를 했는지도 이해하게 될 것입니다. 최근 난독증 진단을 받은 것이 창피했을 수도 있죠. 그리고 딸이 "우리 집에 말이 있어"라고 거짓말한 이유도 어렴풋이 짐작할 수 있을 것입니다. 새로 만난 친구들에게 자신이 초라해 보일까 봐 불안했을지도 모릅니다.

여러분은 그 사실을 알고 있을지 모릅니다. 하지만 딸은 아직 모를 수도 있습니다.

이 순간은 딸에게 예수님이 언제나 함께하시며, 딸이 왜 잘못된 행동을 했는지 깨달을 수 있도록 도와주신다는 것을 알려 줄 좋은 기회입니다. 『앗, 내가 이런 거짓말을 믿었다니!』에서 딸은 '진리'의 정의를 이렇게 배웠습니다.

진리: 기준이나 원본과 정확히 맞음.[1]

예수님은 우리 자신에 대한 진리와 우리가 어떻게 행동해야 하는지에 대한 기준이자 원본이세요. 예수님은 이렇게 말씀하셨어요.

진리 한 조각

"나는 길이요, 진리요, 생명이다"(요한복음 14:6).

예수님은 진리 그 자체이십니다. 예수님께 구하면, 진리를 알려 주세요. 그분은 주로 기록된 하나님의 말씀인 성경을 통해 가르쳐 주세요! 사실, '말씀'은 예수님의 이름 중 하나예요(요한복음 1:14).

성경에는 **여러분이 누구이며, 어떻게 행동해야 하는지를** 알려 주는 말씀이 담겨 있어요!

딸이 자신을 이해하기 힘들어한다면 예수님께 도움을 구할 수 있습니다. 이것은 진리 안에서 살기 위한 필수 과정입니다. 단순히 딸을 방으로 보내거나 소셜 미디어 사용 금지 같은 벌을 주는 것보다 훨씬 더 많은 시간이 걸리지만, 그보다 더 깊고 지속적인 변화를 일으킵니다. 물론 어떤 경우에는 징계가 필요할 수도 있습니다. 하지만 징계만이 죄를 다루는 유일한 방법이어서는 안 됩니다. 모든 잘못된 행동은 옳고 그름을 배우는 기회입니다. 딸의 행동이 죄악일 수 있지만, 처벌을 서두르지 마세요. 그 대신 딸이 자신의 마음을 먼저 살펴보고 이해하도록 도와주세요.

🍎 "오늘 동생에게 왜 그렇게 못되게 굴었는지 이야기해 줄래?"
🍎 "시험에서 커닝했을 때 어떤 기분이 들었니?"
🍎 "왜 거짓말을 해야겠다고 생각했니?"

은혜는 처벌을 조금 늦추고, 딸의 마음을 돌보는 과정입니다. 은혜란 자격 없는 사람이 받는 선물입니다. 하나님은 아담과 하와에게도 은혜를 베푸셨습니다. 저는 여러분이 그 은혜를 대화라는 형식으로 예쁘게 꾸며 딸에게도 전해 주기를 바랍니다. (설령 그 순간 설거지가 쌓여 있어도, 아들의 축구 연습 시간에 늦더라도, 지금 주문해야 오늘 안에 물건을 받을 수 있더라도 말이죠).

이해하는 마음으로 자녀를 위로하는 것은, 진리 안에서 자녀를 양육하기 위해 꼭 필요한 지혜입니다.

에덴동산 이야기에서, 하나님은 아담과 하와를 위로하시며 그들을 돌보셨습니다. 그들의 잘못을 바로 지적하지 않으시고 그들의 필요를 먼저 채워 주셨습니다. 그런 다음, 하나님은 그들에게 더 큰 위로를 베푸셨습니다. 그들이 직접 만들어 입었던 무화과나무잎 대신, 가죽옷을 지어 입혀 주신 것입니다. 이것은 절대 사소한 일이 아닙니다. 우리는 그날 아름답고 완벽한 하나님의 창조물 중 어떤 것이 희생되었는지 알지 못합니다. 그러나 분명한 것은 가죽옷을 짓기 위해 무언가가 죽었다는 사실입니다(창 3:21). 우리는 피와 죽음에 익숙한 세상에서 살고 있기 때문에, 이것이 얼마나 값비싼 선물인지 깨닫지 못할 수도 있습니다. 그러나 이것은 절대 하나님이 원하셨던 세상의 모습이 아니었습니다. 그런데도 하나님은 자녀를 사랑하셨기에 죽음을 허락하셨습니다. 이 피는 장차 오실 하나님의 어린양, 그리스도를 가리킵니다. 예수님은 우리를 위해 피 흘리셨고, 그로 인해 우리는 그분의 의로 옷을 입을 수 있게 되었습니다.

언젠가 제 딸아이 하나가 사람들 앞에서 저에게 무례하게 말했습니다. 남편은 그런 태도를 용납하지 않았고, 아이에게 잠언 전체를 필사하는 벌을 주었습니다. 남편은 딸에게 말대꾸하는 것은 예의 바른 태도가 아니며, 아이가 쓸 잠언이 지혜를 얻는 데 도움이 될 것이라고 설명했습니다. 솔직히 말하면, 아직 어린 딸이 매일 밤 펜의 잉크가 다 닳을 정도로 필사하는 모습을 지켜보는 것은 고통스러웠습니다. 잠언에 쓰인 단어는 총 9,921개입니다. 딸이 잠언을 쓰는 동안, 눈물로 적신 휴지 더미가 점점 쌓여 갔습니다.

어느 순간, 남편은 딸이 충분히 교훈을 얻었다고 느꼈습니다. (그렇게 판단한 이유는, 딸이 성실하게 과제를 수행하기 시작했고, 우리의 감정을 이용하려는 행동을 멈추었으며, 태도가 한결 나아졌기 때문입니다.) 그 순간, 남편은 딸에게 다가가 위로의 말을 건넸습니다.

저는 아버지와 딸이 함께 잠언을 완성하는 모습을 지켜보았습니다. 아빠가 한 구절을 쓰면, 딸이 그다음 구절을 쓰는 방식으로 이어 갔습니다. 남편은 딸에게 내린 징계를 함께 감당하며 아이를 위로했습니다.

딸이 거짓말을 믿고 그에 따라 행동했을 때 아이를 위하는 것은 '응석을 받아주는 것'이 아닙니다. 아이가 왜 죄를 지었는지 그 뿌리를 파악하고, 같은 실수를 반복하지 않도록 막아야 합니다.

하지만 하나님이 하시는 두 번째 은혜의 행동인 대면을 하지 않는다면, 그것이야말로 딸을 '버릇없는 아이로 만드는 것'입니다.

둘째, 하나님은 그들을 대면하셨습니다. 대면은 처벌이 아니라 훈련입니다. 처벌은 죄의 행위에 대한 결과로서 징계하는 것입니다. 훈련은 아이를 진리로 양육하기 위해 죄에 물든 행동과 마음의 태도를 바로잡는 것입니다. 대면하는 과정에 징계가 포함될 수 있지만, 그것이 전부는 아닙니다. 즉, 징계가 끝이 아니라는 것입니다.

하나님은 아담과 하와를 대면하셨을 때 출산의 고통, 관계의 문제, 노동의 어려움 등 죄가 몰고 올 고통을 나열하지 않으셨습니다. 그 대신, 또 다른 질문을 던지셨습니다.

"네가 무엇을 하였느냐?"

딸이 무엇을 했는지, 왜 그렇게 했는지 생각하는 것도 중요하지만, 자신이 죄를 지었음을 아는 것도 중요합니다. 거짓말, 속임수, 따돌림, 도둑질, 부모님 몰래 소셜 미디어에 접속하는 것, 금지된 텔레비전 프로그램을 보는 행동을 정확히 인식하고, 그대로 인정하는 것이 중요합니다. 아이에게 무엇을 했는지 물어보세요.

은혜의 언어라고 해서 죄를 부정하지 않습니다. 물론, 후기 기독교 시대의 문화에서 이것은 인기 있는 단어가 아니며, 오늘날 자녀 양육 책에서는 '죄'에 대해 언급하지 않습니다. 그러나 저는 딸이 죄를 올바로 이해할 때만이 그 아이가 진리 안에서 살아갈 수 있다고 믿습니다.

몇 년 전, 유명한 정신과 의사 칼 메닝거(Karl Menninger)는 (제가 아는 한, 그는 자신을 그리스도인이라고 밝힌 적이 없습니다) "죄의 개념을 되찾아야 한다"라고 하면서 아래와 같이 주장했습니다.

> 열두 명이 탄 구명보트에서, 한 사람이 자신이 앉아 있는 근처에서 물이 새는 것을 발견했다고 가정해 봅시다. 그렇다면 그의 책임은 분명하지 않을까요? 그가 그 구멍을 낸 것이 아닐지라도, 그것을 수리하려는 노력은 그의 책임입

> 니다! 이를 무시하거나 침묵하는 것은 마치 그가 구멍을 낸 것과 다름없습니다! … 이처럼 집단 상황이나 공동의 행동에서도, 각 개인에게는 어떤 행동을 하든 하지 않든, 혹은 자신의 입장을 밝히든 밝히지 않든 간에 일정한 책임이 따릅니다. '죄'라는 개념은 이러한 책임의 문제와 깊이 연결되어 있습니다. 따라서 비록 '죄'라는 단어를 사용하지 않더라도, 그 개념을 회복하는 것이 반드시 필요하다고 저는 믿습니다.[2]

에덴동산에서 벌어진 죄의 이야기는 희망의 이야기입니다. 죄가 있다는 가정, 즉 옳고 그름이 존재한다는 사실은 결정할 수 있는 자유가 있다는 의미입니다. 그렇기 때문에 죄의 개념을 바로 아는 것은 매우 중요합니다. 왜냐하면 딸이 다음번에 찝찝한 감정이나 거짓말, 죄의 유혹을 마주했을 때 어떤 선택을 할 것인지 배울 수 있기 때문입니다.

오늘날 우리 딸들이 직면하는 상황이 아담과 하와가 겪었던 혼란보다 더 복잡할 것이라고 생각합니다. (물론, 제가 확신할 수는 없지만요.) 하나님이 분명하게 말씀해 주셨기에 적어도 아담과 하와는 옳고 그름을 알고 있었습니다. 그래서 그들은 자신들이 죄를 지은 것을 알 수 있었습니다. 죄에는 회색지대가 없습니다.

그러나 관용, 수용, 쾌락주의가 지배하는 문화 속에서, 어떤 사람들에게는 '죄'를 명확하게 구별하는 것이 쉽지 않습니다. 죄의 개념을 지우는 것은 아이들을 혼란 속으로 몰아넣는 것입니다. 옳고 그름을 구별할 수 있는 나침반이 없으면, 딸은 선택의 순간에 직면했을 때 어떻게 해야 할지 확신할 수 없게 됩니다. 하지만 여러분은 딸에게 자신의 죄를 직면하는 은혜로운 선물을 줄 수 있습니다.

저는 누군가를 직접 대면하는 것을 어려워하는 성격의 사람입니다. 하지만 저는 자제력이 있고 사랑이 담긴 대면은 깊은 유대감의 증거라는 것을 배웠습니다. 우리는 대면을 통해 "나는 너를 사랑해. 나는 너와 관계를 맺고 싶어. 그런데 네가 그것을 위태롭게 만들었어!"라고 말하는 것입니다. (다음번에 남편이나 가장 친한 친구와 다투거나, 혹은 자녀의 죄를 대면해야 할 때 이 말을 떠올려 보세요.)

최근에 저는 제사장 엘리의 삶을 통해 깊이 깨달은 것이 있습니다. 엘리의 아들들은 악하고 제멋대로였습니다. 하지만 성경은, 엘리가 아들들의 죄 때문에 벌을 받은 것이 아니라, 그 죄를 대면하여 책망하지 않았기 때문에 벌을 받았다고 말합니다(삼상 3:13).

여러분의 딸은 다른 아이들과 다르게 안전할 것이라는 거짓말을 거부하세요.

이 거짓말은 우리 딸들에게 매우 위험합니다. 왜냐하면 이 거짓말은 부모의 경계 시스템을 무력화하기 때문입니다. 위험 신호를 감지하는 부모의 본능을 무디게 합니다. 딸이 불편한 감정을 느낄 때 그 감정 아래에 어떤 거짓말이 숨어 있는지 살피기보다, 그저 사춘기를 지나는 과정에서 자연스럽게 나타나는 감정 변화라고 이해하는 경우가 많습니다. 그렇게 하지 마세요.

여러분의 딸이 죄를 지을 것이라는 진리를 인정하세요. 그리고 위로의 대화와 단호한 대면으로 진리 안에서 성장할 수 있도록 은혜로 다가갈 준비를 하세요.

 하나님과 대화하기

요한복음 14장 6절을 바탕으로 하나님께 드리는 기도문을 써 보세요. 옳고 그름을 분별할 수 있는 지혜와 확신을 주셔서 딸에게 가르칠 수 있도록 도와 달라고 간구하세요. 마음에 혼란스러운 부분이 있다면, 하나님께 털어놓으세요. 다음 빈칸에 여러분의 솔직한 기도를 적으세요.

"나는 길이요, 진리요, 생명이다"(요 14:6).

딸과 대화하기

딸이 『앗, 내가 이런 거짓말을 믿었다니!』 3장을 읽고 나면, 그 책 40페이지를 펴고 '진리의 정의'에 대해 이야기해 보세요. 예수님과 그분의 말씀(성경)이 우리의 행동과 도덕적 선택을 판단하는 '기준과 표준'이라는 사실을 딸이 올바로 이해하고 있는지 확인하세요.

다시, 그 책 42페이지를 펴고, 딸이 조이가 가진 '세상에서 제일 나쁜 사람 같은 느낌'과 '너무 창피한 감정'에 대해 적은 조언을 함께 살펴보세요. 조이가 그 감정을 어떻게 극복할 수 있을지 딸의 생각을 듣고 함께 이야기해 보세요.

2부

소녀들이 믿고 있는 거짓말
그리고 자유롭게 하는 진리

딸의 삶에 진리의 씨앗 심기

다나

이제, 초등학교 여자 어린이들이 믿고 있는 거짓말을 뿌리 뽑고, 하나님의 진리로 대체해야 할 때입니다. 2부에서 다루는 『앗, 내가 이런 거짓말을 믿었다니!』의 내용 중 많은 부분은 여러분에게도 익숙할 것이고, 혹은 예상하지 못한 내용도 있을 것입니다. 그러나 이 모든 내용은 신중하게 검토되었으며, 매우 신뢰할 수 있는 근거, 즉 초등학교 여자 어린이들의 생각을 기반으로 정리되었습니다.

총 1,531명의 소녀가 설문에 참여했습니다!

8세에서 13세의 여자 어린이는 총 18가지 질문에 대해 자신들이 어떻게 생각하고, 느끼고, 믿는지를 솔직하게 답했습니다. 응답한 대부분 어린이는 자신을 그리스도인이라고 생각했습니다.

🍎 51퍼센트는 공립학교에 재학 중임.
🍎 30퍼센트는 홈스쿨링을 받고 있음.
🍎 16퍼센트는 기독교 사립학교에 재학 중임.*

---

*응답한 소녀의 3퍼센트는 비종교 사립학교 같은 기관에서 교육을 받고 있다고 답했습니다.

이 소녀들의 응답을 통해 초등학교 여자 어린이들이 믿는 가장 일반적인 거짓말 스무 가지가 밝혀졌습니다. 이 거짓말들은 반드시 진리로 대체되어야 합니다. 여러분의 딸은 책에 나오는 '진리 실험실'이라는 코너에서 아래의 내용을 읽을 것입니다.

> 똑똑한 사람들은 문제를 해결하려고 실험실에서 정보를 정리하고 분석하면서 시간을 보낸단다. 그들은 우리 몸이 치유되는 방식, 우주선을 타고 달에 가는 비밀, 또는 동물이 훈련에 반응하는 방식 등 어떤 것에 대한 진리를 알아내려고 노력해. 그들은 우리와 미래 세대를 위해 진리를 발견하고 보호하고 있지.
>
> 우리도 문제를 해결하려면 진리를 찾고 지켜야 해! 거짓말이 너무 많아서 우리를 혼란스럽게 하기 때문에, 진리를 정리하고 분류할 곳이 필요하지. 그렇지 않으면 그 진리는 영원히 사라질지도 몰라. 그러니까 진리 실험실에 온 것을 환영해!

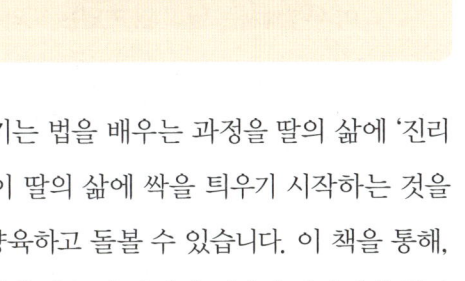

여러분의 딸이 진리를 분별하고, 기억하고, 지키는 법을 배우는 과정을 딸의 삶에 '진리의 씨앗'을 심는 실험실로 생각해 보세요. 그 씨앗이 딸의 삶에 싹을 틔우기 시작하는 것을 관찰하면서, 어린 뿌리들이 건강하게 성장하도록 양육하고 돌볼 수 있습니다. 이 책을 통해, 여러분과 저는 딸아이가 진리의 씨앗을 심고 비옥하게 가꾸어 아이의 신앙이 단단하게 뿌리내리도록 함께 노력할 것입니다.

각 장은 다음과 같이 세 부분으로 구성됩니다.

대화 준비하기

각 장의 시작 부분에서는 포커스 그룹과 설문 조사 결과에서 나온 핵심 내용을 공유합니다. 포커스 그룹의 엄마들과 초등학교 여자 어린이를 대상으로 실시한 설문 조사는 여러분과 여러분의 딸 이야기를 듣고 싶어서였습니다. 그리고 이 책은 그 목소리에 대한 저의 응답입니다. 저는 성경을 바탕으로 정보를 정리하여, 각 주제마다 여러분이 딸에게 진리를 심어 주도록 돕고 싶습니다.

 하나님과 대화하기

그다음, 여러분이 기도할 수 있도록 기도 가이드를 제공합니다. 기존에 사용했던 기도문과 비슷하지만, 각 장의 끝이 아니라 중간에 배치됩니다. 이렇게 하면, 딸이 본격적으로 주제를 공부하기 전에 딸이 진리를 깊이 이해할 수 있도록, 여러분이 미리 하나님께 간구할 수 있습니다.

 **딸과 대화하기**

이 부분에서는 딸이 읽고 있는 책의 내용을 여러분도 함께 읽을 수 있습니다. 이를 통해, 딸이 어떤 내용을 배우고 있는지 파악하고, 그 내용을 깊이 생각할 수 있도록 도울 준비를 할 수 있습니다. 또한 부모님만을 위한 내용도 추가되어 있습니다.

4장

하나님에 대한 진리와 거짓말

여러분의 딸이 진리 실험실에서 가장 먼저 생각하게 될 주제는 하나님에 대한 믿음입니다. 이 믿음은 아이가 세상을 바라보는 모든 관점의 기초가 됩니다. 나아가, 하나님을 어떻게 믿느냐에 따라 아이의 삶이 결정됩니다. 『여성들이 믿고 있는 거짓말』에서 낸시는 다음과 같이 말했습니다.

> 우리가 하나님에 대해 잘못된 생각을 가지고 있다면, 우리는 모든 것을 잘못된 시각으로 바라보게 될 것입니다. 하나님에 대한 우리의 믿음이 삶의 방식을 결정합니다. 만약 우리가 하나님에 대해 진리가 아닌 거짓말을 믿는다면, 결국 우리는 그 거짓말을 따라 행동하게 되고, 다양한 종류의 속박에 빠지게 됩니다.[1]

물론 이것은 엄마인 우리도 마찬가지입니다. 사실, 저 역시 제가 믿었던 거짓말 때문에 딸들에게 하나님에 대한 진리를 가르치던 중 어려움을 겪은 적이 있습니다. 그 이야기를 나누기 전에, 제가 포커스 그룹에서 엄마들에게 받은 중요한 피드백을 먼저 공유하고 싶습니다.

저는 엄마들에게 이렇게 물었습니다. "딸이 믿을까 봐 가장 걱정되는 거짓말은 무엇인가요?" 그 결과는 다음과 같습니다.

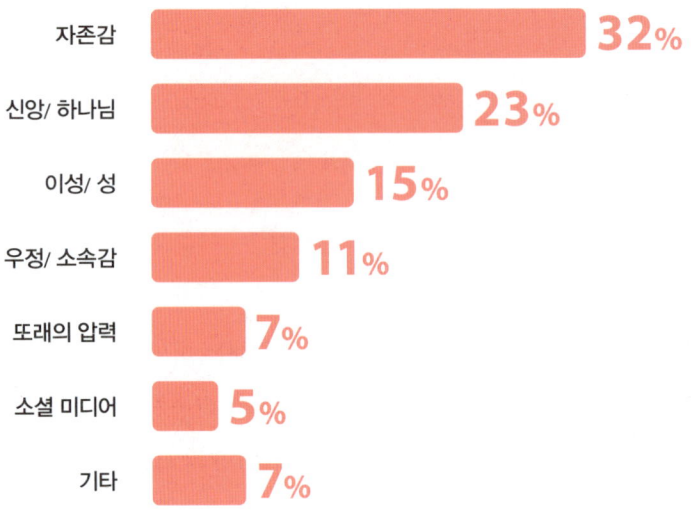

이 모든 주제는 중요하며, 앞으로 하나씩 살펴볼 것입니다. 하지만 이 결과를 보고 저는 이런 생각이 들었습니다. '어떻게 신앙과 하나님에 대한 거짓말이 그리스도인 엄마들에게 가장 큰 걱정거리가 아닐 수 있을까?'

제 감정이 왜 이렇게 자극되었을까요? 이 질문의 답을 드리려면, 10년 전으로 돌아가야 합니다. 제 남편 밥과 저는, 초등학교 고학년 아이들을 어떻게 전도하고 제자로 훈련할 것인지 전략을 세우고 기도하는 원탁회의에 초청받았습니다. 이 회의에는 어와나(AWANA), 빌리 그레이엄 전도협회(The Billy Graham Evangelistic Association), 아이샤인(iShine), 포커스 온 더 패밀리(Focus on the Family) 등 다양한 기독교 단체의 리더가 함께했습니다. 저와 남편은 초등학교 어린이를 위한 행사와 교육 자료 개발에 관심이 있었기 때문에 초청되었습니다. 모든 참석자는 오늘날 많은 수의 대학생이 교회를 떠나는 현상은, 초등학교 시기에 가치관이 형성되는 중요한 단계에서 성경 교육이 부족했기 때문이라는 데 인식을 같이했습니다.

이 회의에 참석한 여론 조사 전문가인 조지 바나는 미국 초등학교 고학년 아이 중, 자신이 그리스도인이라고 생각하는 비율이 전체의 3분의 1에 불과하며, 이것은 앞으로 교회를 떠나는 젊은 세대가 더욱 증가할 것이라는 강력한 신호라고 경고했습니다.[2] 그는 당시 초등학교 고학년 아이들이 믿고 있던 '거짓말'을 공개했습니다.

- 🍎 80퍼센트는 성경, 모르몬경, 쿠란이 같은 책이라고 믿는다.
- 🍎 68퍼센트는 자기 힘으로 구원을 얻을 수 있다고 믿는다.
- 🍎 56퍼센트는 예수님이 이 땅에 계실 때 죄를 지으셨을 수도 있다고 믿는다.
- 🍎 오직 36퍼센트만이 성경이 정확하다고 믿는다.
- 🍎 오직 32퍼센트만이 예수님이 죽음에서 부활하셨다고 믿는다.[3]

그리고 조지 바나의 다음 말은 제 마음을 크게 울렸습니다.

"부디, 여러분이 가진 시간, 돈, 기도의 가장 많은 부분을 '어린이'에게 투자하세요."[4] – 조지 바나

그 순간, 저는 중요한 깨달음을 얻었고, 회개의 눈물이 차올랐습니다. 사실 저는 이미 제 시간과 돈, 기도를 아이들에게 쏟아붓고 있었고, 그것이 제가 가장 사랑하는 일이었습니다. 하지만 제 마음 깊은 곳에는 늘 불편한 감정이 있었습니다. 그 감정을 가장 잘 설명할 수 있는 단어는 당혹감입니다. (혹시 지금 제 이야기에서 '찝찝한 감정'을 발견하셨나요?)

그때까지 깨닫지 못했지만, 저는 어린이를 위한 사역이 성인 여성을 대상으로 하는 기독교 작가와 강사의 사역만큼 중요하지 않다고 여기고 있었습니다. 저는 아이들의 신앙에 투자하는 일이 어른들의 신앙에 투자하는 것만큼 가치 있지 않다는 거짓말을 믿었던 것입니다.

저도 이 믿음을 따라 살고 있었습니다. 결국, 우리는 행동으로 우리가 무엇을 믿고 있는

지를 증명합니다. 저는 그 당시에도 아이들에게 성경의 진리를 심어 주려고 노력하고 있었습니다. 하지만 아이들의 학업, 취미, 건강, 친구 관계에 투자하는 시간이 그들의 신앙에 투자하는 시간보다 훨씬 더 '전략적인' 것 같았습니다.

솔직히 말씀드리면, 기독교 문화도 이 거짓말을 조장하고 있습니다. 제가 십대와 성인 여성을 위한 책을 출간하면, 기독교 사회는 크게 주목합니다. 하지만 어린 소녀들을 위한 책을 펴내면, 라디오 인터뷰도, 마케팅 예산도, 블로거 리뷰도 눈에 띄게 줄어듭니다. 혹시 여러분도 교회에서 비슷한 현상을 보신 적 있나요? 어린이 사역 예산은 적고, 교회 예배에서 어린이에게 할애되는 시간은 아주 짧습니다.

이것은 말이 안 됩니다. 국제성서공회(International Bible Society)의 연구에 따르면, 미국인의 83퍼센트가 '4세에서 14세' 사이에 예수님을 따르기로 결단했습니다.[5] 이 사실만으로도, 우리는 아이들에게 더욱 깊이 있는 영적 가르침을 제공해야 한다는 것을 알 수 있습니다.

하지만 지금 우리는 훨씬 더 심각한 이유를 마주하고 있습니다. 안타깝게도, 10여 년 전 조지 바나가 했던 예측은 현실이 되었습니다. 교회를 떠나는 아이들이 그 어느 때보다 많아지고 있습니다. 현재, 자신을 무신론자라고 밝히는 젊은 성인의 비율은 미국 전체 성인 인구에서 무신론자로 자처하는 비율보다 두 배나 높습니다.[6]

1999년에서 2015년 사이에 태어난 Z세대의 신앙이 위기에 처해 있습니다. 이들은 최초의 진정한 '포스트-크리스천(post-Christian) 세대'로, '종교적 무관심이 커지는 시대'에 태어난 세

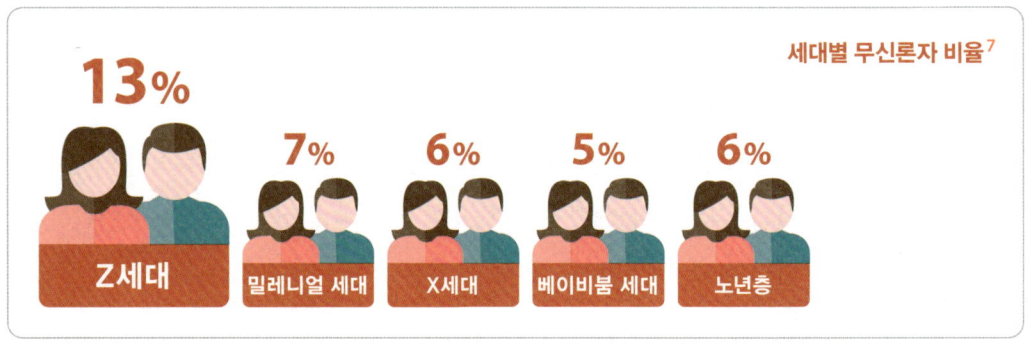

세대별 무신론자 비율[7]

대입니다.[8] 최근 미국 바이올라 대학교에서 실시한 조사 결과에 따르면, Z세대의 70퍼센트가 "성경이 예수님에 대해 말하는 내용이 진리라고 확신하지 못한다"라고 답했습니다. 그리고 충격적인 사실은, 이들 대부분이 교회에서 신앙 교육을 잘 받은 아이들이라는 점입니다.[9]

엄마에게 가장 중요한 관심사는 '신앙과 하나님에 대한 거짓말'이어야 합니다. 저는 이것을 가장 중요하게 여겼습니다. 하지만 제 내면 깊숙이 자리 잡고 있던 한 가지 거짓말 때문에 저의 발이 묶여 있었습니다. 그 거짓말은 바로 '어린이를 대상으로 하는 사역은, 심지어 제 아이들에게 신앙을 가르치는 것조차도 하나님 나라에서 다른 사역만큼 중요하지 않다'는 생각이었습니다. 저는 어떻게 이 거짓말을 극복했을까요? 제 감정과 세상의 목소리에 반대되는 '진리'를 발견했습니다.

♛ 진리 한 조각

> "그러나 예수께서 말씀하셨다. '어린이들이 내게 오는 것을 허락하고, 막지 말아라. 하늘 나라는 이런 어린이들의 것이다'"(마 19:14).

이 말씀은 어린이의 영적 삶이 어른보다 덜 중요하다고 믿는, 바로 저와 같은 사람들에게 주어진 것입니다. 예수님의 이 말씀은 제 머릿속에서 들리는 다른 모든 목소리를 압도합니다. 저는 이 진리에 삶을 맞추기로 결심했고, 무엇보다도 저의 세 자녀인 로비, 렉시, 어텀부터 예수님께 가까이 가도록 돕는 일에 최선을 다하기로 했습니다.

포커스 그룹의 엄마들이 '자존감에 대한 거짓말'을 '하나님에 대한 거짓말'보다 더 중요한 문제로 여겼을 때, 제 마음이 무너졌습니다. 하지만 곧, 저 역시 과거에 하나님의 도우심으로 '진리를 위한 싸움'을 이겨 냈던 순간이 떠올랐습니다. 그 순간, 저는 다시 희망을 품을 수 있었습니다.

솔직하게 답해 보세요. 여러분은 딸의 마음에 하나님의 진리를 얼마나 효과적으로 심고 있나요? 혹시, 그 일을 방해하는 거짓말이 있다면, 두려워하지 말고 맞서 싸우세요. 그리고 '소망'을 붙드세요.

 하나님과 대화하기

마태복음 19장 14절을 읽고, 하나님께 기도하세요. 딸에게 진리를 심는 일이, 여러분이 하나님 나라를 위해 할 수 있는 가장 중요한 사역임을 기억하세요. 혹시 여러분이 딸과 하나님에 대해 이야기하는 것을 망설이거나 무관심한 것은 아닌지 깨닫게 해 달라고 하나님께 구하세요. 아래 빈칸에 하나님께 드리는 기도를 적어 보세요.

"그러나 예수께서 말씀하셨다. '어린이들이 내게 오는 것을 허락하고, 막지 말아라. 하늘 나라는 이런 어린이들의 것이다'"(마 19:14).

 **딸과 대화하기**

기도를 마쳤다면, 딸에게 『앗, 내가 이런 거짓말을 믿었다니!』 4장을 읽도록 권해 주세요. 그동안 여러분도 이 책에서 같은 내용을 살펴보며 대화를 준비할 수 있습니다. 책의 여백에는 엄마를 위한 몇 가지 메모를 적어 두었어요. 딸과 이야기할 때 도움이 되도록, 여러분만의 메모를 추가할 수 있습니다.

4장
하나님에 대한 거짓말

"앱 문제가 해결되어서 정말 기뻐. 네가 진리를 생각하도록 도와준 덕분에 마음이 한결 가벼워졌어. 그런데 한 가지 궁금한 게 있어. 하나님이 나한테 화가 나셨을까? 하나님이 나를 사랑하신다는 건 알지만, 내 잘못 때문에 하나님이 나한테서 멀어지신 것처럼 느껴져. 내가 잘못해도 하나님은 여전히 나를 사랑하실까?"

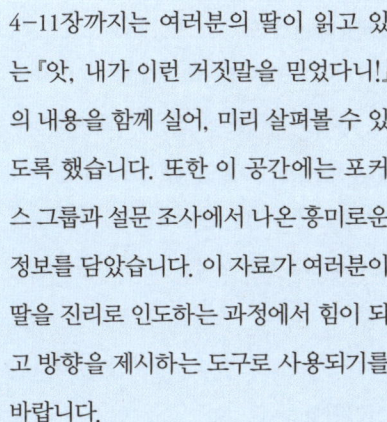

조이는 우리 모두를 자유롭게 해 줄 진리를 찾으려고 성경을 더 깊이 배울 준비가 된 것 같아요. 이제, 조이는 죄를 지어도 하나님이 여전히 자기를 사랑하실지 궁금해하고 있어요. 여러분도 그런 생각을 해 본 적이 있나요? 첫 번째 진리는 우리 모두에게 정말 반가운 소식이에요.

진리 1
하나님은 언제나 너를 변함없이 사랑하셔!

92퍼센트의 소녀가 하나님이 자신을 사랑하신다고 확신하고 있어요.

엄마를 위한 노트

4-11장까지는 여러분의 딸이 읽고 있는 『앗, 내가 이런 거짓말을 믿었다니!』의 내용을 함께 실어, 미리 살펴볼 수 있도록 했습니다. 또한 이 공간에는 포커스 그룹과 설문 조사에서 나온 흥미로운 정보를 담았습니다. 이 자료가 여러분이 딸을 진리로 인도하는 과정에서 힘이 되고 방향을 제시하는 도구로 사용되기를 바랍니다.

그리고 이 공간을 활용하여 여러분만의 메모를 남기세요!

엄마를 위한 노트

진리 1에 대하여

각 설문 문항마다 소녀들이 그 주제에 대해 자신의 생각을 솔직하게 나눌 수 있도록 했습니다. 이 질문에 대한 모든 답변을 살펴보니, 놀라운 사실이 드러났습니다. 대부분 소녀는 하나님이 자신을 사랑하신다는 사실을 알고 있었지만, 죄를 지었을 때는 그 사랑을 신뢰하기 어려워했습니다. 아이들은 이런 글을 남겼습니다.

- ♥ "부모님이나 친구들에게 못된 행동을 하고 나면, 하나님이 나를 사랑하지 않으시는 것 같아요."
- ♥ "불순종할 때는 하나님이 나를 사랑하신다는 걸 믿기 어려워요."
- ♥ "내가 특정한 말투나 행동, 옷차림을 할 때는 하나님이 나를 전처럼 사랑하지 않으실 것 같아요."
- ♥ "내가 착하지 않다는 생각이 들면 하나님이 곁에 계시지 않는 것 같아요."

우리가 머리로 알고 있는 사실과 마음으로 느끼는 감정이 다르다면, 그 안에는 반드시 다루어야 할 '거짓말'이 자리 잡고 있는 것입니다.

이렇게 많은 소녀가 하나님의 사랑을 믿는다는 것은 대단히 좋은 일이지만, 사실은 그보다 더 놀라운 진리가 있어요. 하나님은 모든 사람을 100퍼센트, 언제나, 어떤 상황에서도 사랑하신다는 거예요. 여러분도 당연히 모든 사람에 포함되어요!

하나님은 여러분을 정말 많이 사랑하세요! 성경은 이 진리를 계속해서 우리에게 가르쳐 주어요. 제가 가장 좋아하는 성경 구절 중 하나는 이사야 43장 4절인데, 이렇게 말씀해요. "내가 너를 사랑한다."

그런데 어떤 소녀들은 부모님 말씀을 어기거나 시험에서 커닝하는 등 잘못된 행동을 하면 이 말씀을 믿기 어렵다고 해요.

때때로 감정은 하나님의 사랑에 대해 거짓말을 속삭일 때가 있어요.

→ 거짓말: "하나님은 내가 착할 때만 나를 사랑하셔." ←

여러분도 이런 거짓말을 믿었던 적이 있나요? 아마 우리 대부분은 한 번쯤 그렇게 생각해 본 적이 있을 거예요. 죄는 하나님이 여전히 우리를 사랑하시는데도 그것을 믿기 어렵게 해요. 죄를 짓고 나면 하나님과 연결되는 것이 마치 와이파이 연결이 불안정할 때 음악을 내려받거나 〈오디세이의 모험〉을 들으려고 하는 것처럼 답답하게 느껴져요. 연결은 되어 있지만, 무언가가 방해하고 있는 것처럼 말이죠.[10]

죄는 우리가 하나님과 또렷하게 연결되는 것을 어렵게 합니다. (이 부분은 다른 장에서 더 자세히 살펴보기로 해요.) 하지만 하나님은 여전히 우리와 함께 계시고, 변함없이 우리를 사랑하세요! 물론, 하나님은 우리가 죄를 지으면 슬퍼하시고, 그 죄에 따르는 결과를 거두게도 하세요. 하지만 그렇다고 해서 하나님이 우리를 사랑하시지 않는다는 뜻은 아니에요. 이제 진리 실험실에서 하나님의 말씀을 살펴보기로 해요.

진리 한 조각

"그러나 우리가 아직 죄인이었을 때에 그리스도께서 우리를 위해 죽으심으로 하나님께서 우리에 대한 사랑을 나타내셨습니다" (로마서 5:8, 현대인의 성경).

하나님은 우리가 죄를 지어도 조금도 놀라지 않으세요. 하나님은 **모든 것을** 알고 계시거든요. 우리가 어떤 잘못을 했든, 얼마나 큰 실수를 저질렀든 하나님은 여전히 우리를 사랑하시고 용서해 주세요.

저는 엄마가 되고 나서 이 사실을 더 깊이 깨닫게 되었어요. 제 아들이 어릴 때 일어난 일이에요. 어느 날, 아들이 물을 달라고 하더니 뜬금없이 자기는 다른 방에 있는 촛불을 건드리지 않았다고 하는 거예요. 좀 이상하죠? (이미 연기 냄새가 나고 있었어요.) 다행히 담요 끝부분에만 불이 붙어서 금방 끌 수 있었어요. 그런데 그 상황에서도 저는 아들을 사랑하는 마음이 조금도 줄어들지 않았어요. 오히려 제가 불을 끈 것은 아들을 **사랑하기 때문이었어요.** 아들을 안전하게 지키고 싶었으니까요.

그렇다면 완전하신 하나님은 우리를 얼마나 더 사랑하실까요? 우리가 잘할 때도, 잘못할 때도 하나님은 변함없이 우리를 사랑하세요!

"하나님이 우리를 더 사랑하시도록 우리가 할 수 있는 일은 아무것도 없고, 하나님이 우리를 덜 사랑하시도록 우리가 할 수 있는 일도 아무것도 없다."
– 필립 얀시 11

낸시의 메모

저는 다나에게 소녀들이 하나님에 대해 믿고 있는 거짓말을 먼저 알아보자고 했어요. 이보다 더 중요한 것은 없기 때문이죠. 하나님에 관해 사실이 아닌 것을 믿기 시작하면, 나중에는 더 많은 거짓말을 믿게 될 테니까요.

엄마를 위한 노트

진리 1을 위한 대화 팁

딸이 마음을 열수록, 여러분도 더 많은 도움을 줄 수 있습니다. 솔직함은 또 다른 솔직함을 낳습니다. 딸과 대화할 때 여러분이 죄를 지었던 경험을 나누어 보세요. 그리고 그 일로 인해 하나님의 사랑에 의문을 품었던 순간이 있었는지 이야기해 주세요. 하지만 하나님의 사랑이 변함없다는 사실을 깨닫게 된 과정까지 반드시 들려주어야 합니다. 하나님은 어떤 상황에서도 언제나 우리를 사랑하신다는 진리를 강조해 주세요.

또한 무조건적인 사랑을 보여 주려고 의도적으로 노력하세요. 여러분의 딸은 무슨 일이 있어도 여러분이 자기를 사랑한다는 것을 알고 있나요? 이 진리를 실천하는 것이야말로 가장 강력한 가르침이 됩니다.

엄마를 위한 노트

진리 2에 대하여

낸시는 이 주제를 이미 『여성들이 믿고 있는 거짓말』에서 다루었습니다. 성인 여성들도 이 거짓말에 쉽게 속는다는 것은, 여러분의 딸 역시 나이가 들면서 저절로 이 거짓말을 떨쳐 내기는 어렵다는 뜻이에요. 오늘은 좋은 성적이나 단짝 친구를 간절히 원할 수 있지만, 내일은 남편이나 더 큰 집이 필요하다고 생각할지도 모릅니다. 이 모든 것은 하나님이 주시는 놀라운 선물이지만, 우리 마음의 '가장 첫 번째 소망'이 되어서는 안 됩니다. 하나님만이 진정한 만족을 주시는 분임을 가로막는 거짓말의 뿌리를 뽑아야 해요.

아래 빈칸에 여러분의 딸이 어떤 것으로 욕구를 채우려 하는지 메모해 보세요.

그리고 다음 문장을 완성해 보세요.

♥ "딸은 _____ 만 있으면 인생이 더 나아질 거라고 생각한다."

진리 2
하나님만으로 충분해!

하나님은 우리에게 필요한 모든 것을 채워 주세요. 하나님은 우리를 사랑하시고, 우리에게 진짜로 필요한 모든 것을 공급해 주시죠. 그런데 하와는 이 놀라운 진리를 믿지 않았어요. 그 대신 하와는 **"저 열매를 한 입 먹으면 나는 더 행복해질 거야!"** 라고 생각했지요.

아주 오래전 하와가 믿었던 이 거짓말을 지금도 많은 소녀가 믿고 있어요.

→ 거짓말: "하나님만으로는 부족해." ←

많은 소녀가 이렇게 말해요.
- 🍎 "모든 과목에서 100점을 받는다면 내 인생은 훨씬 좋아질 거야!"
- 🍎 "강아지나 고양이를 키운다면 훨씬 더 행복할 거야!"
- 🍎 "친구가 생기면 내 삶은 더 즐거워질 텐데!"

거의 모든 소녀가 마지막 거짓말을 믿었어요. 소녀들과 이야기해 보면, 이렇게 말하곤 해요. **"교회에서 제일 중요한 건 좋은 친구들이에요."** 또는 **"우리 가족이 그 교회를 선택한 이유는 친구들 때문이에요."** 결국 이 말은 **"하나님만으로는 충분하지 않아. 친구도 필요해"** 라는 뜻이죠.

물론 친구들은 우리가 하나님과 더 가까워지고 올바른 선택을 할 수 있도록 도와주어요. 여러분에게도 그런 친구들이 있으면 좋겠어요. 하지만 친구가 하나님보다 더 중요한 것은 아니랍니다. 이제 진리 실험실에서 성경 구절을 살펴볼까요?

진리 한 조각

"나의 하나님께서 자기의 풍성하심을 따라 그리스도 예수 안에 있는 영광으로 여러분에게 필요한 것을 모두 채워 주실 것입니다"(빌립보서 4:19).

친구를 사귀거나, 가족과 멋진 여행을 가거나, 예쁜 청바지를 사는 것은 조금도 잘못이 아니에요. 오히려 이런 일들이 때로는 우리 삶을 더 행복하게 해 주어요. 하지만 이 가운데 어떤 것도 하나님만큼 소중하거나 유익하지는 않아요. 하나님은 우리에게 모든 것(친구, 지혜, 반려동물, 옷을 살 수 있는 돈까지)을 주시는 분이에요. 오직 하나님만이 우리에게 진정한 만족을 주실 수 있답니다.

아래 이야기의 주인공인 제나 존스는 열 살이에요. 제나는 부모님이 선교사로 사역하시는 독일에서 자랐어요. 제나가 이 진리를 어떻게 깨달았는지 들어 볼까요?

제나 존스, 독일 베를린

"저는 태어나서 처음으로 미국에서 일 년 동안 살게 되었어요. 정말 무서웠어요. '가기 싫어. 친구도 사귈 수 없을 거야'라는 생각이 자꾸 들었어요."

제나의 가족은 여름 방학 때 미국에 도착했어요. 제나는 친구가 없어도 행복해지기로 **결심했습니다**. 시간이 지날수록, 제나는 예수님과 더 깊은 우정을 쌓았어요. 제나는 그동안 예수님이 이렇게 좋은 친구가 되실 수 있다는 것을 몰랐어요. 하나님이 함께하신다면 무엇이든 할 수 있다는 믿음이 생겼어요. 그래서 친구가 한 명도 없는 새로운 학교에 가는 것을 두려워하지 않기로 결심했어요.

드디어 개학 날이 다가왔어요. 아침에 친구들이 서로 인사를 나누고 이야기하

엄마를 위한 노트

진리 2를 위한 대화 팁

우정은 중요합니다. 성경은 지혜로운 친구들과 동행할 때 우리도 지혜로워진다고 말합니다. 따라서 문제는 딸이 친구를 원한다는 것이 아니라, 딸의 가장 중요한 친구이신 예수님과의 관계를 중요시하지 않는다는 점입니다.

대화를 시작할 때, 아무리 좋은 친구라도 우리를 실망시킬 수 있다는 사실을 이야기하세요. (이렇게 현실을 직시하면, 친구 관계에서 생기는 갈등을 더 건강하게 받아들일 수 있습니다.) 그다음, 여러분이 어떻게 예수님과 깊고 친밀한 관계를 경험했는지 딸에게 들려주세요. 그리고 예수님보다 더 좋은 친구는 없다는 사실을 강조하세요. 그분은 절대 우리를 실망시키지 않는 유일한 친구이시기 때문입니다.

엄마를 위한 노트

진리 3에 대하여

우리의 설문 조사에 참여한 한 소녀는 자신이 진짜 그리스도인인지 확신이 없었습니다. 그 아이에게 그리스도인이 된다는 것이 무슨 의미인지 설명해 달라고 했을 때 혼란스러워했습니다. 하지만 감사하게도, 그 소녀는 엄마에게 가서 조언을 구했습니다. 두 사람은 그 자리에서 함께 기도했고, 하나님의 가족이 되는 은혜를 누렸습니다!

여러분의 딸은 그리스도인이 된다는 것의 의미를 바르게 이해하고 있을까요? 저는 이 문제를 두고 기도하고 있습니다. 그리고 하나님이 이 대화를 통해 어떤 일을 이루실지 기대가 됩니다!

점검할 질문

만약 누군가가 여러분의 딸이 예수님을 구주로 믿는지 묻는다면, 여러분은 정확히 대답할 만큼 잘 알고 있나요?

는 모습을 보며, 제나는 많이 힘들었어요. 오전 내내, 공부에 집중하려고 애쓰면서도 마음으로는 계속해서 하나님께 도움을 구했지요. 그런데 놀랍게도, 마음이 편안해졌어요.

제나는 알지 못했지만, 하나님이 특별한 선물을 준비해 두셨어요.

"쉬는 시간에 축구를 하면서 친구를 많이 사귀었어요."

제나는 그 친구들을 하나님이 주신 선물이라고 믿어요. 하나님이 때로는 우리가 상상도 못 한 방법으로 친구를 만들어 주세요.

하나님은 여러분의 삶에서 가장 중요한 분이 되기를 원하세요. 그리고 중요한 것은, 하나님이 우리가 원하는 것을 주지 않으셔도 우리는 만족하고 행복할 수 있다는 거예요. 하나님은 우리가 그 사실을 알기 원하세요. 제나는 친구가 한 명도 없었던 여름 방학 내내, 그리고 등교 첫날 아침에도 만족할 수 있었어요. 하나님은 우리가 오직 하나님만으로 **충분하다는** 진리를 깨닫기 원하세요.

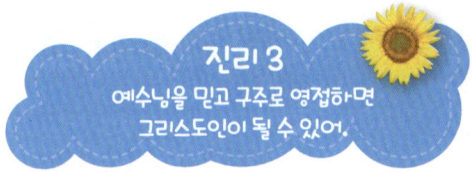

1,531명의 소녀가 진리와 거짓말에 대해 답변한 내용을 살펴보다 슬픈 사실을 발견했어요.

자신이 그리스도인이라고 말한 소녀 중 22퍼센트는 그리스도인이 되는 법을 잘못 이해하고 있었어요.

이 소녀들은 이렇게 말했어요.
- "저는 교회에 다니기 때문에 그리스도인이에요."
- "부모님이 그리스도인이라서 저도 그리스도인이에요."
- "저는 원래부터 그리스도인이었어요."

어머나! 큰일이네요. 거짓말이 여기저기 숨어서 드러나지 않고 있어요.

→ **거짓말:** "나는 ☐ 이기 때문에 그리스도인이야." ←

교회에 다니는 것은 좋은 일이지만, 그것만으로 그리스도인이 되는 것은 아니에요. 부모님이 그리스도인이신 것은 멋지지만, 그렇다고 여러분이 그리스도인이 되는 것도 아니지요. 그리고 태어나면서부터 그리스도인이었던 사람은 아무도 없어요.

어떻게 그리스도인이 될 수 있을까요?

좋은 질문이에요. 하나님은 우리를 너무나 사랑하셔서 예수님이 우리 대신 십자가를 지게 하셨어요. 성경은 이렇게 말씀해요.

♛ 진리 한 조각

> "하나님께서 세상을 이처럼 사랑하셔서 외아들을 주셨으니, 이는 그를 믿는 사람마다 멸망하지 않고 영생을 얻게 하려는 것이다" (요한복음 3:16).

예수님은 왜 우리를 위해 죽으셨을까요? 바로 우리의 죄 때문이에요.

　죄에 대해 이미 이야기했지만, 다시 한번 복습해 볼까요? 하나님께 불순종하거나 잘못된 행동을 하면 우리는 죄를 짓는 거예요. 예를 들어, 다른 사람에게 못되게

엄마를 위한 노트

진리 3을 위한 대화 팁

딸이 읽고 있는 책에는 예수님을 따른다는 것의 의미를 이해하도록 돕는 데 필요한 모든 내용이 담겨 있어요. 딸과 함께 자연스럽게 대화하듯 읽으며 아래와 같이 물어보세요. 예를 들면,

- ♥ "예수님은 왜 우리를 위해 십자가에서 돌아가셨을까?"
- ♥ "죄는 우리에게 어떤 영향을 미칠까?"
- ♥ "너는 예수님을 믿니?"
- ♥ "예수님을 너의 구주로 받아들일 준비가 되었니?"

위의 질문에 대해 여러분의 딸이 진지하게 반응한다면, 아이가 자신의 삶을 그리스도께 드릴 준비가 되었는지 분별할 수 있도록 성령님께 도움을 구하세요. 딸의 책 57쪽에 나오는 기도문은 딸이 기도할 때 참고할 수 있는 좋은 지침이 될 거예요. 하지만 기억하세요. 목표는 단순히 '기도문을 따라 하게 하는 것'이 아니라, 성령님이 아이의 삶에 역사하시도록 도우며, 진정한 회개와 믿음으로 반응하도록 인도하는 거예요. 만약 딸이 이미 예수님을 자신의 구주로 믿고

엄마를 위한 노트

있다면 축하의 시간을 갖고, 앞으로 예수님과의 관계에서 어떻게 계속 성장할 수 있을지 함께 이야기하세요.

이 공간에는 여러분이 딸에게 전하고 싶은 말이나 기억해 두고 싶은 생각을 자유롭게 적으세요.

굴거나, 거짓말을 하거나, 속이는 것은 모두 죄입니다. 성경은 이 세상 모든 사람이 죄를 지었다고 말씀해요. 그 안에는 여러분과 저도 포함되지요.

죄는 우리를 하나님과 멀어지게 합니다. 그리고 성경은 죄의 대가가 죽음이라고 말씀해요. **그런데 하나님은 우리를 너무나 사랑하셔서** 예수님을 이 세상에 보내셨고, 예수님은 우리 죄 때문에 십자가에 못 박히셨어요. 놀라운 소식은, 예수님은 다시 살아나셨고, 우리 죄를 용서하신다는 사실이에요. 예수님은 우리에게 구원의 선물을 주셨어요.

> 죄는 우리를 하나님과 멀어지게 해요.

하나님 | 죄 | 우리

여러분은 어떨지 모르겠지만, 저는 제가 받지 않았는데 선물을 갖게 된 적은 없어요. 하나님이 주신 구원의 선물도 마찬가지예요. 예수님을 **믿고** 구주로 **받아들여야만** 구원받을 수 있어요.

> **예수님을 믿는다는 것은**
> ♥ 예수님을 굳게 믿고 의지하는 거예요.
> ♥ 예수님이 하나님의 아들이심을 아는 거예요.
> ♥ 예수님이 나를 죄에서 구원해 주신다는 것을 아는 거예요.
> ♥ 예수님께 나의 삶을 맡길 준비가 되는 거예요.

여러분은 예수님을 믿나요?

그렇다면 예수님을 구주로 **영접할** 준비가 된 거예요. 예수님을 구주로 영접한다는 것은 예수님이 여러분의 마음에 거하시고, 여러분의 삶을 이끌어 주시기를 요청한다는 뜻이지요. 로마서 10장 9절은 이렇게 말씀해요. "당신이 만일 예수는 주님이라고 입으로 고백하고, 하나님께서 그를 죽은 사람들 가운데서 살리신 것을 마음으로 믿으면 구원을 얻을 것입니다." 여러분은 예수님께 죄를 용서해 달라고 말씀드리고 예수님을 영접한 적이 있나요? 아직 그렇게 하지 않았다면, 지금 이 기도를 드려 볼래요?

"사랑하는 주님, 저는 죄인입니다. 저의 죄를 위해 십자가를 대신 지신 예수님께 감사드립니다. 저의 죄를 용서해 주세요. 저의 삶에 들어오셔서 주인이 되어 주세요. 저를 구원해 주셔서 감사합니다. 예수님의 이름으로 기도합니다. 아멘."

이런 기도를 지금 처음 드렸나요?
그렇다면 아래에 오늘 날짜를 적으세요.

내가 그리스도인이 된 날짜:

축하합니다! 이제 이 소식을 부모님이나 목사님께 꼭 전하세요. 그분들도 정말 기뻐하실 거예요!

여러분이 이 소식을 전할 사람이 그리스도인이어서, 여러분의 믿음이 자라도록 도와줄 수 있으면 좋겠어요. 기억하세요. 이제 여러분은 예수님께 삶의 주권을 드린 거예요. '주권을 드린다'는 것은 여러분이 예수님께 순종하고, 그분의 말씀대로 따르겠다는 뜻이에요. 방금 드린 기도는 그리스도인이 되는 첫걸음일 뿐이에요. 이제 여러분은 예수님과 함께 변화된 삶을 살아야 해요. 여러분이 그리스도인이 되었다는 소식을 전할 사람에게 믿음이 자라도록 도와달라고 부탁하세요.

엄마를 위한 노트

딸과 대화하기

딸이 『앗, 내가 이런 거짓말을 믿었다니!』 4장을 읽고 나면, 그 책의 58페이지를 펼치고 '진리 실험실'의 내용을 함께 이야기해 보세요.

'진리 실험실'은 매우 중요하므로 신중하고 지혜롭게 접근해야 합니다. 여러분은 지금 아이의 마음에 진리를 심고, 뿌리 뽑아야 할 거짓말이 있는지 발견하며, 이미 자리 잡은 진리의 뿌리를 더욱 튼튼하게 키우는 과정에 있습니다.

엄마를 위한 노트

진리 실험실에 대하여

딸이 읽는 책에는 각 장이 끝날 때마다 '진리 실험실'이 있습니다. 이 과정은 딸이 믿고 있는 거짓말을 발견하고, 그에 대해 이야기할 수 있는 기회가 됩니다. 먼저, 딸이 어떤 거짓말에 ✘표시를 했는지 확인하세요. 그리고 다음과 같은 질문으로 아이의 마음을 탐색해 보세요.

- ♥ "왜 이 거짓말에 ✘표시를 했니?"
- ♥ "처음으로 이 거짓말을 믿었던 순간이 기억나니?"
- ♥ "이 장에서 읽은 내용 중 떨치고 싶은 마음이 든 거짓말이 있었니?"

그다음, 딸이 어떤 진리에 동그라미를 쳤는지 묻고 다음의 질문을 던져 보세요.

- ♥ "왜 이 진리에 동그라미를 쳤니?"
- ♥ "이 진리를 더 잘 믿을 수 있도록 내가 어떻게 도와주면 좋을까?"

만약 딸이 대화에 적극적으로 참여하지 않는다고 해도 괜찮습니다. 너무 조급해하지 마세요.

딸이 하나님께 드리는 기도문, 성경 구절, 또는 실천할 방법을 나누는 것으로

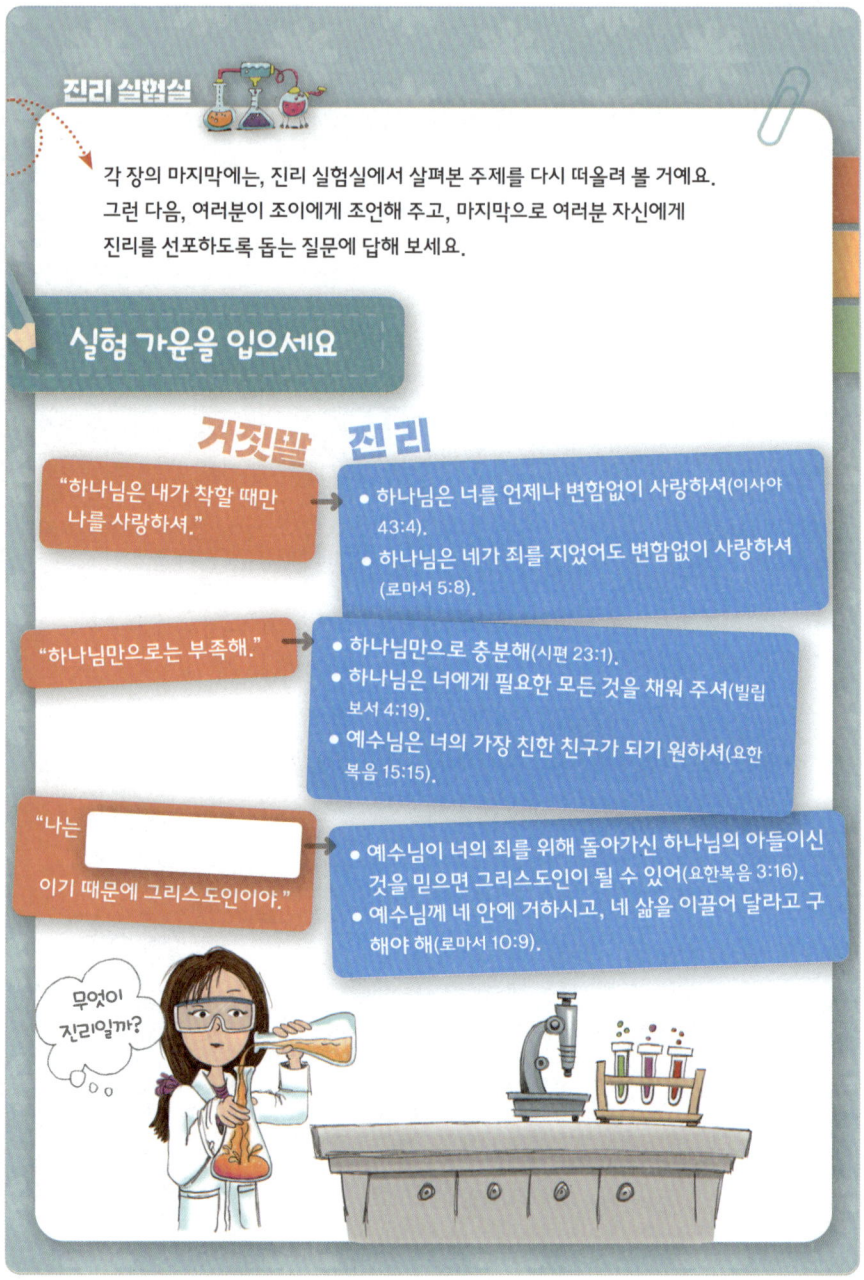

나에게 진리를 선포해요

이제 여러분이 작가가 되어 보세요!

- 하나님에 대해 믿고 있는 거짓말이 있나요? 이 장에 나오는 거짓말 중, 여러분이 믿었던 **거짓말**에 ✗ 표시를 하세요.
- 우리가 **항상** 기억해야 할 **진리**는 무엇인가요? 우리가 함께 찾아낸 진리 중 마음에 와 닿는 것에 동그라미를 치세요.
- 이제, 그 진리를 **날마다** 생각하며 살도록 노력하세요. 아래에 하나님께 드리는 기도나 도움이 되는 성경 구절, 또는 기억하고 싶은 생각을 적으세요.

조이가 진리를 믿도록 도와주세요

이제 조이에게 조언해 줄 시간이에요!

조이는 부모님께 거짓말한 이후로 하나님이 멀리 계신 것처럼 느끼고 있어요. 이 장에서 배운 내용으로 볼 때, 하나님이 정말 그렇게 멀리 계실까요? 조이가 부모님과 다시 가까워지려면 어떻게 해야 할까요?

엄마를 위한 노트

대화를 마무리하세요. 딸이 아직 이 부분을 완성하지 못했다면, 도와주겠다고 제안하세요. 딸의 나이와 성숙도에 따라 필요한 도움이 다를 수 있습니다.

조이가 진리를 믿도록 도와주세요에 대하여

이 활동의 목적은 딸이 친구에게 진리를 전하도록 돕는 것입니다. 딸이 조이에게 엉뚱한 조언을 하거나, 아예 조언하지 못하더라도 지적하거나 비난하지 마세요. 그 대신, 질문을 던져 더 깊이 있는 답을 이끌어 내는 것이 중요합니다.

- "조이에게 왜 그 조언을 하고 싶었니?"
- "네 생각을 뒷받침할 만한 기억나는 성경 구절이 있니?"
- "나는 이 성경 구절이 떠올랐어. 이것을 조이에게 어떻게 적용할 수 있을까?"

성구: _____
_____

딸의 답변이 짧거나 미완성처럼 보일 수도 있지만, 괜찮습니다. 지금 딸은 '진리를 말하는 친구'가 되는 중요한 기술을 배우고 있는 중이니까요.

5장
나에 대한 진리와 거짓말

어젯밤, 이제 다 성장한 아기 딸 중 한 명—저는 여전히 제 아이들을 '아기'라고 부릅니다—이제 침대 가장자리에 앉았습니다. 우리는 한 가지 문제를 해결하려고 애썼습니다. 딸은 자신을 괴롭히는 일이 무엇인지 이야기한 뒤 저에게 물었습니다. "엄마, 어떻게 해야 할까요?"

그 순간, 문득 깨달았습니다! 1장에서 이야기했던 '마비된 듯한 감각'이 다시 찾아와, 제 입을 다물게 하려는 것이었습니다. 제 딸이 저를 지혜로운 상담자로 초대하는 귀한 기회를 주고 있는데도, 아무 말도 할 수 없었습니다.

저는 하나님께 기도하며, 제 입술을 열어 주시기를 간구했습니다. 그리고 하나님은 신실하게도 올바른 말을 제 입술에 주셨습니다. 딸과 나눈 그 시간은 너무나도 소중했습니다. 이번에는 이 싸움에서 쉽게 승리할 수 있었습니다. 왜냐하면 저는 이 싸움을 수없이 경험했고, '진리'와 '기도'를 사용해 마비된 듯한 감각과 싸우는 법을 배웠기 때문입니다.

많은 엄마가 딸에게 조언이나 훈육이 필요할 때 무력해지는 경험을 합니다. 포커스 그룹에서도 여러 엄마가 이 이상한 감각을 '혼수상태' 같다고 표현했습니다. 저는 그들에게 그 원인을 파악해 보라고 요청했습니다. 다음과 같은 답변이 나왔습니다.

> 🍎 "내 생각에는 많은 엄마가 율법주의자가 될까 봐 두려워서 단호해야 하는 때에 너무 쉽게 넘어가는 것 같다. 우리가 하는 말로 인해 딸들이 우리를 부정적으로 인식할까 봐 걱정하는 것 같다."

- 🍎 "끝없는 싸움처럼 느껴지는 아이의 반항이 두렵다. 만약 딸이 이해받지 못한다고 느껴서 내 조언을 거부할까 봐 두렵다."
- 🍎 "진리를 어떻게 말해야 할지 모르겠다. 부모로서 자신이 없다. 혹시라도 틀린 말을 해서, 딸의 자존감을 다치게 할까 봐 걱정스럽다."
- 🍎 "딸과의 사이가 멀어질까 봐, 딸의 자존감을 다치게 할까 봐 두렵다."

공통점이 보이나요? 그것은 바로 '두려움'이었습니다. (우리는 2장에서 이미 이 감정을 떨쳐 버리지 않았나요?) 하지만 위의 대답에 등장한 두려움은 특정한 문제에 뿌리를 두고 있었습니다. 각 여성마다 두려움이 나타나는 방식은 달랐지만, 그 핵심은 엄마가 딸의 자존감과 자신감을 해칠까 봐 걱정하는 마음이었습니다.

제가 처음으로 이런 감정을 경험했을 때 저는 딸들을 당황스럽게 하거나, 제 말로 그들에게 상처를 줄까 봐 두려워하고 있음을 금방 깨달았습니다. 어떤 말을 해야 할지는 알고 있었지만, 아이들의 자존감을 해치지 않고 그 말을 어떻게 전할 수 있을지는 몰랐습니다. 이미 수많은 외부 요인이 아이들의 자존감을 공격하고 있었으니까요. 저는 또 하나의 위협을 추가하고 싶지 않았습니다. 학교에서 만나는 못된 친구들, 미디어에서 끊임없이 강조하는 외모 중심의 광고까지 모든 것이 자존감을 공격하는 지뢰밭처럼 보였습니다.

그래서 저는 이 두려움을 하나님께 가지고 나아가 분명한 답을 주시기를 간구했습니다. 그때 저는 제 마음속에 자리 잡고 있던 거짓말을 발견했습니다.

딸을 키우면서 제가 가장 중요하게 여긴 것은 자존감을 보호하는 것이었습니다. 하지만 계속 공부하고 지혜로운 조언을 구한 끝에, 저는 다음의 진리를 받아들이게 되었습니다.

딸을 양육할 때 가장 중요한 것은 아이가 자신을 어떻게 느끼느냐가 아니라, 하나님이 아이에 대해 뭐라고 말씀하시는가다.

그때 저는 '자존감 중심'이라고 불리는 마차에서 뛰어내리기로 결심했습니다.

혹시 여러분도 비슷한 생각을 한 적 있나요? 여러분은 '혼수상태 같은 감각'을 경험하지 않았을 수도 있습니다. 하지만 아이의 자존감을 지키는 것이 양육에서 가장 중요한 부분이라고 생각한 적은 있지 않은가요? 사실, 포커스 그룹에 참여했던 엄마 중 대부분이 '자존감 보호'를 가장 중요한 우선순위에 두고 있었습니다. 하지만 정말 그것이 가장 중요할까요?

성경은 이러한 사고방식과 반대로 우리에게 자신을 너무 높게 생각하지 말라고 경고합니다(롬 12:3). 우리는 자신의 유익이 아니라, 다른 사람의 유익을 구해야 합니다(고전 10:24). 우리가 자랑할 것이 있다면, 자신의 강점이 아니라 약점을 자랑하여 그리스도의 능력이 드러나게 해야 합니다(고후 11:30). 우리는 다른 사람에게 순종하고(히 13:17), 겸손한 마음으로 다른 사람을 대하며(벧전 5:5-7), 겸손으로 옷 입어야 합니다(골 3:12). 성경은 우리가 자신을 높이기보다 하나님과 다른 사람 앞에서 겸손해야 한다고 거듭 가르칩니다. 위의 구절은 수많은 구절 중 일부에 불과합니다. 여러분은 최근에 딸에게 이 진리를 어떻게 가르쳤나요?

오해하지 마세요! 저는 딸의 마음이 건강하지 않고 자존감이 낮아 보여도 그것을 무시해야 한다고 말하는 것이. 때로는 아이들이 자신의 가치를 올바르게 이해하도록 돕고, 세상에서 받은 상처를 치유하는 과정이 필요합니다. 예수님도 "네 이웃을 네 몸과 같이 사랑하여라"(마 22:39)라고 말씀하셨습니다. 이는 우리가 자신을 돌보고, 존중하며, 사랑해야 한다는 것을 전제합니다. 하지만 우리는 이 개념을 너무 극단적으로 받아들인 것이 아닐까요?

디모데후서 3장은 '자기를 사랑하는 것'이 죄의 뿌리가 될 수 있다고 경고합니다. (이 생각이 딸의 마음에 뿌리를 내려서는 안 됩니다.) 같은 구절에서 자기를 사랑하는 것이 말세의 특징이며, 수많은 끔찍한 죄를 불러올 것이라고 경고합니다.

👑 진리 한 조각

"그대는 이것을 알아두십시오. 말세에 어려운 때가 올 것입니다. 사람들은 자기를 사랑하며, 돈을 사랑하며, 뽐내며, 교만하며, 하나님을 모독하며, 부모에게 순종하지 아니하며, 감사할 줄 모르며, 불경스러우며, 무정하며, 원한을 풀지 아니하며, 비방하며, 절제가 없으며, 난폭하며, 선을 좋아하지 아니하며, 배신하며, 무모하며, 자만하며, 하나님보다 쾌락을 더 사랑하며"(딤후 3:1-4).

지금부터 말씀드릴 내용은 정말 심각한 문제입니다.

저는 많은 엄마와 대화를 나누면서, 딸의 자존감이 가장 중요한 문제라고 생각하는 엄마들이 놀랍게도 아이러니한 상황에 있음을 알게 되었습니다. 낮은 자존감으로 힘들어하는 소녀 중 상당수가, 강한 특권 의식을 보이고 있었습니다.

이 엄마들은 순종하지 않고, 다른 사람에게 친절하지 않으며, 권위에 대해 무례하고, 물질에 대한 강한 욕구를 보이는 딸들의 모습에 크게 좌절하고 있었습니다. 여러분은 이러한 태도가 성경의 경고와 일맥상통한다는 것을 깨닫고 있나요? 성경은 '자기를 사랑하는 것'이 지나칠 때 불순종, 감사하지 않음, 쾌락을 사랑함, 친구를 배신하는 성향이 생길 수 있다고 경고합니다.

♥ 낮은 자존감으로 어려움을 겪는 소녀 중 상당수가 강한 특권 의식을 보였습니다.

하나님이 여러분의 딸이 자신을 어떻게 느끼는지 신경 쓰지 않으신다는 뜻이 아닙니다. 성경이 무엇보다도 풍성하게 전하는 진리는, 우리가 하나님의 눈에 엄청난 가치를 지닌 존재라는 것입니다. 에베소서 1장은 하나님이 제 딸들과 저를 어떻게 바라보시는지를 깨닫게 해주는, 제가 가장 좋아하는 말씀입니다. 그 말씀은 우리가 하나님께 선택되었고, 모든 영적 복을 받았으며, 사랑받고, 거룩하게 되었으며, 하나님의 자녀로 입양되었고, 용서받았으며, 그리스도와 연합되었고, 그분의 상속자가 되었다고 선언합니다. 이것은 성경을 구성하는 총 1,189장 중 단 한 장에서만 발견할 수 있는 진리입니다.

여러분의 딸이 자신에 대해 믿는 것은, 자신의 느낌이 아니라 하나님의 말씀에 뿌리를 두어야 합니다. 딸이 하나님의 말씀을 믿도록 계속 격려하세요. 그렇게 하면 시간이 지나면서 아이는 하나님께 사랑받고, 받아들여지고, 용서받았다고 확신하게 될 것입니다. 자신이 그리스도 안에 있다고 확신하는 마음에는, 낮은 자존감이 들어설 자리가 없습니다.

여러분의 딸에게 필요한 것은 '더 높은 자존감'이 아닙니다. 아이에게 필요한 것은 '하나님에 대한 더 큰 경외감'입니다. 딸이 하나님이 어떤 분인지를 올바로 이해한다면, 자신을 과대평가하지 않고 자신의 가치를 바르게 인식하게 될 것입니다.

 하나님과 대화하기

디모데후서 3장 1-4절을 읽고, 여러분과 딸의 삶을 살펴보세요. 지나친 자기애로 인해 여러분이나 딸이 죄를 짓고 있지는 않나요? 아래 구절에서 여러분과 딸의 삶에 나타나는 모습이 있다면 동그라미를 치세요. 그리고 여러분이 어떻게 하기를 원하시는지 하나님께 여쭈어보세요. 다음 페이지의 빈칸에 여러분의 고백과 기도를 적으세요.

"그대는 이것을 알아두십시오. 말세에 어려운 때가 올 것입니다. 사람들은 자기를 사랑하며, 돈을 사랑하며, 뽐내며, 교만하며, 하나님을 모독하며, 부모에게 순종하지 아니하며, 감사할 줄 모르며, 불경스러우며, 무정하며, 원한을 풀지 아니하며, 비방하며, 절제가 없으며, 난폭하며, 선을 좋아하지 아니하며, 배신하며, 무모하며, 자만하며, 하나님보다 쾌락을 더 사랑하며"(딤후 3:1-4).

딸과 대화하기

기도를 마쳤다면, 딸에게 『앗, 내가 이런 거짓말을 믿었다니!』 5장을 읽도록 권해 주세요. 그동안 여러분도 이 책에서 같은 내용을 살펴보며 대화를 준비할 수 있습니다. 책의 여백에는 엄마를 위한 몇 가지 메모를 적어 두었어요. 딸과 이야기할 때 도움이 되도록, 여러분만의 메모를 추가할 수 있습니다.

5장
나에 대한 거짓말

> 이번 주에 우리 동네로 새로 이사 온 여자아이가 있어. 이름은 이사벨라이고, 다리가 길어서 달리기도 정말 빨라. 그래서 오늘 발야구 할 때 그 아이가 제일 먼저 뽑혔어. 그럼 누가 제일 마지막에 뽑혔을까? 바로 나야! **다리가 짧아서** 이번에도 맨 마지막에 뽑혔어!!!

조이만 그런 경험을 한 것이 아니에요! 저도 발야구할 때 항상 마지막으로 뽑혔던 기억이 있어요. 정말 속상했죠. 그런데 진리를 알고 나니 마음이 편안해졌어요. 여러분에게도 그 진리가 분명히 도움이 될 거라고 믿어요.

진리 4
하나님이 너를 선택하셨어!

여러분은 최고의 예술가이신 하나님의 작품이에요. 성경은 하나님이 여러분을 "**정교하게 짜셨다**"라고 말씀해요. 하나님이 여러분을 세심하게 계획하시고 정성껏 만들어 주셨다는 뜻이지요. 뜨개질을 해 본 적이 있나요? 뜨개질을 하려면 수학이 필

엄마를 위한 노트

딸이 자신에 대해 믿고 있는 거짓말과 관련해 전하고 싶은 말이 있다면, 마음껏 표현해 보세요.

진리 4에 대하여

거짓말의 특징 중 하나는 성경이 말씀하는 두 마음입니다. 두 마음을 가진 사람은 생각과 행동이 흔들리고 갈팡질팡합니다. 이런 사람은 불안정합니다(약 1:8). 예를 들어, 한 소녀가 선생님에게는 무례하게 행동하면서 친구들과 어울릴 때

엄마를 위한 노트

는 극도로 자신감이 부족하다면, 그 아이는 불안정한 것입니다. 이런 경우, 다른 사람과의 관계에서도 신뢰하기 어려운 태도가 드러납니다.

제가 두 마음을 발견한 또 다른 순간은, 엄마들이 이 프로젝트에서 딸의 자존감을 최우선 순위로 꼽으면서도 특권 의식을 큰 문제로 지적했던 때였습니다. 엄마들은 다음과 같이 이야기했습니다.

♥ 요즘 아이들은 권위에 의문을 제기할 권리가 있다고 생각하지만, 또래 앞에서 자신의 의견을 말할 자신감은 부족합니다.

♥ 거대 기업들이 초등학교 고학년 소녀를 대상으로 집중적인 광고를 하기 때문에, 우리 딸들은 자신이 아름답지 않다고 느끼면서도, 화장품, 다이어트 식품, 옷 등에 지대한 관심을 갖습니다.

♥ 제 딸은 수업 시간에 손을 들고 질문할 자신감이 없습니다. 그런데도 아빠를 친구처럼 대하며 존중하지 않는 태도를 보입니다.

여러분의 딸은 자신에 대해 부정적으로 느끼고 있나요? 아니면, 자기중심적인

요해요! 아주 조심스럽고 정확해야 하죠. 만약 정확하게 코를 세지 않으면 작품이 엉망이 될 거예요. 코 하나하나가 정확해야 모양이 제대로 나오니까요.

중요한 것은 이거예요. 하나님은 아무렇게나 대충 여러 가지를 모아 놓고 "어, 이것 좀 봐! 지현(혹은 수아나 유진)이가 만들어졌네!"라고 하시지 않았어요. 하나님은 여러분을 세심하게 계획하시고 만드셨어요. 여러분이 가진 모든 능력은 하나님이 계획하신 거예요.

그렇지만 가끔은 여러분 자신을 생각하면 기분이 좋지 않을 때도 있을 거예요. 그런 날도 있기 마련이죠.

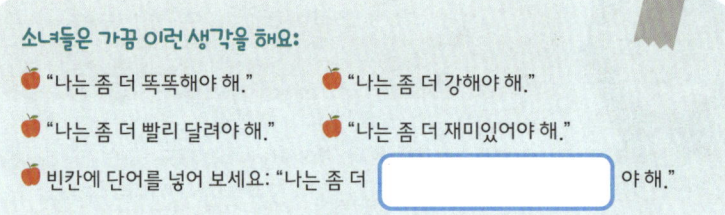

이런 생각은 다른 사람들과 우리 자신을 비교하거나, 다른 사람들의 의견을 들을 때 생겨요. 다른 사람들의 의견을 알게 되는 한 가지 방법은 그들이 우리를 선택하거나 선택하지 않을 때죠.

선택받지 못하는 것은 정말 **속상해요**. 저도 그런 상황에서 느꼈던 감정이 기억나요. 배신감, 당황스러움 그리고 누군가에게 판단받는 기분이었어요.

이런 감정은 결국 심각한 거짓말로 바뀝니다.
→ **거짓말:** "나는 부족해." ←

이 거짓말을 믿을 때 우리는 매우 '찝찝한' 기분이 들어요. 이 거짓말을 믿기 시작하면, 발야구 실력이나 수학 점수 같은 문제보다 더 큰 문제가 생겨요. 마치 우리에게 나쁜 평가가 내려진 더럽고 낡은 꼬리표가 붙은 것처럼 느껴져요.

알려 줄 것이 있어요! 예수님은 여러분의 마음을 이해하세요. 예수님도 사람들에게 판단받고, 무시당하고, 거절당하고, 선택받지 못하셨어요! 성경은 예수님이 사람의 약점을 이해하셨고, 여러분과 저처럼 유혹도 받으셨다고 말씀해요. 우리가 우리 자신을 볼 때 부족하다고 생각하도록 유혹받는 것처럼, 예수님도 그런 유혹을 받으셨을 거예요. 이사야 53장 2절은 예수님이 특별히 잘생기시지 않았다고 알려 주어요. 주변 사람들과 비교했을 때 예수님의 집은 부자도 아니었고, 그래서 갖고 싶은 것을 다 가지실 수도 없었어요. 그분에게도 '부족한 것'이 있었어요.

예수님은 이 사실을 아셨을 거예요. 하지만 성경은 예수님이 절대 죄를 짓지 않으셨다고 말씀해요. 그러니까, 예수님은 어떤 거짓말도 믿지 않으셨다는 뜻이에요! 그렇다면 예수님은 왜 자신이 부족하다는 거짓말을 믿지 않으셨을까요?

베드로전서 2장 4절은 "그는 사람에게는 버림을 받으셨으나, 하나님께는 택하심을 받은 살아 있는 귀한 돌입니다"라고 말씀해요. **예수님은** 사람들에게 버림받으셨어요. 사람들은 그분에 대해 좋지 않은 말을 했지만, **예수님은 그런 말에 귀 기울이지 않으셨어요. 그 대신, 하나님 아버지가 그분에 대해 말씀하신 것을 믿기로 선택하셨어요. 예수님은 하나님의 말씀을 가장 중요하게 여기셨고,** 자신에 대해 무엇을 믿을지를 결정하는 기준으로 삼으셨어요.

이제 여러분이 자신에 대해 무엇을 믿어야 하는지 알 수 있도록, 하나님이 여러분에 대해 뭐라고 말씀하시는지 살펴보기로 해요.

엄마를 위한 노트

태도를 보이고 있나요? 어느 쪽인가요? 저는 딸에게 '특권 의식'(자기중심적 사고)을 바로 지적하기보다는 먼저 아이에게 소중한 존재라는 진리를 알려 주기로 했습니다.

진리 4를 위한 대화 팁
세상은 우리가 부정적인 생각을 믿게 하는 요소로 가득 차 있습니다. 누군가 여러분에게 상처 주는 말을 했거나, 스스로 부정적인 생각에 빠졌던 경험이 있는지 딸에게 이야기해 주세요. 그리고 최근에 누군가의 말 때문에 자신을 좋지 않게 느낀 적이 있는지 딸에게 물어보세요. 연구에 따르면, 아이들은 고통스러운 일을 부모에게 말하지 않고 숨기는 경향이 있습니다. 따라서 부모가 질문하며 대화를 이끌어가야 합니다.

점검할 질문
딸아이가 성경에 기록된 하나님의 말씀을 정기적으로 읽지 않는다면, 어떻게 그분이 자신에 대해 하시는 말씀을 믿을 수 있을까요?

엄마를 위한 노트

진리 5에 대하여

여러분은 '아름다움'에 대해 어떻게 생각하나요? 미국 오하이오에서 열린 포커스 그룹에 참석한 한 엄마가 이렇게 말했습니다.

"저는 지난 몇 달 동안 체중이 3킬로그램이나 늘었어요. 나이가 들면서 제일 속상한 게 체중 문제예요. 어른이 되면 다른 사람의 시선을 신경 쓰지 않을 줄 알았는데, 여전히 고민하고 있다는 것이 너무 슬퍼요. 그리고 충격적이었던 건, 제가 그런 마음을 딸에게 그대로 물려주었다는 거예요. 딸이 체중에 대해 걱정하지 않기를 바라지만, 정작 저는 늘 신경 쓰고 있죠."

그녀가 눈물을 흘리자, 그 옆에 있던 엄마도 자신이 딸에게 똑같은 일을 했음을 깨닫고 울기 시작했습니다.

각 포커스 그룹에서 저희는 엄마들에게 이렇게 물었습니다. "딸이 자신의 외모 중에서 마음에 들어 하지 않는 부분이 있나요?" 50퍼센트가 "그렇다"고 답했습니다. "딸의 생각에 대해 여러분은 어떻게 생각하나요?" 28퍼센트가 "나도 딸아이의 그 부분이 마음에 들지 않는다",

진리 한 조각

"하나님은 세상 창조 전에 그리스도 안에서 우리를 택하시고 사랑해 주셔서, 하나님 앞에서 거룩하고 흠이 없는 사람이 되게 하셨습니다"(에베소서 1:4).

다른 사람과 자신을 비교하고, 다른 사람의 의견에 귀 기울이면 여러분의 자신감은 항상 떨어질 거예요. 여러분을 선택하지 않은 사람들에게 신경 쓰지 마세요! 그 대신, **여러분을 선택하신 분께 집중하세요!**

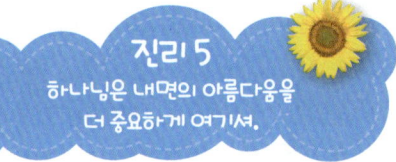

진리 5
하나님은 내면의 아름다움을 더 중요하게 여기셔.

여러분은 자신의 외모가 마음에 드나요? 만약 "아니요"라고 대답했다면, 여러분만 그런 것이 아니에요. 제가 지금 이야기하려는 거짓말은 앞에서 살펴본 거짓말과 연관돼요. 많은 소녀가 **"나는 예쁘지 않아!"**라고 생각해요. 하지만 외모에 대한 문제는 정말 심각해서, 진리로 명확히 분별해야 해요.

우리가 만난 소녀 중 절반 이상이 자신의 외모에 만족하지 않았어요.[1] 그들에게 얼굴이나 몸의 어느 부분이 마음에 들지 않는지 물어봤더니, 가장 많이 나온 대답이 몸무게였어요. 어떤 소녀들은 자신이 너무 뚱뚱하다고 생각했고, 어떤 소녀들은 너무 말랐다고 걱정했어요.

하나님이 여러분을 어떻게 생각하시는지 귀 기울여 듣고 그대로 믿으세요. 하나님 자신이 진리이세요. 하나님이 여러분을 선택하셨고, 언제나 여러분을 선택하신다는 것, 이것이 진리예요.

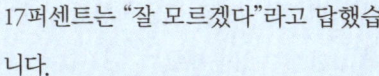

소녀들은 이렇게 적었어요.
- 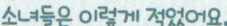 "나는 뚱뚱하고 못생겼다."
- "주근깨는 마음에 들지만, 키가 더 크고 살이 조금만 더 찌면 좋겠다."

텔레비전, 유튜브, 영화, 광고에서 예쁜 소녀들을 자주 보게 되니까 이런 생각이 드는 것도 당연하죠. 그리고 그런 소녀들이 관심을 많이 받고 때때로 유명해지기 때문에 우리 자신을 그들과 비교하기가 쉬워요.

그래서 더 큰 거짓말을 믿기도 쉬워요.
→ 거짓말: "예쁜 소녀가 더 가치 있어." ←

이 거짓말에 맞서기 위해 중요한 질문을 해 볼까요? '예쁜 소녀'는 겉으로 보이는 것처럼 정말 완벽할까요? 성경은 아름다움이 사람을 속일 수 있고, 그 아름다움은 결국 사라진다고 경고해요. '예쁜' 소녀들의 사진은 특수 효과를 많이 사용하기 때문에 실제로 만나면 그들을 알아보지 못할 수도 있어요. 한 소녀는 맨얼굴로 찍은 자신의 사진에 대해 이렇게 말했어요.

세이디 로버트슨 (미국 루이지애나)

"촬영 감독님이 저를 보시더니 '아니, 이 애는 화장하지 않고 찍을 수 있는 얼굴이 아니야!'라고 말씀하셨어요. 그래서 저를 맨얼굴처럼 보이게 하려고 두 시간 동안 화장을 했죠. 솔직히 말하면, 저는 그렇게 예쁜 모습으로 아침에 일어나지 않아요." [3]

17퍼센트는 "잘 모르겠다"라고 답했습니다.

이러한 결과는 엄마들이 '아름다움'에 대한 거짓말을 딸에게 그대로 전하고 있을 가능성을 보여 줍니다.

한 연구에 따르면, 10세 소녀의 80퍼센트가 이미 다이어트를 한 적이 있다고 합니다. 거식증과 폭식증의 사례가 증가하고 있습니다. 이 연구는 〈월스트리트 저널〉(Wall Street Journal) 기사에서도 언급되었으며, 엄마들이 자신의 몸을 바라보는 방식이 딸에게 영향을 미친다는 사실을 강조했습니다. 연구에 따르면, 성인 여성의 30-40퍼센트는 매일 자신의 외모에 대해 고민하며, 그중 거의 절반은 엄마에게 영향을 받았기 때문이라고 답했습니다. 심지어 어떤 여성은 엄마를 원망하기도 했습니다. [2]

그렇다면, 이 여성들은 내면의 아름다움에 대해서도 똑같이 고민하고 있을까요? 그들은 순종적인 태도, 도와주는 마음, 친절함, 용서하는 자세, 밝고 긍정적인 성품을 얼마나 중요하게 생각할까요? 만약 우리 엄마들이 '사라지지 않는 아름다움'에 집중하지 않는다면, 어떻게

엄마를 위한 노트

딸들이 그런 아름다움을 소중히 여기기를 기대할 수 있을까요?

진리 5를 위한 대화 팁
우리는 딸에게 "너 정말 예쁘다"라고 자주 말하지만, 정작 내면의 아름다움을 칭찬하는 데는 소홀할 때가 많습니다. 딸에게 내면의 아름다움에 대해 이야기해 보세요. 예를 들어, 딸이 부엌에서 도움을 주는 모습, 동생에게 책을 읽어 주는 따뜻한 마음, 숙제를 성실하게 하는 태도 등을 떠올려 보세요. 딸의 내면의 아름다움을 발견할 때마다 꾸준히 칭찬하고 격려해 주세요. 이러한 작은 노력으로 딸은 진정한 아름다움이 무엇인지를 깨닫게 될 것입니다.

세이디는 '맨얼굴' 사진을 찍으려고 두 시간에 걸쳐 화장한 거예요! 하나님은 헤어스타일, 멋진 옷, 보석 같은 것으로 아름다움을 판단하시지 않는다고 성경은 말씀해요. 우리는 외모를 중요하게 여기지만, 하나님은 그렇게 생각하지 않으세요. 이 거짓말을 대신할 진리를 성경에서 찾아보기로 해요.

> **진리 한 조각**
> "나는 사람이 판단하는 것처럼 그렇게 판단하지는 않는다. 사람은 겉모습만을 따라 판단하지만, 나 주는 중심을 본다"(사무엘상 16:7).

저는 여러분이 가장 중요한 아름다움인 마음에 집중하면 좋겠어요. 하나님이 여러분을 가장 아름답게 보실 때는 멋진 신발을 신고 립글로스를 발랐을 때가 아니라 다른 사람에게 친절하고, 도와주며, 밝은 마음을 가질 때예요.

성경 어디에도 아름다워지고 싶거나 다른 사람의 아름다움을 인정하는 것이 나쁘다고 하는 말씀은 없어요. 하지만 겉으로 드러나는 아름다움에만 집착하고 마음의 아름다움에는 신경 쓰지 않는다면 이는 잘못된 거예요. 그러니, 다른 사람을 돕는 방법을 배우는 데 시간을 써 보세요. 더 진실한 사람이 되도록 도와달라고 주변 사람에게 요청해 보세요. 또 교회나 도움이 필요한 사람에게 저축한 돈을 기부하는 연습도 해 보세요. 이런 것이 하나님이 아름답다고 여기시는 거예요!

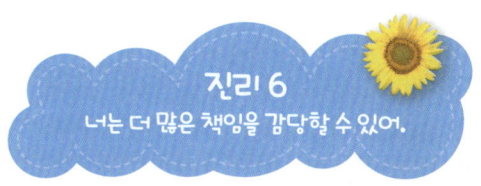

진리 6
너는 더 많은 책임을 감당할 수 있어.

'10대 청소년'과 '초등학교 고학년'이라는 단어가 현대에 생긴 표현이라는 사실을 아나요? 오래전에는 이런 단어가 없었어요. 그 대신 그 시절에 중요했던 것은 '책임'이었죠!

예수님이 이 세상에 사셨던 시대에는 열두 살짜리 어린이도 책임을 지고 싶어 했어요. 그 나이의 아이들은 지혜롭고 성숙하며 책임감이 있어야 했죠.

어떤 소녀는 매일 아침 가족을 위해 멀리까지 물을 길러 걸어가거나, 가족이 먹을 저녁 식사로 빵을 만들었어요. 그런 일을 하지 않으면 가족이 목마르거나 굶을 수 있다는 것을 알았기 때문이에요. 그 당시에는 여덟 살이나 아홉 살인 소녀들도 배워야 할 것이 많았어요.

책임
자신이 해야 할 일을 하고, 그에 따른 결과를 받아들이는 것.[4]

그런데 2,000여 년의 시간이 지나는 동안 이 상황이 달라졌어요. 아이들은 자동차, 영화, 게임, 화장품과 같은 새로운 것에 관심이 많아지면서 책임감에는 신경을 덜 쓰게 되었죠. 사람들이

엄마를 위한 노트

진리 6에 대하여

딸이 점점 성장하며 자아를 형성하는 시기에 접어들면, 의지가 생깁니다. 이것은 좋은 일입니다! 강한 의지는 성경적 신념을 굳건히 세우는 기초가 됩니다. 또한 지시가 없어도 스스로 필요를 발견하고 책임감 있게 행동하는 힘이 됩니다. 예를 들어, 식사 후 자리에서 일어나 자기 그릇을 개수대에 놓고 식탁을 닦는 모습, 잔소리 없이도 스스로 침대를 정리하는 모습 등은 성숙해지는 초등학생 소녀의 특징입니다. (정말 멋지지 않나요?)

하지만 많은 소녀는 성숙함을 책임감 있게 행동하는 데 사용하지 않고, 자신이 원하는 것을 소유하는 데 사용하고 싶어 합니다. 여기에서도 의지는 강하게 드러납니다!

건강한 의지와 잘못된 특권 의식을 어떻게 구별할 수 있을까요?

다음과 같은 리트머스 테스트가 있습니다. 만약 여러분이 딸의 요청을 거절했을 때, 예를 들어 "오늘 밤에 친구 집에서 자고 오는 건 안 돼", "새 청바지는 지금 사 줄 수 없어"라고 말할 때 딸이 속

엄마를 위한 노트

상해하고 실망하는 것은 자연스럽습니다. 하지만 묵묵부답(무시하기), 짜증 내며 불평하기, 화내며 반항하기와 같은 태도로 반응한다면, 이것은 미성숙하고, 자기중심적이며, 죄에 물든 반응입니다. 건강한 의지는 책임감으로 이어지지만, 죄에 물든 특권 의식은 불순종과 반항으로 이어집니다. 딸이 자신의 성숙한 의지를 올바른 방향으로 사용하도록 도와주세요!

이런 행동이 우리 문화에서 '정상적'인 것으로 보일 수 있지만, 그렇다고 해서 괜찮은 것은 아닙니다. 이런 태도는 책임과 신뢰보다는 물질과 특권을 더 원한다는 증거입니다.

진리 6을 위한 대화 팁

책임감이 반드시 즐거운 것은 아니지만, 자신만의 성취감을 느끼도록 해 줍니다. 딸에게 여러분이 힘들게 느끼는 책임감에 대해 솔직하게 이야기해 주세요. (예를 들어, 제 경우에는 장보기와 마른 빨래 개기가 정말 힘들어요. 너무 반복되는 일이라 시간 낭비처럼 느껴졌어요. 한때는 이 두 가지 일이 정말 싫었죠.)

이런 물건을 만들기 시작하면서 '10대 청소년'(teen)과 '초등 고학년'(tween)이라는 단어도 생겨났어요.[5] 이 연령대의 아이들에게 물건을 사야 한다고 설득하기 위해서였죠. 사람들은 소녀들에게 필요한 물건이 있다고 설득했어요. 그 결과, 오늘날 많은 소녀가 물건을 갖고 싶어 해요.

하지만 어떤 물건은 부모님, 선생님, 또는 법을 만드는 사람들이 보기에는 소녀들에게 아직 필요가 없어요. 어떤 소녀들은 원하는 것을 자유롭게 가질 수 없어서 자신들을 가로막는 규칙이 너무 많다고 생각하기도 해요.

그리고 그런 생각을 많이 하다 보면, 이 거짓말을 믿게 됩니다.

→ **거짓말: "나는 더 많은 자유를 누리고 싶어."** ←

37퍼센트의 소녀가 더 많은 자유가 필요하다고 말했어요.
여러분도 그렇게 느낀다면, 질문을 해 볼게요. 그 자유로 무엇을 하고 싶나요? 아래에서 하나를 골라 ✓표를 하세요.

- ☐ 화장품과 휴대폰을 갖고 싶고, 파티에도 가고 싶어요.

또는

- ☐ 다른 사람들을 돕고, 더 많은 책임을 맡을 수 있는 자유가 있으면 좋겠어요.

여러분이 두 번째 자유를 선택했기를 바라지만, 첫 번째 자유를 골랐더라도 솔직하게 답해 주어 고마워요. 초등학교 고학년 소녀들과 대화해 보니, 많은 소녀가 첫 번째 자유를 골랐을 거라는 생각이 드네요. 왜냐하면 그 아이들은 이렇게 말하면서 엄청나게 불평했거든요.

"제가 해야 할 심부름이 너무 많아요!"

"부모님은 저한테 많은 일을 시키시면서, 휴대폰이나 화장품 같은 건 절대 안 사주세요!"

 진리 한 조각

"무슨 일이든지, 불평과 시비를 하지 말고 하십시오"(빌립보서 2:14).

저는 이 아이들이 책임을 지지 않으려고 불평하는 것 같았어요. 이제 이 불평하는 태도를 진리 실험실에서 살펴보기로 해요.

여러분이 직접 결정을 내려야 할 때가 올 거예요. 하지만 그때까지는 여러분이 준비가 되었다는 것을 보여 주어야 해요. 더 많은 자유를 찾기보다는 책임감을 기를 수 있는 기회를 찾아보세요.

성숙한 소녀는 "심부름하기 싫어!"라고 불평하기보다는 "나는 심부름을 할 수 있어"라고 말해요. 사랑하는 사람들과 함께 살면서 그들을 돕는 것은 좋은 일이에요. 초등학교 고학년이 된다는 것은 이제 어른으로 성장할 시기가 되었다는 뜻이에요. 예수님도 지혜가 자라시고 성숙해지셨어요(누가복음 2:52). 예수님은 하나님의 아들이셨지만, 그렇다고 자유를 그냥 누리신 것은 아니에요!

엄마를 위한 노트

하지만 그 일을 긍정적으로 받아들이기 위해 어떤 노력을 했는지도 알려 주세요. (저는 장보는 시간과 빨래 개는 시간을 기도 시간으로 활용합니다. 가족이 좋아하는 음식을 고르거나, 빨래를 개면서 가족을 위해 기도했죠. 그렇게 하면서 제 마음이 완전히 바뀌었어요!)

딸의 마음도 들어보세요. 아이가 어떤 책임을 가장 어려워하는지 물어보고, 그 일을 더 즐겁고 의미 있게 할 수 있는 방법을 함께 고민해 주세요. 책임감은 자연스럽게 길러지는 것이 아니라 배워야 하는 것입니다. 딸이 책임을 다하는 것을 기쁨과 의미 있는 경험으로 받아들이도록 도와주세요!

엄마를 위한 노트

딸의 '진리 실험실' 과제는 각 장의 내용과 상관없이 동일하게 진행됩니다. 따라서, 저는 딸과 어떻게 소통할지에 대한 아이디어를 4장 끝부분에 정리해 두었습니다. 다시 복습이 필요하다면 92-93 페이지에 있는 '엄마를 위한 노트'를 참고하세요.

엄마를 위한 노트

떠오르는 생각이 있나요? 그렇다면, 잊지 않도록 여기에 적어 두세요.

나에게 진리를 선포해요

이제 여러분이 작가가 되어 보세요!

- ♥ 자신에 대해 믿고 있는 거짓말이 있나요? 이 장에 나오는 거짓말 중, 여러분이 믿었던 **거짓말**에 ✗ 표시를 하세요.
- ♥ 우리가 **항상** 기억해야 할 **진리**는 무엇인가요? 우리가 함께 찾아낸 진리 중 마음에 와 닿는 것에 동그라미를 치세요.
- ♥ 이제, 그 진리를 **날마다** 생각하며 살도록 노력하세요. 아래에 하나님께 드리는 기도문이나 도움이 되는 성경 구절, 또는 기억하고 싶은 생각을 적으세요.

조이가 진리를 믿도록 도와주세요

이제 조이에게 조언해 줄 시간이에요!

조이는 마지막으로 선택되어서 많이 속상했어요. 그래서 "내가 부족해서 그래"라고 생각하며 거짓말을 믿기 시작했지요. 조이가 진리를 믿을 수 있도록 여러분이 격려해 주세요.

6장
가족에 대한 진리와 거짓말

"그러므로 너희는 이렇게 기도하여라. 하늘에 계신 우리 아버지, 그 이름을 거룩하게 하여 주시며, 그 나라를 오게 하여 주시며, 그 뜻을 하늘에서 이루심 같이, 땅에서도 이루어 주십시오. 오늘 우리에게 필요한 양식을 내려 주시고, 우리가 우리에게 죄 지은 사람을 용서하여 준 것 같이 우리의 죄를 용서하여 주시고, 우리를 시험에 들지 않게 하시고, 악에서 구하여 주십시오. [나라와 권세와 영광은 영원히 아버지의 것입니다. 아멘]"(마 6:9-13).

우리가 '주기도문'이라고 부르는 기도는 사실 '우리에게 주어진 기도'입니다. 이 기도는 예수님이 직접 우리에게 주신 것이며, 우리가 어떻게 기도해야 하는지를 가르쳐 주는 본보기입니다. 우리는 이 기도의 내용을 활용하여, 가족을 위해 중보 기도할 수 있습니다.

저와 가족에게 유익이 되는 내용을 따라 기도하는 것은 어렵지 않습니다. 저와 남편이 신혼이었을 때, 아이 하나를 키우면서 텅 빈 냉장고를 마주하던 시절이 있었습니다. 그때 저는 말 그대로 '일용할 양식'을 하나님께 간절히 구했습니다. 온종일 간구했지요. 그리고 집에 돌아왔을 때, 익명의 친구가 우리를 위해 보내준 수표를 발견하는 기쁨을 누렸습니다. 그 친구는 우리가 한 기독교 고등학교를 위해 무료로 마케팅을 도와주었다는 소식을 듣고 선물을 보낸 것입니다.

또한 저는 결혼 전의 성적인 경험을 거룩해야 할 결혼 생활에 가져온 것에 대해 하나님께 용서를 구했습니다. 저는 제 결혼 생활과 저를 회복시켜 주시기를 10년 동안 간절히 기도했습니다. 제 삶에서 하나님의 은혜와 치유를 경험하는 과정은 놀랍고 아름다운 여정이었습니다. 그리고 이제 하나님이 저를 사용하셔서 다른 여성들도 회복되도록 돕게 하시는 것도 큰 은혜입니다.

저는 때때로 성인이 된 자녀들이 시험에 들지 않도록 지켜 달라고 눈물을 흘리며 기도했습니다. 이 세상에는 너무나 많은 유혹과 함정이 있기 때문입니다.

이러한 기도는 어렵지 않습니다. 우리는 하나님께 보호해 달라고, 공급해 달라고, 인도해 달라고 자연스레 구합니다.

하지만 "그 나라를 오게 하여 주시며, 그 뜻을 하늘에서 이루심 같이, 땅에서도 이루어 주십시오"와 같이 '내려놓음'과 '순종'을 요구하는 기도를 드리기는 쉽지 않습니다.

위 성구에서 "오게"는 '명령형 동사'입니다. 즉, 실제로 하나님 나라가 이 땅에 오도록 행동을 요구하는 표현입니다. 하나님 나라는 이미 이 땅에 존재합니다(시 103편). 하지만 아직 완전히 이루어지지는 않았습니다. 존 파이퍼(John Piper) 목사님은 이 기도는 "모든 사람이 하나님께 온전히 그리고 기쁨으로 순종하는 곳이 되도록 세상을 변화시켜 달라고 하나님께 간구하는 것"이라고 말합니다.[1] 다시 말해, 우리는 이 땅이 천국처럼 되기를 기도해야 할 뿐만 아니라, 그 일이 이루어지도록 하나님과 협력해야 합니다.

베스트셀러 작가 필립 얀시(Philip Yancey)는 이 기도를 이렇게 바꾸어 기도할 수 있다고 말했습니다.

♥ "제가 살아가는 모습을 통해 사람들이 하나님의 선하신 다스리심을 믿게 하소서."[2] – 필립 얀시

이 세상에서 바르게 살아가는 것은 쉽지 않습니다. 그리고 제가 바르게 살지 못하는 모습을 가장 자주 보는 사람은 바로 가족입니다. 저는 가족에게 저의 말과 죄, 이기심과 야망으로 상처를 주었습니다. 여러분도 공감할 수 있을 거예요. 저는 여자 어린이들에게 가족에 대해 질문했을 때 그들이 남긴 댓글을 보고도 전혀 놀라지 않았습니다.

- "오빠가 나에게 상처를 주고, 부모님은 나에게 소리를 지르세요."
- "아빠는 멀리 떨어져 살면서 나를 보러 오지 않아요."
- "우리 가족은 너무 자주 싸워요."
- "아빠가 감옥에 있어서, 엄마와 단둘이 살고 있어요."

이것은 모두 깨어진 삶입니다. 저 역시 삶의 여러 부분에서 깨어졌고, 여러분도 비슷할 거라고 생각합니다. 그런데도 하나님은 우리가 깨어질 것을 아시면서도, 결혼과 가정을 통해 하나님의 사랑을 보여주기로 선택하셨습니다.

성경에는 남편과 아내가 '한 몸이 되어, 그리스도가 그분의 신부인 교회를 사랑하신 것처럼 그 사랑을 나타내라고 거듭 기록하고 있습니다(창 2:24, 막 10:8, 엡 5:31-32). 이것은 우리가 결혼 생활에서(혹은 결혼하지 않음으로써) 아픔을 겪었을지라도 변함없는 진리입니다. 부모님의 결혼 생활이든, 여러분 자신의 결혼 생활이든, 그것이 힘들었거나 좋지 않게 끝났더라도 마찬가지입니다. 우리가 어떤 상처를 받았을지라도, 결혼은 하나님이 우리를 향한 사랑을 보여주시려고 창조하신 관계입니다.

또한 우리는 하나님의 자녀입니다(요 1:12). 그분은 자신을 우리의 아버지라고 말씀하십니다. 성경에서 '입양'이라는 단어는 우리가 하나님의 가족으로 접붙여지는 구원을 의미합니다(엡 1:5). 하나님이 의도하신 대로 가정이 제대로 기능할 때 잃어버린 세상은 하나님과 그분의 나라를 볼 수 있습니다.

그러니 사탄이 끊임없이 가정을 공격하는 것도 당연합니다.

하나님 나라가 이 땅에 임하시도록 하는 가장 효과적인 방법이 반드시 교회의 아동부를 섬기거나, 찬양팀에서 봉사하거나, 해외 선교지에서 평생을 헌신하거나, 끓어오르는 열정을 책으로 쓰는 것이 아닐 수도 있습니다. 물론, 이러한 일들은 중요합니다. 하지만 하나님의 선하신 다스림을 보여 주는 가장 강력한 방법은, 잃어버린 세상이 여러분의 가정을 통해 하나님의 선하심을 보고 잠시 멈추어 생각하게 하는 것입니다. 그렇다고 가정이 완벽해야 한다는 말은 아닙니다. 다만, 가정이 깨어질 때마다 가족을 다시 예수님과 그분의 진리로 돌아오게 하면 됩니다.

 하나님과 대화하기

마태복음 6장 9-13절을 읽으며, 여러분의 가족을 하나님께 올려 드리세요. 하나님께 일용할 양식을 공급해 주시기를 기도하고, 죄를 용서해 주시기를 기도하며, 악에서 보호해 주시기를 기도하세요. 그리고 하나님이 여러분의 가정을 사용하셔서 이 땅에 그분의 나라를 이루시고, 그분의 선하심을 보여 주시기를 구하세요. 특별히 떠오르는 생각을 다음 페이지의 빈칸에 적으세요.

"그러므로 너희는 이렇게 기도하여라. 하늘에 계신 우리 아버지, 그 이름을 거룩하게 하여 주시며, 그 나라를 오게 하여 주시며, 그 뜻을 하늘에서 이루심 같이, 땅에서도 이루어 주십시오. 오늘 우리에게 필요한 양식을 내려 주시고, 우리가 우리에게 죄 지은 사람을 용서하여 준 것 같이 우리의 죄를 용서하여 주시고, 우리를 시험에 들지 않게 하시고, 악에서 구하여 주십시오. [나라와 권세와 영광은 영원히 아버지의 것입니다. 아멘]"(마 6:9-13).

딸과 대화하기

기도를 마쳤다면, 딸에게 『앗, 내가 이런 거짓말을 믿었다니!』 6장을 읽도록 권해 주세요. 그동안 여러분도 이 책에서 같은 내용을 살펴보며 대화를 준비할 수 있습니다. 책의 여백에는 엄마를 위한 몇 가지 메모를 적어 두었어요. 딸과 이야기할 때 도움이 되도록, 여러분만의 메모를 추가할 수 있습니다.

6장
가족에 대한 거짓말

동생이랑 또 싸웠어. 또야! 우리는 맨날 티격태격해. 내 친구 말로는 세상 모든 사람이 동생이랑 싸운다며 별일 아니라는데, 그게 사실이라면 왜 이렇게 기분이 안 좋은 걸까? 그 친구는 얼마 전에 내가 앱을 내려받은 걸 부모님께 숨기라고 했던 친구야! 나는 동생이랑 싸우는 게 괜찮은 일 같지 않아.

조이처럼, 여러분도 형제자매나 부모님과 다툴 때가 있을 거예요. 때때로 가족은 정말 되돌려 주고 싶은 선물처럼 느껴질 때도 있어요. 하지만 부모님이나 형제자매를 반품할 곳은 없어요! 그래서 우리가 가족에 대해 믿고 있는 거짓말을 제대로 구분해야 해요. 여러분이 가족에 대해 믿어야 할 중요한 진리는 이거예요.

진리 7
모든 가족은 특별해. 그래서 좋은 거야.

지난 장에서 살펴본 "나는 더 많은 자유를 누리고 싶어"라는 거짓말을 떠올려 보세요. 많은 소녀가 더 자유롭기를 원하는 이유 중 하나는 가정의 규칙 때문이에요. 특히

엄마를 위한 노트

가족 간의 불화로 고통을 겪고 있나요? 몇 가지 메모를 남겨 보세요. 나중에 필요할지도 모릅니다!

진리 7에 대하여

설문에 응답한 여자 어린이 중 37퍼센트는 가정의 규칙이 너무 많다고 생각했습니다. 그들은 다른 친구들처럼 외박을 하고, 스마트폰을 가지며, 원하는 음악을 자유롭게 듣고 싶어 했습니다. 다시 말해, '정상적'인 삶을 원했던 것이죠.

엄마를 위한 노트

하지만 '정상'은 과대평가된 개념입니다! 저는 이 사실을 여러분의 딸 그리고 여러분에게도 꼭 알려 주고 싶었습니다. 우리는 종종 주변 가정과 다른 아이들의 행동을 기준으로 우리 가정과 자녀를 비교합니다. 그러나 그것은 좋은 생각이 아닙니다.

문화적 트렌드에 맞추어 사는 것이 '정상'처럼 보일 수 있지만, 그것이 하나님이 원하시는 최선의 길은 아닙니다. 여러분은 딸을 보호하려고 규칙을 세운 것이고, 앞으로도 사랑으로 그 규칙을 지켜 나가야 합니다.

형제자매 사이의 다툼 역시 설문에 답한 여자 어린이들이 '정상'이라고 여긴 영역이었습니다. 물론 이기적이고 죄에 물든 갈등이 흔한 일일 수는 있지만, 하나님이 바라시는 최선은 아닙니다.

이제 하나님의 진리를 사용해, '다름'이 좋은 것이라는 사실을 딸들에게 심어 주세요.

그 규칙이 친구네 집과 다를 때 더 그렇게 느끼죠.

그래서 어떤 소녀들은 이렇게 생각해요.
→ **거짓말: "우리 가족은 정말 이상해."** ←

하지만 이 거짓말을 믿는 이유는 규칙 때문만은 아니었어요. 소녀들이 자기 가족이 이상하다고 느끼는 이유를 세어 보니, 무려 171가지나 되더라고요.

소녀들의 말 중 몇 가지는 다음과 같아요.
- "우리 집은 설탕을 먹지 않아요."
- "우리 가족은 위탁 가정이라 아이가 많아요."
- "저는 입양됐어요."
- "우리 가족은 서로 피부색이 달라요."
- "우리 아빠는 목사님이셔서 다른 집과는 좀 달라요."
- "우리는 인도에 살아요."
- "우리 가족은 염소를 키워요. 염소라고요!"
- "우리는 대가족이에요! 이 작은 집에 일곱 명이나 산다고요!"
- "우리는 농장에 살면서 홈스쿨링을 하고 있어요."
- "부모님이 예술가이셔서 우리 가족은 좀 특이해요."
- "저는 다른 사람들과 많이 다른 것 같아요. 우리 가족은 워낙 독특해서 한마디로 표현하기가 어려워요."

많은 소녀가 자신의 가족이 다른 사람들처럼 '조금 더' 평범하고 정상적이면 좋겠다고 말했어요. 하지만 평범해지는 것이 정말 좋은 것일까요? 예를 들어, 많은 소녀가 형제자매와 자주 싸운다고 했어요.

🍎 81퍼센트의 소녀가 형제자매와 싸운다고 해요.

이에 대해 어떻게 느끼는지를 묻자, 가장 흔한 반응은 두 가지였습니다.

🍎 47퍼센트는 "싸우지 않았으면 좋겠어요"라고 대답했어요.
🍎 34퍼센트는 "괜찮아요. 원래 그런 거예요!"라고 대답했어요.

어떤 소녀는 형제자매와 싸우는 것이 당연하다고 생각할지 모르지만, 그렇다고 해서 그것이 괜찮다는 뜻은 아니에요. 성경은 우리에게 "모든 힘을 다하여 모든 사람과 평화롭게 지내라"고 말씀해요. 여기에는 형제자매도 포함되지요. 형제자매는 원래 싸우는 것이라고 여기고 싸움을 피하려고 노력하지 않는다면, 하나님이 바라시는 모습이 아니에요. 정상이라고 해서 항상 좋은 것은 아니에요.

사람들이 정상이라고 말하는 것 중에는 실제와 다른 것도 많아요

하지만 이렇게 말할 수도 있겠죠. "우리 집은 설탕을 먹지 않아요. 제가 결정한 것도

엄마를 위한 노트

진리 7을 위한 대화 팁

사춘기 이전 아이들에게 '왜?'라는 질문은 매우 중요합니다. 이 시기는 그들의 신념 체계가 형성되는 때이기 때문입니다. 따라서 가족 모두와 관계된 중요한 결정을 내릴 때, 예를 들어 특별한 지역에 거주하는 이유, 예산을 절약해야 하는 이유, 위탁 양육을 선택한 이유 등을 딸에게 설명하는 시간을 가지세요. 이러한 설명은 딸이 부모의 마음을 이해하는 데 도움이 될 뿐만 아니라, 부모가 계획한 삶의 방향과 사명에 동참할 수 있도록 돕는 계기가 될 수도 있습니다.

예를 들어, 위탁 자녀가 여러 명인 가정에 친자녀가 혼자라면 그 아이가 적응하는 것이 쉽지 않을 수 있습니다. 하지만 부모가 왜 그렇게 결정했는지 이해한다면, 아이도 자신이 느끼는 부담을 더 잘 감당할 수 있을 것입니다.

엄마를 위한 노트

아닌데, 저는 무슨 죄죠?" "우리 가족은 염소를 키워요! 왜 그래야 하죠?" "우리 집은 식구가 너무 많아요. 엄마는 왜 자꾸 아기를 낳으실까요?" 이런 이유 때문에 여러분의 가족이 이상하다고 생각할 수 있어요. 그렇다면, 아직 여러분이 느끼는 문제가 해결되지 않은 것 같네요.

아, 잠시만요! 중요한 진리 조각 하나를 발견했어요. 딱 알맞은 순간이네요!

♛ 진리 한 조각

"여러분은 이 시대의 풍조를 본받지 말고, 마음을 새롭게 함으로 변화를 받아서, 하나님의 선하시고 기뻐하시고 완전하신 뜻이 무엇인지를 분별하도록 하십시오"(로마서 12:2).

성경은 우리에게 다른 사람들처럼 되지 말라고 가르쳐 주어요. 그 대신, 우리는 하나님이 우리의 생각을 이끌어 주시도록 해야 해요. 기독교 가정의 차이점을 한 소녀가 이렇게 표현했어요.

"우리는 세상 사람들이 하는 대로 따라하지 않아요."

아멘!

여러분은 이렇게 말할 수도 있겠죠. "그런데 이 진리가 설탕을 먹지 않는 것과 무슨 상관이 있어요?" "우리 가족이 교회에서 식구 수가 제일 많아요. 그래서 사람들이 우리를 좀 이상하게 보는 것 같아요. 도대체 이 진리가 무슨 도움이 될까요?"

사실 부모님이 하시는 어떤 일들은 하나님이 특별히 인도하셨기 때문이에요. 그리고 잘 생각해 보면, 여러분의 삶을 조금 다르게 만드는 것 중에는 굉장히 멋진 것도 많아요. 하나님은 어떤 부모님에게는 아이를 입양하라고 하시고, 어떤 부모님에게는 위탁 가정을 하라고 하세요. 또 어떤 부모님은 인도로 보내셔서 선교사로 사역하게 하시고, 또 어떤 부모님은 교회를 섬기게 하시죠.

또 부모님이 하시는 일 중에는 단순히 부모님이 좋아하시거나 가족에게 가장 좋다고 생각해서 하시는 것도 있어요. 이런 일은 우리 가족이 '다르게 살아가는 연습'을 하는 데 도움이 되어요. 예를 들면, 다른 음식을 먹거나 예술을 즐기거나 염소를 키우는 일이에요.

여러분의 가족은 특별해요. 그래서 좋은 거예요! 하지만 때로는 이런 차이 때문에 정말 힘들 때도 있죠. 이제 그 이야기를 해 보아요.

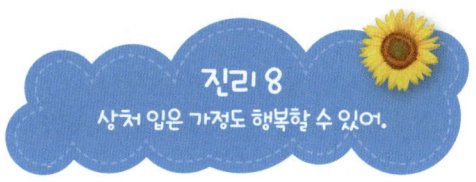

진리 8
상처 입은 가정도 행복할 수 있어.

어떤 소녀들은 부모님의 이혼, 가족의 질병이나 죽음, 밤늦도록 맞벌이하시느라 가정을 돌보지 않는 부모님 때문에 자신의 가족이 정상이 아니라고 생각했어요. 심한 경우에는 부모님이 정말 자기를 사랑하시는지 의심하기도 했죠. 많은 가정이 이렇게 깊은 상처를 입었어요.

- "아빠가 병원에 자주 입원해요. 엄마는 항상 화가 나 있지만, 강아지 덕분에 저는 괜찮아요."
- "아빠가 감옥에 가셨어요."
- "여동생이 아파서 우리 가족은 항상 약속 시간에 늦어요."
- "아빠가 밤에도 일하셔서 집에 거의 안 계세요. 집에 계시더라도 잠만 주무시거나 자주 화를 내세요."
- "부모님이 이혼하셨어요."

엄마를 위한 노트

진리 8에 대하여

예수님은 우리가 이 세상에서 어려움을 겪을 것이라고 약속하셨습니다. 또한 제자들에게 십자가를 지고 자신과 함께 고난을 감당하라고 하셨습니다. 사도 바울도 모든 신자는 고난을 피할 수 없지만, 그 가운데서도 기쁨과 평안을 누릴 수 있다고 가르쳤습니다. 이것이 바로 복음의 능력입니다! 우리는 고통스러운 상황에서도 다르게 살 수 있습니다.

이 진리는 『여성들이 믿고 있는 거짓말』 10장에서 다루고 있습니다. 그 책에서 낸시는 여성들이 어떤 상황에서도 만족함을 누릴 수 있도록 돕습니다. 고난과 고통은 나이를 먹는다고 해결되지 않습니다. 여러분의 딸도 인생에서 어려움을 겪을 것이지만, 그때에도 기쁨을 누리며 사는 법을 배워야 합니다. 가장 좋은 가르침은 여러분이 직접 본을 보이는 것입니다.

점검할 질문

만약 딸이 여러분의 말이 아니라, 여러분이 사는 모습에서 '만족함'을 배울 수 있다면, 딸의 마음은 하나님의 진리를

엄마를 위한 노트

얼마나 잘 받아들일까요?

진리 8을 위한 대화 팁

여러분의 딸이 가정 형편이 어렵지 않아도, '만족함'을 배우는 것을 어려워할 수 있습니다. 사실, 오늘날 진정으로 만족하며 사는 사람을 찾는 것은 쉽지 않습니다. 흥미롭게도, 사회가 더 풍요로울수록 사람들은 만족하지 못하고 불행하다고 느끼는 경우가 많습니다.

우리는 감사할 것이 너무나 많습니다. 전 세계를 대상으로 조사한 바에 따르면, 매일 따뜻한 집에서 지내고 끼니를 해결할 수 있는 사람이라면, 전 세계 인구의 93퍼센트보다 부유하게 살고 있는 것입니다.[3] 또한 이 책을 구매할 경제적 여유가 있고, 글을 읽을 수 있는 교육을 받았다면 이미 꽤 풍족한 삶을 살고 있는 것입니다.

딸에게 이렇게 물어보세요. "네가 갖고 싶은 것이 있거나, 되고 싶은 모습이 있니? 만약 그 소원을 이루지 못하더라도 만족할 수 있을까?"

만약 딸이 '아니요'라고 대답한다면, 그 솔직한 답변을 있는 그대로 받아들이세

여러분의 아픔을 이해해요. 저도 가족에게 슬픈 일이 생겨서 많이 울었거든요. 가족이 상처를 받고 가정이 무너지는 것 같을 때 슬퍼하는 것은 당연해요. 하나님은 여러분의 아픔을 다 알고 계세요. 성경은 "주는 나의 슬픔을 아십니다", "내 눈물이 주의 책에 기록되지 않았습니까?"라고 말씀해요(시편 56:8, 현대인의 성경). 하나님이 이렇게 말씀하시는 이유는 우리를 돌보시고 도와주시려는 거예요.

하나님은 우리가 계속 슬픔에 빠져 있는 것을 원하지 않으세요. 하지만 우리는 슬픔에 머물고 싶은 유혹을 받을 때가 있어요. 매일 슬픔을 생각하고, 이 상황이 절대 바뀌지 않을 거라고 믿을 수도 있어요.

그런데 문제는, 그러다가 거짓말을 믿게 된다는 거예요.
→ **거짓말: "우리 가족은 서로 멀어져서 절대 행복할 수 없어."** ←

만약 가족과 삶의 모든 조건이 완벽해야만 행복할 수 있다고 믿는다면, 그것은 잘못된 믿음이에요. 예수님은 여러분이 가족이 아닌 예수님께 소망을 두기를 원하세요. 진정한 행복은 가족이나 인간관계에서 오지 않아요. 진정한 기쁨은 오직 예수님 안에서만 찾을 수 있답니다.

자, 이제 하나님의 진리를 깊이 탐구해 보아요.

👑 진리 한 조각

"나는 어떤 처지에서도 스스로 만족하는 법을 배웠습니다" (빌립보서 4:11).

'만족하다'는 단어는 크리스마스 아침에 느끼는 행복과는 조금 달라요. 생일 파티에 모든 친구가 왔을 때 느끼는 그런 행복도 아니에요. 이 행복은 조금 다른 종류이지요. 조용하고 평화로워서 '괜찮다'고 느껴지는 그런 상태와 비슷한 거예요.

만족
평화롭고 행복한 상태.[4]

빌립보서를 쓴 사람은 우리에게 일어나는 일들을 우리 뜻대로 바꿀 수는 없지만, 우리가 그 일들 때문에 좌절할 필요가 없다는 사실을 깨달았어요. 그는 예수님을 전하다가 감옥에 갇히는 등 힘든 일을 많이 겪었지만, 만족할 수 있었어요. 지금 여러분이 가족에게 만족하지 못한다면, 앞으로도 만족하기 어려울 거예요. 이 세상은 불완전하고, 나쁜 일들은 언제나 일어나기 때문이에요.*

아홉 살인 탈리아는 가정이 무너진다는 것이 어떤 의미인지 잘 알고 있습니다. 탈리아네 집은 아빠가 없었고, 집안 형편이 어려웠어요. 탈리아는 엄마와 한 침대에서 잤고, 옷도 쓰레기봉투에 넣어서 보관했어요.

탈리아 사웅 (미국 미네소타)

"아침에 일어나도 먹을 게 거의 없었어요. 엄마가 집에 없을 때도 많았고요. 그럴 때는 엄마가 돌아오실 때까지 그냥 다시 잠들곤 했죠."

엄마가 더 이상 탈리아를 돌볼 수 없게 되어, 탈리아는 아동 보호 시설에서 지내야 했어요. 상황은 더욱 나빠졌죠. 그러다가 탈리아는 위탁 가정으로

*만족해야 하는 상황에도 예외는 있어요. 누군가가 여러분을 해치거나, 여러분의 몸을 만지거나, 나쁜 말을 한다면 반드시 주변에 알리세요! 그것은 학대이고, 절대 그냥 넘어가서는 안 됩니다.

> 우리에게 일어나는 일들을 우리 뜻대로 바꿀 수는 없지만, 우리가 그 일들 때문에 좌절할 필요는 없답니다.
>
> — 낸시의 메모

엄마를 위한 노트

요. 이를 통해 자신의 양육 방식을 평가해 보세요.

♥ 여러분은 만족함의 모범을 보여주고 있나요?

♥ 딸이 원하는 것을 모두 허락해 주어, 만족함을 배울 기회를 빼앗고 있지는 않나요?

♥ 딸이 이 진리를 배우도록 여러분이 변화를 줄 수 있는 것은 무엇인가요?

딸과 함께 기도하면서 하나님이 우리에게 주신 것에 감사하고, 아직 가지지 못한 것에 대해서는 인내할 수 있도록 도와달라고 기도하세요.

엄마를 위한 노트

진리 9에 대하여

앞의 3장에서 이야기했던 내용을 다시 살펴볼까요?

저는 포커스 그룹의 엄마들에게 이런 질문을 던졌습니다. "여러분의 딸은 여러분을 포함해 다른 권위자들에게 순종함으로써 믿음을 보여 주나요?"

- ♥ 7퍼센트의 엄마는 "항상 순종한다"라고 답했습니다.
- ♥ 16퍼센트는 "거의 순종하지 않는다"라고 답했습니다.
- ♥ 76퍼센트는 "가끔 순종하지만, 어려워한다"라고 답했습니다.

일부 엄마는 딸이 순종하기는 하지만, 그것이 옳고 그름을 깨달아서가 아니라, 벌을 받을까 봐 두려워서 순종한다는 것을 인식했습니다.

여러분의 딸이 장차 다른 사람을 배려할 줄 아는 친구, 남편을 존중하는 아내, 상사의 지시에 성실하게 반응하는 직장인으로 성장하길 바란다면, 아이가 단순히 두려워서가 아니라 진리라는 깊은 뿌리에서 순종의 동기가 자라나야 합니다.

보내졌고, 그곳에서 예수님을 알게 되었어요.

> "저는 예수님이 사람들이 과거에 어떻게 살았든지 상관없이 사랑해 주신다는 것이 너무 좋아요. 예수님은 제 삶을 완전히 바꿔 주셨어요."

탈리아는 일곱 살 때 위탁 가정에 입양되었지만, 가정이 얼마나 쉽게 무너질 수 있는지를 늘 기억하고 있어요.

> "저는 매일 밤 친부모님이 예수님을 믿으시길 기도해요. 그리고 제가 겪었던 일들 덕분에 이제는 다른 사람들을 위해 무언가를 하고 싶어요. 저 자신만 생각하면서 살고 싶지 않아요. 저는 상처받는 아픔을 잘 알고 있고, 누구를 믿어야 할지도 알죠. 그분은 바로 하나님이에요."

탈리아는 만족이 무엇인지 배웠어요. 탈리아의 이야기는 저에게 큰 감동을 준답니다.

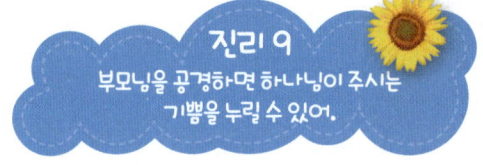

진리 9
부모님을 공경하면 하나님이 주시는 기쁨을 누릴 수 있어.

어릴 때 엄마는 저의 가장 친한 친구 중 한 명이었어요. 그런 관계는 정말 소중한 거예요. 모든 소녀가 엄마와 특별한 우정을 나누는 것은 아니니까요. 하지만 여러분이 그런 관계를 꿈꾸고 있다면, 엄마와 친구처럼 지내는 사람들도 가끔은 서로를 이해하지 못해서 힘들어한다는 사실을 알아주었으면 해요.

예를 들어, 엄마와 함께 즐겁게 웃으면서 쿠키를 만들며 멋진 하루를 보내는 중

이었어요. 엄마가 이 세상에서 제일 멋진 사람이라고 느끼던 그 순간, 갑자기 일이 꼬이기 시작했죠. 가장 친한 친구 같은 엄마에게 '다들 보는' 영화를 보러 가자고 부탁했는데, 엄마가 안 된다고 하셨어요. 그러면서 이렇게 말씀하셨어요. "그것은 좋은 영화가 아닌 것 같아. 나는 너를 특별한 사람으로 키우고 싶단다."

엄마는 제가 '다들 하는' 것을 하고 싶어 할 때마다 늘 이렇게 말씀하셨어요. 그럴 때마다 저는 발을 쿵쿵 구르면서 화난 표정으로 자리를 떠나곤 했어요. 가끔은 엄마에게 대답도 안 하고 무시하기도 했죠. 정말 철없는 행동이었어요! 왜 그랬을까요?

가끔은 저도 이런 거짓말을 믿었어요.
→ 거짓말: "부모님은 나를 조금도 이해하시지 못해." ←

부모님이 너무 나이가 많으셔서 저를 이해하지 못하신다고 느낀 적이 있었어요. 여러분도 그런 적이 있나요? 이런 거짓말은 다른 거짓말도 데리고 와요. 예를 들어 이런 말이에요. "우리 부모님은 너무 옛날 사람이라서 그분들의 생각을 따를 필요 없어." "엄마(또는 아빠)는 나를 사랑하시지 않아." "엄마는 내 가장 친한 친구가 되어야 해!" 부모님의 기준과 방식이 마음에 들지 않을 때 우리는 이런 거짓말을 믿어요.

그리고 그다음에는 보통 좋지 않은 일들이 벌어져요. (제가 발을 쿵쿵 구르며 자리를 떠나거나, 말을 끊고 무시하거나, 말다툼을 하고 화를 내며 엄마에게 무례하게 굴었던 것을 기억하나요?) 자녀가 부모님께 순종하고 공경하는 것이 원래 자연스럽지 않잖아요. 그렇지

엄마를 위한 노트

이 주제는 시간을 가지고 천천히 접근해야 합니다. 딸의 마음을 듣고, '순종', '존중', '공경'이 왜 좋은 가치인지 이해하도록 도와주세요.

여러 엄마가 자신의 딸이 무례하게 행동하는 것이 결국 자기가 잘못된 본을 보였기 때문이라고 고백했습니다. 만약 여러분도 그렇게 느끼고 있다면, 이 책을 잠시 내려놓고, 『여성들이 믿고 있는 거짓말』을 펼쳐 7장을 읽어 보세요. 그 책에서 낸시는 남편과 그의 필요에 순종하는 것에 대해 제가 확신할 수 있도록 탁월하게 설명해 주었습니다. 이 장은 결혼에 대한 내용을 다루고 있지만, 순종은 결혼 여부와 상관없이 모든 사람에게 중요한 가치입니다.

점검할 질문

여러분은 '순종', '존중', '공경'이라는 단어가 좋은 것이라고 믿나요?

엄마를 위한 노트

진리 9를 위한 대화 팁

이미 답을 아시겠지만, 딸에게 순종과 복종이 어려운 문제인지 물어보세요. 그리고 왜 그렇게 하기가 힘든지 함께 고민해 보세요. (기억하세요. 죄악된 행동의 깊은 뿌리에는 종종 거짓말이 숨어 있습니다.) 딸이 주도권을 빼앗길 것 같은 두려움을 느끼나요? 엄마에게 이해받지 못할까 봐 걱정하나요? 형제자매 사이의 질투심이 문제인가요? 딸에게 특별히 필요한 진리가 무엇인지 탐색해 보세요. 딸의 책에 있는 '부모님을 공경하는 5가지 방법'을 함께 읽고 이야기를 나누어 보세요.

않나요?

여러분에게 전해 줄 진리 조각이 하나 있어요. 전혀 복잡하지 않아요. 우리에게 필요한 것은 명확한 진리니까요.

👑 진리 한 조각

"자녀 된 이 여러분, [주 안에서] 여러분의 부모에게 순종하십시오. 이것이 옳은 일입니다. '네 부모를 공경하라'고 하신 계명은, 약속이 딸려 있는 첫째 계명입니다. '네가 잘 되고, 땅에서 오래 살 것이다' 하신 약속입니다"(에베소서 6:1-3).

이 말씀에는 많은 설명이 필요 없어요. 부모님을 공경하라는 것은 부모님을 존중해야 한다는 뜻이에요.

이제 다섯 가지 실천 방법을 알려 줄게요.

부모님을 공경하는 이 어려운 일을 실천하기 시작하면 정말 멋진 일이 일어나요. **마음이 편해지고 기분이 좋아지지요!**

부모님을 공경하는 5가지 방법

1. **부모님의 결정을 받아들이세요. 그 결정이 마음에 들지 않더라도요.**
   발을 쿵쿵 구르거나, 말다툼을 하거나, 무시하는 행동을 하지 마세요.

2. **부모님께 조언을 구하세요. 부모님은 지혜로우시니까요.**
   친한 친구에게 이성 교제나 친구 관계, 하나님에 대해 물어보고 싶겠지만, 엄마와 아빠가 이 주제에 대해서는 훨씬 더 많이 알고 계세요.

3. **다른 사람들 앞에서 부모님에 대해 좋게 이야기하세요.**
   부모님이 곁에 계시지 않을 때도 공경하는 태도를 잊지 마세요.

> **4. 의견이 다를 때에도 존중하는 태도를 지키세요.**
> 부모님의 결정이 마음에 들지 않거나 다른 의견이 있을 때는 이야기해도 괜찮아요. 단, 부모님을 설득하지 못하더라도 예의를 지키고 부모님의 결정을 따르세요.
>
> **5. 부모님이 실수하셨을 때는 용서하세요.**
> 부모님도 우리처럼 완벽하지 않으세요. 그러니 빨리 용서하세요. 부모님도 여러분을 여러 번 용서해 주셨을 거예요!

이것을 '기쁨'이라고 해요. 외부 상황이 내 뜻대로 되지 않더라도, 마음속에서 느껴지는 좋은 감정이죠. 옳은 일을 했을 때 느껴지는 기쁨이에요. 우리가 82쪽에서 배운 '진리 한 조각'과도 들어맞아요. 부모님을 공경하면 "네가 잘될 것"이라고 하신 약속의 말씀이 있으니까요.

중요한 사실을 하나 알려 줄게요.

> 엄마는 여러분의 친구가 될 수 있어요. 하지만 가장 중요한 것은 엄마는 하나님의 말씀을 따라 엄마의 책임을 충실히 해내시는 거예요.

무엇보다도, 엄마는 여러분의 부모님입니다. 아빠도 마찬가지겠죠? 아빠와 사이가 아주 좋은 소녀도 많아요. 그런 관계는 소중히 여겨야 하지만, 부모님을 부모님답게 공경하고 존중하는 것도 잊지 말아야 해요.

엄마를 위한 노트

떠오른 생각이 있다면, 놓치지 말고 여기에 적어 놓으세요.

엄마를 위한 노트

딸의 '진리 실험실' 과제는 각 장의 내용과 상관없이 동일하게 진행됩니다. 따라서, 저는 딸과 어떻게 소통할지에 대한 아이디어를 4장 끝부분에 정리해 두었습니다. 다시 복습이 필요하다면 92-93페이지에 있는 '엄마를 위한 노트'를 참고하세요.

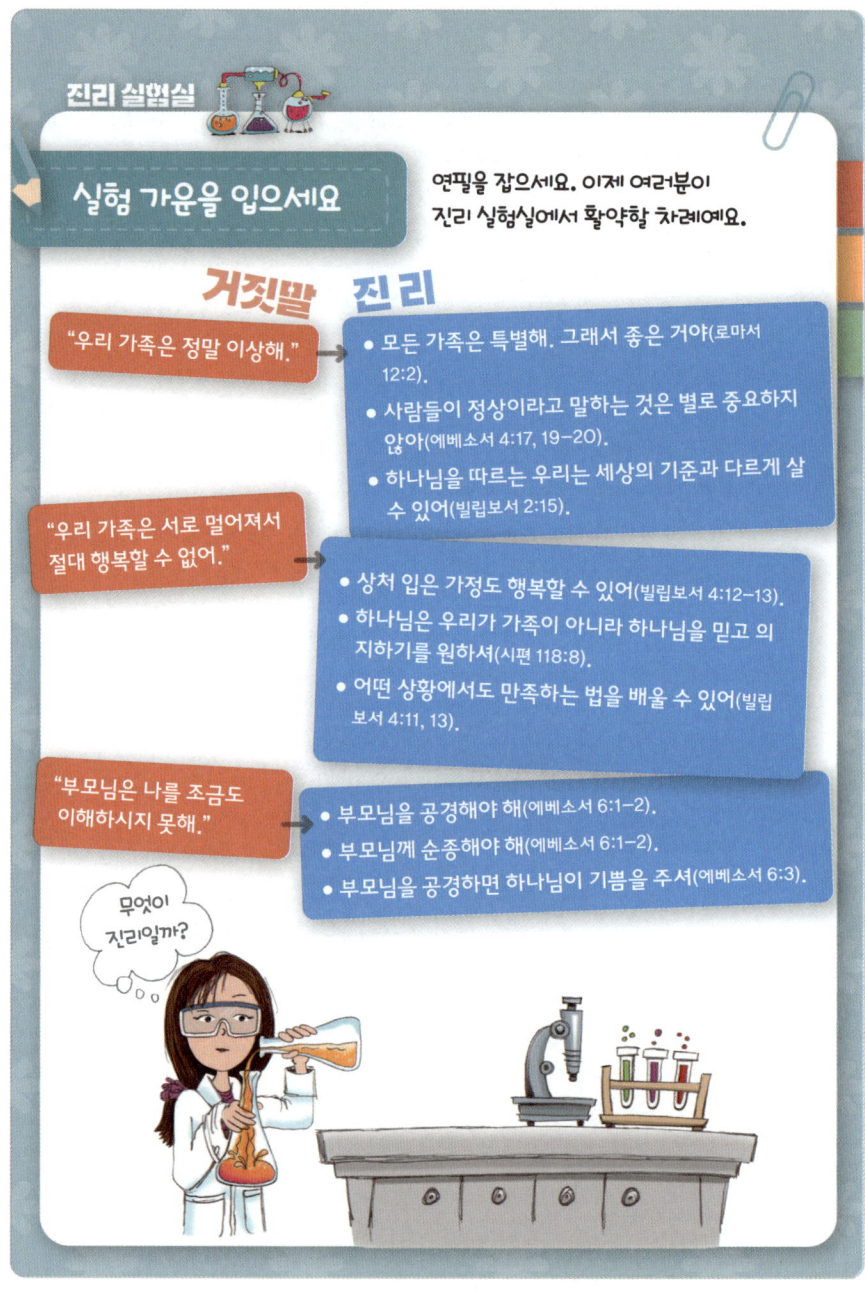

엄마를 위한 노트

나에게 진리를 선포해요

이제 여러분이 작가가 되어 보세요!

- 가족에 대해 믿고 있는 거짓말이 있나요? 이 장에 나오는 거짓말 중, 여러분이 믿었던 **거짓말**에 ✗ 표시를 하세요.
- 우리가 **항상** 기억해야 할 **진리**는 무엇인가요? 우리가 함께 찾아낸 진리 중 마음에 와 닿는 것에 동그라미를 치세요.
- 이제, 그 진리를 **날마다** 생각하며 살도록 노력하세요. 아래에 하나님께 드리는 기도문이나 도움이 되는 성경 구절, 또는 기억하고 싶은 생각을 적으세요.

조이가 진리를 믿도록 도와주세요

이제 조이에게 조언해 줄 시간이에요!

조이의 친구는 형제자매와 싸우는 것이 정상이라고 말했어요. 여러분은 어떻게 생각하나요? 그 이유는 무엇인가요? 조이가 동생과 싸우는 것을 어떻게 해결해야 한다고 생각하나요?

7장

죄에 대한 진리와 거짓말

우리 딸 렉시가 일고여덟 살 때 있었던 일입니다. 렉시는 콩 주머니로 만든 낡고 해진 고양이 인형을 저에게 내밀었습니다. 그러고는 눈물을 글썽이며 그것을 미주리주에서 다녔던 교회에서 훔쳤다고 고백했습니다.

그 순간 저는 머릿속으로 계산해 보았습니다. 우리가 펜실베이니아로 이사 온 지 거의 3년이 되었으니, 렉시는 훔친 장난감만이 아니라 그 죄책감까지 오랫동안 품고 있었던 것입니다.

저는 기도했습니다. "주님, 이 상황에서 렉시에게 어떻게 은혜를 베풀어야 할까요?"

그리고 딸의 마음을 들여다보았습니다. 사탄이 가장 즐겨 사용하는 무기인 죄책감에 짓눌린 어린아이의 마음은 복잡하고 힘들어 보였습니다.

렉시는 팀 쿡 목사님께 편지를 써서 사과드리고 용서를 구하겠다고 했고, 실천으로 옮겼습니다. 우리는 똑같은 콩 주머니 고양이 인형을 사서, 렉시의 손편지와 낡은 인형과 함께 포장해 목사님께 보냈습니다.

몇 주 후, 우리 집 우편함에 한 통의 편지가 도착했습니다. 팀 쿡 목사님이 보내신 편지였습니다. 목사님은 렉시를 따뜻하게 용서해 주셨고, 죄를 고백한 용기를 칭찬하시며 자랑스럽다고 하셨습니다. 그리고 죄를 숨기지 말고 솔직하게 이야기하는 것을 두려워하지 말라고 격려해 주셨습니다.

사실 우리도 대부분 죄를 지으면 그것을 다른 사람에게 털어놓는 것을 두려워합니다. 8-13세의 여자 어린이를 대상으로 설문 조사한 결과, 응답자의 절반이 넘는 54퍼센트가 죄를 비밀로 숨기고 있다고 답했습니다.

일부 아이는 자신의 죄를 구체적으로 적었는데, 부모님도 이미 아실 만한 것이 많았습니다. 예를 들면,

- 🍎 "내가 한 일을 오빠(혹은 동생) 탓으로 돌려요."
- 🍎 "부모님께 말대꾸하는 버릇이 있어요."
- 🍎 "자다가 일어나 몰래 책을 읽어요. 그러면 안 되지만, 들키지 않도록 숨어서 읽어요. 대부분 성공해요."

하지만 여자아이들이 숨긴 비밀이 모두 가벼운 것은 아니었습니다. 많은 아이가 깊은 수치심, 두려움, 유혹과 싸우고 있음을 드러내는 글을 남겼습니다. 예를 들면 이런 것입니다.

- 🍎 "엄마가 너무 싫어서 빨리 어른이 되고 싶어요. 제게 못되게 구는 아이한테 저도 똑같이 못되게 굴었어요."
- 🍎 "자기가 그리스도인이라고 하면서 행동은 전혀 그렇지 않은 여자아이가 있어요. 그 아이는 항상 성적인 이야기만 하고, 포르노 영화도 봐요. 저한테도 그런 영상을 보여 주었어요. 저랑 같은 홈스쿨 모임을 해서 자주 만나는데, 그 아이의 행동이 잘못된 것이라고 말하지 않는 게 죄인 것을 알아요. 하지만 제가 뭐라고 하면 그 애가 저를 싫어할까 봐 두려워요. 저한테 유일하게 말을 거는 친구거든요."

아이들은 때로 다른 사람의 죄나 유혹에 관한 비밀을 품고 있었습니다.

🍎 "저는 정말 걱정스러워요. 제 친구는 열한 살인데요, 그 애는 자기 친구가 '같이 자고 싶은 남자아이 리스트'를 만들었다고 했어요. 같이 잔다는 건 성관계를 의미해요. 저는 그 친구가 자기 이야기를 하는 것 같아요."

설문 조사는 비밀 유지를 원칙으로 하기 때문에 이 아이들이나 부모님께 연락할 수 없었습니다. (정말 연락하고 싶었지만요!) 하지만 저는 부모들의 경각심을 일깨워서 딸과 솔직하게 이야기하도록 돕고 싶은 마음이 더 간절해졌습니다. 가정은 아이들이 죄에 대해 편하게 이야기할 수 있는 안전한 공간이 되어야 합니다.

아이들이 죄에 대해 말하지 않는 이유는, 어른들이 자신의 죄에 대해 말하지 않기 때문이라고 생각합니다. 게다가, 여러분의 딸은 다른 사람의 죄에 대해 험담하는 것을 들어 본 적이 있을 수 있습니다.

그리스도인 심리학자 마크 R. 맥민(Mark R. McMinn) 박사는 우리가 죄에 대해 깊이 논의하고 이해하려 하지 않는다고 지적합니다. 그는 이 문제를 이렇게 설명합니다.

"이것은 단순히 주류 심리학의 문제가 아닙니다. 기독교 심리학도 같은 영향을 받고 있습니다. 비블리컬 신학교(Biblical Theological Seminary)의 교수인 필립 먼로(Philip Monroe)는 <심리학과 신학 저널>(Journal of Psychology and Theology)과 <심리학과 기독교 저널>(Journal of Psychology and Christianity)에 게재된 1,143편의 논문 중 죄와 관련된 논문은 단 43편뿐이며, 그중에서도 죄의 영향이나 해결 방법을 다룬 논문은 고작 4편에 불과하다고 지적했습니다. 어쩌면 우리가 '죄'라는 개념에서 멀어진 것은 심리학의 언어가 그 자리를 대신했기 때문이 아닐까요?" - 마크 R. 맥민, PhD[1]

여기에서 다시 한번 우리가 이미 살펴본 심리학 용어를 떠올려야 합니다. 바로 '자존감'입니다. 자존감이라는 개념은 1800년대 후반에 한 심리학자가 처음 사용한 용어입니다. 하지만 1940년대에 에이브러햄 매슬로우(Abraham Maslow)가 욕구 위계 이론에서 자존감과 자아실현을 가장 높은 단계에 포함하면서 널리 퍼지기 시작했습니다. 그 이후 심리학계에서는 자존감을 성공한 사람들에게 공통으로 나타나는 핵심 요소로 인정하고 있습니다.

그런데 중요한 점이 있습니다. 자존감은 우리가 자신을 어떻게 느끼느냐에 따라 결정된다는 것입니다. 저는 여러분의 딸이 자신의 감정을 행동 기준으로 삼지 않도록 돕고 싶습니다. 감정이 항상 정확하거나 진실한 것은 아니기 때문입니다. 우리가 의지해야 하는 것은 하나님의 말씀입니다. 기원전 7세기에 하나님은 여호수아에게 진정한 성공의 비결을 기록하게 하셨습니다.

👑 진리 한 조각

"이 율법책의 말씀을 늘 읽고 밤낮으로 그것을 공부하여, 이 율법책에 씌어진 대로, 모든 것을 성심껏 실천하여라. 그리하면 네가 가는 길이 순조로울 것이며, 네가 성공할 것이다"(수 1:8).

'이 율법책'에는 하나님이 우리에게 주신 삶의 원칙과 규범이 담겨 있습니다. 그리고 곧 놀라운 선언이 나옵니다. 성공과 형통의 열쇠는 자존감이나 자아실현이 아니라, 하나님 말씀에 순종하느냐에 있다는 것입니다.

이제는 성경의 언어를 되찾아야 할 때입니다. 다음은 여러분의 딸이 『앗, 내가 이런 거짓말을 믿었다니!』 2장에서 배운 정의입니다.

> **죄**
> 하나님의 규칙에 어긋나는 일을 하거나, 해야 할 옳은 일을 하지 않는 것(요일 3:4).

죄는 하나님의 방식이 아닌 내 방식으로 행하는 것입니다. 즉, 하나님의 선한 계획을 신뢰하기보다 내 감정과 욕구에 따라 할 일과 하지 않을 일을 결정하는 것이죠. 결국, 죄는 '나 자신'에게만 집중하는 것입니다.

하나님의 규범을 이야기하는 것은 죄를 이해하는 데 중요한 부분이지만, 그에 못지않게 중요한 개념이 바로 하나님의 은혜입니다.

기억하시나요? 1장에서 여러분에게 두 가지 양육 방식 중 하나를 선택해 달라고 질문했습니다.

여러분은 겉으로만 진리에 순종하는 것처럼 보이도록
딸의 행동만 통제하는 엄마가 되겠습니까?
아니면,
딸의 행동이 마음속 깊은 곳에 심어진 진리에서 흘러나오도록
양육하는 엄마가 되겠습니까?

저는 두 번째 방법을 권하며, 그렇게 양육하려면 너그러움의 은혜가 필요하다고 말씀드렸습니다. 이제 그 은혜를 실천에 옮길 순간이 왔습니다. 이 장을 읽는 중에 여러분의 딸이 죄를 고백할 수도 있습니다. 그러면 서두르지 말고, 부드럽고 따뜻한 마음으로 들어 주세요. 딸의 용기에 감사하며, 진리 안에서 성장하도록 도와주세요. 그것이 바로 너그러움의 은혜를 베푸는 것입니다.

 하나님과 대화하기

여호수아 1장 8절을 바탕으로, 딸이 하나님 안에서 참된 성공을 거두도록 기도하세요. 하나님의 말씀을 잘 배워 그분의 뜻을 알고 싶어 하는 마음과 기꺼이 순종하는

마음을 주시기를 간구하세요. 아래 빈칸에 여러분의 기도문을 적어 보세요.

"이 율법책의 말씀을 늘 읽고 밤낮으로 그것을 공부하여, 이 율법책에 씌어진 대로, 모든 것을 성심껏 실천하여라. 그리하면 네가 가는 길이 순조로울 것이며, 네가 성공할 것이다"(수 1:8).

딸과 대화하기

기도를 마쳤다면, 딸에게 『앗, 내가 이런 거짓말을 믿었다니!』 7장을 읽도록 권해 주세요. 그동안 여러분도 이 책에서 같은 내용을 살펴보며 대화를 준비할 수 있습니다. 책의 여백에는 엄마를 위한 몇 가지 메모를 적어 두었어요. 딸과 이야기할 때 도움이 되도록, 여러분만의 메모를 추가할 수 있습니다.

7장
죄에 대한 거짓말

"수지는 내 가장 친한 친구야. 우리는 서로에게 모든 걸 털어놓고 이야기해! 때로는 몇 시간씩 함께 있기도 해. 그런데 이제는 아니야. 수지가 나한테 거짓말을 했거든! 수지가 유진이네 파자마 파티에 자기만 초대받았다고 했는데, 알고 보니 나만 빼고 우리 반 애들이 전부 초대받았지 뭐야? 그래서 수지한테 따졌더니, 아무 일도 아니라는 듯 행동했어! 내 기분이 상할까 봐 거짓말했다면서!!!! 심지어 때로는 거짓말하는 게 더 낫다고 말하더라고. 수지한테 너무 화가 나! 나도 파자마 파티를 열고 수지를 초대하지 말아야겠어!"

조이는 중요한 사실을 깨달았어요. 수지의 거짓말 때문에 외로움을 느끼게 된 거죠. 거짓말이 무서운 이유는, 거짓말은 우리를 다른 사람들과 멀어지게 하고, 심지어 하나님과도 멀어지게 하기 때문이에요. (참고로, 누군가의 기분을 상하지 않게 하려고 거짓말을 해도, 거짓말은 여전히 죄라는 것을 잊지 마세요.) 이제 열 번째 진리를 살펴볼 차례예요!

진리 10
죄는 우리를 하나님에게서 멀어지게 해.

엄마를 위한 노트

마음껏 적으세요! 이곳은 여러분만의 메모 공간입니다.

엄마를 위한 노트

진리 10에 대하여

죄에 대해 이야기할 때 반드시 죄의 결과를 알려 주어야 합니다. 어린 딸에게 "죄는 하나님과 우리 사이를 멀어지게 한다"라고 말하는 것이 가혹하게 느껴질 수도 있습니다. 하지만 이것이 진리입니다. 정말 잔인한 것은, 이 진리를 제대로 알려 주지 않는 것입니다.

하나님이 아담과 하와에게 선악과를 먹지 말라고 명령하실 때, 그 열매를 먹으면 반드시 죽는다고 경고하셨습니다. (좀 무섭게 들리죠?) 하지만 하나님은 아담과 하와를 사랑하셨기 때문에 미리 경고하신 것입니다. 딸과 이 이야기를 나누기 전에 먼저 기도로 준비하세요. 하지만 이 중요한 진리를 가르치는 것을 주저하지 마세요.

저도 죄를 지었을 때 누군가와 멀어졌던 적이 있어요. 제가 어릴 때, 아빠의 서재에서는 음식을 먹거나 마시는 것이 금지되었어요. 그런데 어느 무더운 여름날, 저는 아빠의 서재에 책과 음료수를 몰래 가지고 들어갔어요. 그것은 큰 실수였지요! 빨간색 주스를 카펫에 쏟고 말았어요. 저는 얼른 주스를 닦고, 아빠가 모르게 해 달라고 기도했어요.

하지만 결국 아빠가 눈치채셨어요!

아빠가 무슨 일이 있었냐고 물으셨는데, 저는 어깨를 으쓱하며 잘 모르겠다는 듯 행동했어요.

그런데 그게 통했어요!!! 아빠는 저를 혼내지 않으셨어요. 그래서 저는 별일 아니라고 생각했지요. 아빠의 말씀을 어기고 거짓말하는 것보다 더 나쁜 죄도 많으니까요.

저처럼 자기보다 다른 사람들이 더 큰 죄를 지은 것처럼 보일 때, 자신의 죄는 별것 아니라고 생각하는 소녀가 많아요. 마치 죄에 등급을 매기는 것처럼요. 도둑질이나 살인은 더 크고 나쁜 죄처럼 보이죠. 그런 죄들은 매우 크고, 당연히 낙제점을 받을 것 같아요. 그것과 비교하면 거짓말이나 커닝, 불평, 다른 친구에게 못되게 구는 행동은 80점 정도는 받지 않을까요?

여러분도 제가 믿었던 거짓말을 믿고 있을지 몰라요.

→ **거짓말: "내 죄는 별것 아니야."** ←

만약 그렇게 생각하고 있다면, 여러분만 그런 것이 아니에요.

23퍼센트의 소녀가 다른 사람들의 죄가 자기가 지은 죄보다 더 크고 나쁘다고 생각하고 있어요.

이 소녀들은 이렇게 말했어요.

- 🍎 "방을 다 치웠다고 거짓말하거나, 이를 닦았다고 속이기도 해요. 진짜 어리석은 행동이죠."
- 🍎 "제가 잘못한 일을 동생 탓으로 돌리기도 해요."
- 🍎 "부모님께 말대답하는 게 버릇이 됐어요."

모든 죄가 다 큰 문제라는 것을 우리가 이해할 수 있다면 얼마나 좋을까요. 죄를 지을 때마다 우리는 하나님의 길이 아닌 자신의 길을 선택하는 거예요.

아담과 하와가 죄를 짓고 나서 하나님을 피해 숨었던 것을 기억하나요? 그들이 숨은 이유는 하나님과 멀어진 느낌을 받았기 때문이에요.

저도 아빠에게 거짓말한 뒤로 아빠와 하나님이 모두 멀게 느껴졌어요. 아빠와 함께 셰퍼드를 훈련시키며 즐겁게 보냈던 시간이 어색해졌고, 애견 카페에 함께 갔을 때도 외로웠어요. 하나님께 기도하는 것도 힘들었어요.

죄가 크든 작든, 그 결과는 똑같아요.

👑 진리 한 조각

"오직, 너희 죄악이 너희와 너희의 하나님 사이를 갈라놓았고, 너희의 죄 때문에 주님께서 너희에게서 얼굴을 돌리셔서, 너희의 말을 듣지 않으실 뿐이다"(이사야 59:2).

여러분이 별것 아니라고 생각하는 죄가 있나요? 아래에 적어 보세요.

엄마를 위한 노트

진리 10을 위한 대화 팁

딸에게 최근에 잘못했다고 느낀 일이 있었는지 떠올려 보게 한 뒤, 그 일로 어떤 결과가 벌어졌는지 물어보세요. 부모님께 비밀을 숨기고 있다는 기분이 들었을 수 있어요. 어쩌면 가장 친한 친구와 한동안 서먹해졌을 수도 있어요. 죄는 우리를 사랑하는 사람들과 멀어지게 해요. 이러한 대화를 나누면서, 죄를 짓고 하나님과 멀어질 때 하나님이 얼마나 슬퍼하실지를 자연스럽게 깨닫도록 도와주세요.

엄마를 위한 노트

진리 11에 대하여

사탄이 우리를 넘어뜨리는 강력한 도구 중 하나는 수치심입니다. 우리가 죄를 아무에게도 말하지 않고 숨길수록, 수치심은 점점 커지고 우리를 옭아맵니다. 그리고 이 독한 감정에서 거짓말이 자라납니다.

여러분의 딸이 야고보서 5장 16절 말씀으로 죄를 고백하는 것이 얼마나 중요한지를 배우도록 도와주세요. "그러므로 여러분은 서로 죄를 고백하고, 서로를 위하여 기도하십시오. 그러면 여러분은 낫게 될 것입니다."

죄를 고백한다는 것은 모든 죄를 모든 사람에게 말해야 한다는 뜻이 아닙니다. 하지만 겸손한 마음으로 다른 사람들과 함께 하나님 말씀을 따라 행하고, 서로에 대해 책임을 지며, 죄를 이길 수 있도록 도움을 받아야 합니다.

낸시의 메모

하와는 자신의 죄가 별것 아니라고 생각했을 수도 있어요. 아담과 이혼한 것도 아니고, 하나님께 욕을 하거나 하나님이 없다고 한 것도 아니잖아요. 그저 하나님이 먹지 말라고 하신 열매를 한 입 먹었을 뿐인데, 그게 그렇게 큰 문제였을까요? 문제는, 하나님이 "하지 말라"고 하셨는데, 하와는 "할 거야"라고 한 거예요.[2]

방금 적은 그 죄가 하나님과 여러분 사이를 갈라놓고 있어요. 모든 죄가 그래요. 기분이 찜찜한가요?

하나님과 행복한 관계를 맺고, 다른 사람들과도 좋은 관계를 맺고 싶다면, 죄를 짓지 않으려고 노력해야 해요. 물론 죄를 짓지 않는 것은 어려워요. 그래서 예수님이 필요한 거예요. 그것을 설명해 주는 중요한 진리가 있어요.

👑 진리 한 조각

"우리가 우리 죄를 자백하면, 하나님은 신실하시고 의로우신 분이셔서, 우리 죄를 용서하시고, 모든 불의에서 우리를 깨끗하게 해주실 것입니다" (요한일서 1:9).

죄를 지었을 때는 빨리 자백하는 것이 좋아요. 하나님은 언제나 여러분을 용서하려고 준비하고 계시고, 다시 하나님께 돌아오기를 바라세요. 그리고 다른 사람들과의 우정도 회복하도록 도와주실 거예요.

제가 아빠한테 주스를 쏟았다고 고백했는지 궁금하죠? 곧 알려 줄게요.

진리 11
죄를 숨기면 더 큰 어려움을 겪게 될 거야.

주스를 쏟고 아빠에게 거짓말한 지 몇 주가 지나서 여름 수련회에 참석했어요. 수련회에서 수영도 하고, 간식도 먹고, 캠프파이어를 하다 보면 죄책감이 사라질 거라고 생각했죠. 그런데 그것은 착각이었어요.

어느 날 밤, 캠프파이어를 하는데, 교회 선생님이 죄와 고백에 관해 이야기하셨어요. 그러자 방에 있던 친구들이 하나둘씩 자신이 지은 죄를 고백하기 시작했어요. 어떤 친구는 엄마 몰래 남자 친구를 사귀었다고 했고, 또 다른 친구는 물건을 훔친 적이 있다고 말했어요. 그보다 더 심각한 내용도 있었어요.

선생님은 우리 한 명 한 명과 함께 기도하시고는 이렇게 말씀하셨어요. "부모님께 전화드리는 게 좋을 것 같구나."

저는 친구들처럼 고백할 수 없었어요. **혹시 아빠에게 저의 죄를 말씀드리라고 할까 봐 너무 무서웠어요.**

그런데 죄책감이 밀려오기 시작했어요. 그 어느 때보다 마음이 무거웠어요. (나중에 엄마가 이 감정을 '양심의 가책'이라고 알려 주셨어요.) 시간이 지나면 죄책감이 사라질 거라고 생각했는데, 그렇지 않았어요. 오히려 죄책감은 점점 더 커졌고, 견디기가 어려웠어요.

결국, 저는 견딜 수 없어서 울면서 고백했어요.

"제가 그랬어요! 빨간색 주스를 쏟았어요!"

방에 있던 모든 친구가 깜짝 놀란 눈으로 저를 쳐다보았지만, 아무도 눈살을 찌푸리거나 제가 자기들보다 더 나쁜 죄를 지었다고 생각하지 않았어요. 친구들은 함께 기도해 주었어요. 그리고 나서 선생님이 말씀하셨어요. 제가 가장 두려워하던 말이었죠. "아빠에게 전화드리는 게 좋겠어."

제가 믿고 있던 거짓말이 서서히 사라지고 있었어요.

→ **거짓말: "내 죄를 굳이 고백할 필요 없어."** ←

엄마를 위한 노트

점검할 질문

♥ 마음속 깊이 숨기고 있던 죄를 여러분을 도울 수 있는 사람에게 고백해 본 적이 있나요?

♥ 만약 여러분이 과거의 죄와 수치심에 빠져 있는 여성을 만난다면, 여러분의 이야기를 솔직하게 나눌 수 있을까요? 이것이 바로 치유되고 회복되었다는 증거입니다.

엄마를 위한 노트

> 우리는 1,531명의 소녀에게 죄에 대한 비밀이 있는지 물어보았어요. 절반이 넘는 소녀가 죄와 관련된 비밀이 있다고 대답했어요. 그래서 그 비밀이 무엇인지 더 자세히 물어보았어요.
>
> 🍎 어떤 소녀들은 자신이 지은 죄를 비밀로 하고 있다고 했어요.
> 🍎 어떤 소녀들은 같은 죄를 반복해서 지으면서도 어른에게 도움을 요청하지 않는다고 했어요.
> 🍎 어떤 소녀들은 다른 사람의 죄를 알고 있지만, 어른에게 말하는 것이 두려워서 망설이고 있다고 했어요.

혹시 여러분도 자신의 죄나 다른 사람의 죄를 굳이 누군가에게 말하지 않아도 된다고 생각해 본 적이 있나요? 이 생각과 함께 자라는 여러 가지 거짓말이 있어요. 예를 들면 이런 것이죠.

어떤 소녀들은 죄를 숨기는 것으로 문제를 해결하려고 해요. 부모님을 실망시키기 싫거나, 친구들에게 미움받고 싶지 않아서 그렇게 하는 거예요. 그런데 정말 안타까운 사실은, 죄를 숨기면 오히려 결과가 더 나빠진다는 거예요.

진리 한 조각

"자기의 죄를 숨기는 사람은 잘 되지 못하지만, 죄를 자백하고 그것을 끊어 버리는 사람은 불쌍히 여김을 받는다" (잠언 28:13).

죄를 숨기고 싶어 하는 것은 자연스러운 본능이에요. 아담과 하와가 죄를 짓고 숨었던 것처럼, 사람들은 오래전부터 자신의 죄를 감추려고 했어요. 하지만 성경은 죄를 **숨기고서는** 잘될 수 없다고 말해요.

수지가 조이에게 파자마 파티에 대해 거짓말했던 것을 기억하나요? 수지는 조이를 보호하려고 거짓말했지만, 결국 그렇게 하지 못했어요. 마찬가지로, 여러분이 죄를 숨긴다고 해도 자신을 보호할 수 없어요. 오히려 문제가 더 커지고, 외롭고 힘들어질 거예요. 왜냐하면 죄를 숨기면 필요한 도움을 받을 수 없기 때문이에요.

우리가 잘못된 선택이나 죄에서 교훈을 얻으려면, 먼저 그 사실을 인정하고 고백해야 해요. 그리고 혼자 힘으로 죄를 끊는 것은 쉽지 않아요. 누구나 죄를 짓지만, 성경은 같은 죄를 반복하는 것은 어리석은 일이라고 말해요.

여러분이 듣기 싫을지도 모르지만, 이 말은 해야겠어요.

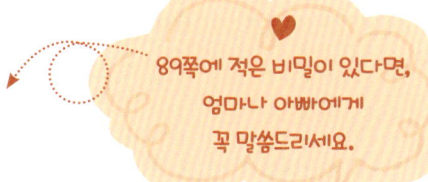

89쪽에 적은 비밀이 있다면, 엄마나 아빠에게 꼭 말씀드리세요.

엄마를 위한 노트

진리 11을 위한 대화 팁

여러분이 과거에 죄를 고백했던 경험을 딸에게 들려주세요. 그 고백을 통해 어떻게 자유와 은혜를 경험했는지 나누어 보세요. 그런 다음, 딸이 마음을 열어 여러분과 솔직하게 이야기하도록 이끌어 주세요. 이것은 아주 중요한 과정입니다. 서두르지 말고, 시간을 충분히 갖고 대화를 나누어 보세요.

7장 죄에 대한 진리와 거짓말

엄마를 위한 노트

진리 12에 대하여

요즘 아이들은 인터넷 없는 사회생활을 하기 어려운 시대를 살고 있습니다. 하지만 아무런 제한 없이 인터넷을 허용하는 것은 거실 테이블 위에 음란 잡지를 놓아두고, 아이가 절대 보지 않을 거라고 믿는 것과 같습니다.

그리고 그보다 더 심각한 문제도 많습니다. 폭력, 탐욕, 물질 만능주의, 욕설 등 수많은 해로운 콘텐츠가 온라인상에 넘쳐 납니다.

자녀를 보호할 수 있는 (그리고 성인도 보호할 수 있는) 다양한 방법이 있지만, 중요한 것은 가장 강력한 필터인 하나님의 말씀을 가르치는 것입니다. 무엇보다 부모가 먼저 모범을 보이는 것이 중요합니다.

빌립보서 4장 8절은 우리가 받아들이는 정보와 생각을 어떻게 분별해야 하는지 알려 주는 중요한 말씀 중 하나입니다.

진리 12를 위한 대화 팁

먼저, 148페이지에 나오는 과제를 직접 해보세요. 여러분이 선택하는 미디어 콘텐츠가 지금까지 배운 내용과 조화를 이

여러분이 적은 비밀이 하나님께 고백하지 않은 죄라면, 그 죄 때문에 하나님과 멀어질 수 있어요. 그리고 다른 사람들과의 관계에도 문제를 일으킬 수 있죠. 성경은 "서로 죄를 고백하라"(야고보서 5:16)고 말해요. 하나님만이 죄를 용서하실 수 있지만, 우리가 서로에게 죄를 고백하고 도움받기를 원하세요.

죄를 숨기면 마음이 무겁고 불편해져요. 그런데 정말 마음이 편해지는 방법이 있어요. 바로 누군가에게 죄를 털어놓는 거예요! 저도 그렇게 해 보았는데, 정말 마음이 가벼워졌어요.

그날 밤 캠프파이어가 끝난 후, 저는 아빠에게 전화를 걸어 제가 저지른 일을 고백하고 용서를 구했어요. 아빠는 이렇게 말씀하셨어요. "응, 알고 있었어." 사실 아빠는 제가 거짓말했다는 사실에 더 실망하셨던 거예요. 처음부터 솔직하게 말씀드렸더라면, 그렇게 실망하지 않으셨을 거예요. 하지만 아빠는 제가 고백했다는 사실에 기뻐하셨어요. 아빠는 제가 고백하면 마음이 더 편해질 것을 아셨기 때문에 기다리셨던 거죠. 죄를 고백하면 더 힘들어질 거라고 생각했는데, 오히려 마음이 훨씬 가벼워졌어요.

> **진리 12**
> 우리가 보고 듣는 모든 것은 참되고, 경건하며, 옳고, 순결하며, 사랑스럽고, 명예로우며, 덕이 되고, 칭찬할 만한 것이어야 해.

사람들은 영화, 음악, 인터넷, 책, 휴대폰의 앱 같은 것을 이용하는 데 돈을 많이 씁니다. 왜냐고요? 우리를 즐겁게 해 주기 때문이죠! 그런데 이 모든 것이 우리에게 영향을 미친다는 사실을 알고 있나요?

우리가 보고 듣는 것은 우리의 생각과 행동에 영향을 미쳐요. 그리고 그 영향은

긍정적일 수도 있고, 부정적일 수도 있죠. 왜냐하면 마치 어떤 생각을 계속 '곱씹는' 것과 같기 때문이에요. (책의 앞부분에서 '곱씹는' 것에 대해 나눈 이야기를 기억하나요?) 무언가를 계속 생각하다 보면, 어느 순간 그것을 믿게 돼요.

조심해야 해요! 유익하지 않은 오락물이 여러분의 생각을 지배할 수 있거든요. 마음 내키는 대로 아무것이나 보고 들을 수 있지만, 우리는 우리의 감정을 하나님의 진리로 점검해야 해요. 지금 한번 점검해 볼까요?

👑 **진리 한 조각**

> "마지막으로, 형제자매 여러분, 무엇이든지 참된 것과, 무엇이든지 경건한 것과, 무엇이든지 옳은 것과, 무엇이든 순결한 것과, 무엇이든 사랑스러운 것과, 무엇이든지 명예로운 것과, 또 덕이 되고 칭찬할 만한 것이면, 이 모든 것을 생각하십시오"(빌립보서 4:8).

이 성경 구절은 우리가 보는 영화, 텔레비전 프로그램, 노래, 팟캐스트, 책 그리고 인터넷에서 접하는 사진이나 이야기를 평가하는 간단한 기준을 제시해 주어요.

최근에 보았거나 들었던 영화, 텔레비전 프로그램 또는 노래의 제목을 여기에 적어 보세요.

엄마를 위한 노트

루는지 점검해 보세요. 만약 여러분이 딸에게 가르치는 내용과 다른 모습을 보인다면, 딸이 스스로 지혜롭게 분별하며 생각을 채우는 법을 배우도록 돕는 모든 노력이 무의미해질 수 있습니다.

만약 딸이 이 과제를 했다면, 그 결과를 알려 줄 수 있는지 물어보세요. 지혜롭게 분별했다면 칭찬해 주세요. 그렇지 않다면, 질문을 통해 스스로 더 나은 결정을 내릴 수 있도록 도와주세요. 정답을 바로 알려 주기보다는 질문하고 답하는 과정을 통해 스스로 지혜롭게 결정할 수 있도록 이끌어 주세요.

- ♥ "그 콘텐츠에서 어떤 점이 좋았고, 순수했고, 사랑스러웠니?"
- ♥ "그 내용이 진리와 어떻게 연결되는지 예를 들어 설명해 줄 수 있을까?"
- ♥ "이 영화를 엄마나 아빠와 함께 볼 수 있을까? 이 노래를 엄마나 아빠와 같이 들을 수 있을까? 이 웹사이트를 엄마나 아빠와 함께 방문할 수 있을까?"

이 과제는 다소 어렵게 느껴질 수도 있습니다. 만약 딸이 아직 과제를 하지 않았다면 시간을 갖고 함께 고민하면서 진

엄마를 위한 노트

행해 보세요. 그리고 딸이 빌립보서 4장 8절 말씀을 미디어를 선택하는 기준으로 삼도록 꾸준히 격려해 주세요.

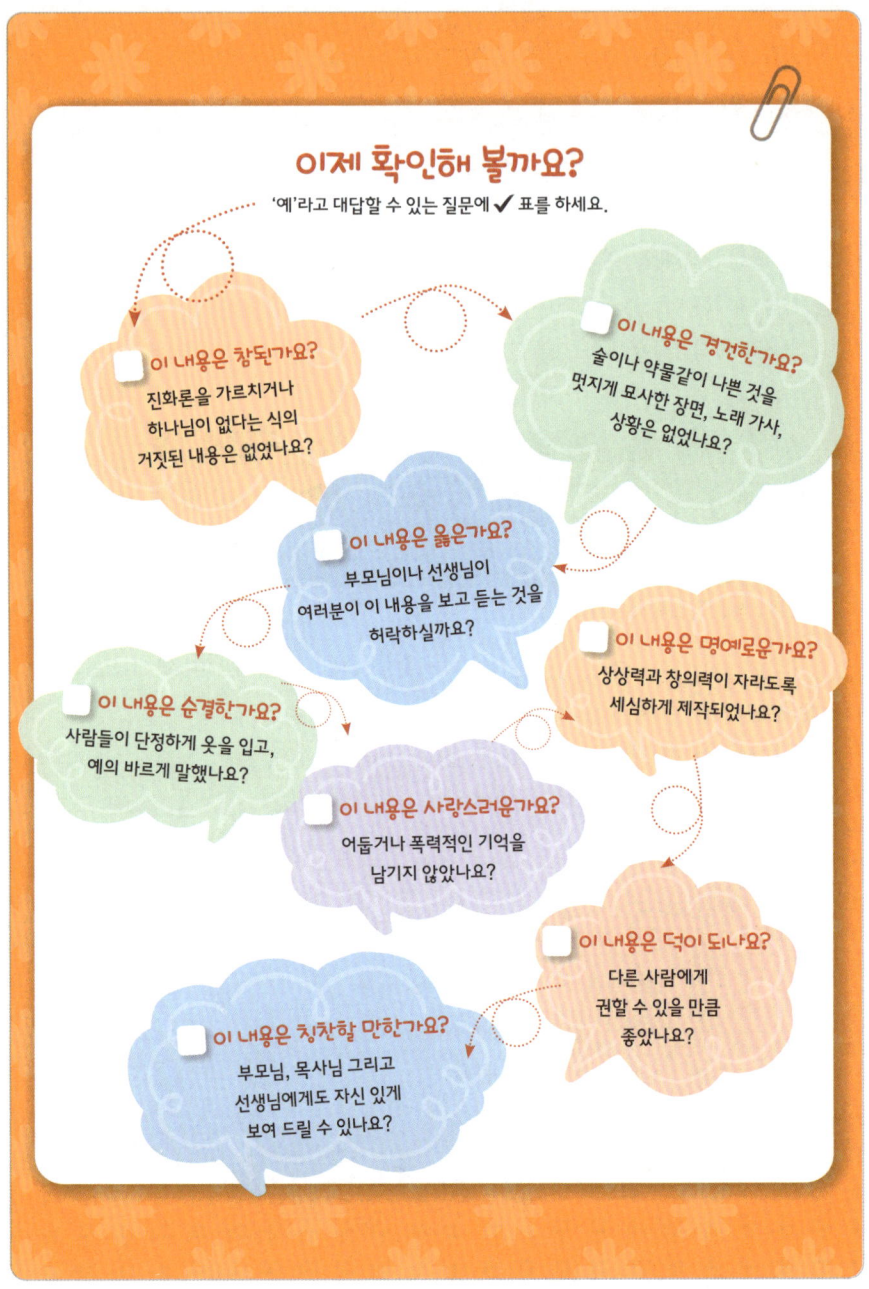

그 영화나 텔레비전 프로그램 또는 노래 가사는 어땠나요? 96쪽의 모든 항목에 표시되어야만 하나님이 기뻐하시는 거예요. 만약 그렇지 않다면, 그것을 보고 들으며 죄를 짓게 되거나, 마음에 죄의 영향이 미칠 수 있어요. 어때요? 생각보다 쉽게 이해되지요?

그래도 여전히 이런 거짓말을 믿는 사람이 있어요.

→ **거짓말:** "내가 보고 듣는 것은 별로 중요하지 않아." ←

혹시 여러분도 그렇게 생각하나요? 그렇다면 오늘 부모님과 이야기를 나누어 보세요. 하나님이 보고 듣는 것을 더 신중하게 선택하라고 하시는 것 같다고 말씀드리고, 도움을 요청해 보세요. 부모님이 기뻐하실 거예요!

엄마를 위한 노트

엄마를 위한 노트

딸의 '진리 실험실' 과제는 각 장의 내용과 상관없이 동일하게 진행됩니다. 따라서, 저는 딸과 어떻게 소통할지에 대한 아이디어를 4장 끝부분에 정리해 두었습니다. 다시 복습이 필요하다면 92-93페이지에 있는 '엄마를 위한 노트'를 참고하세요.

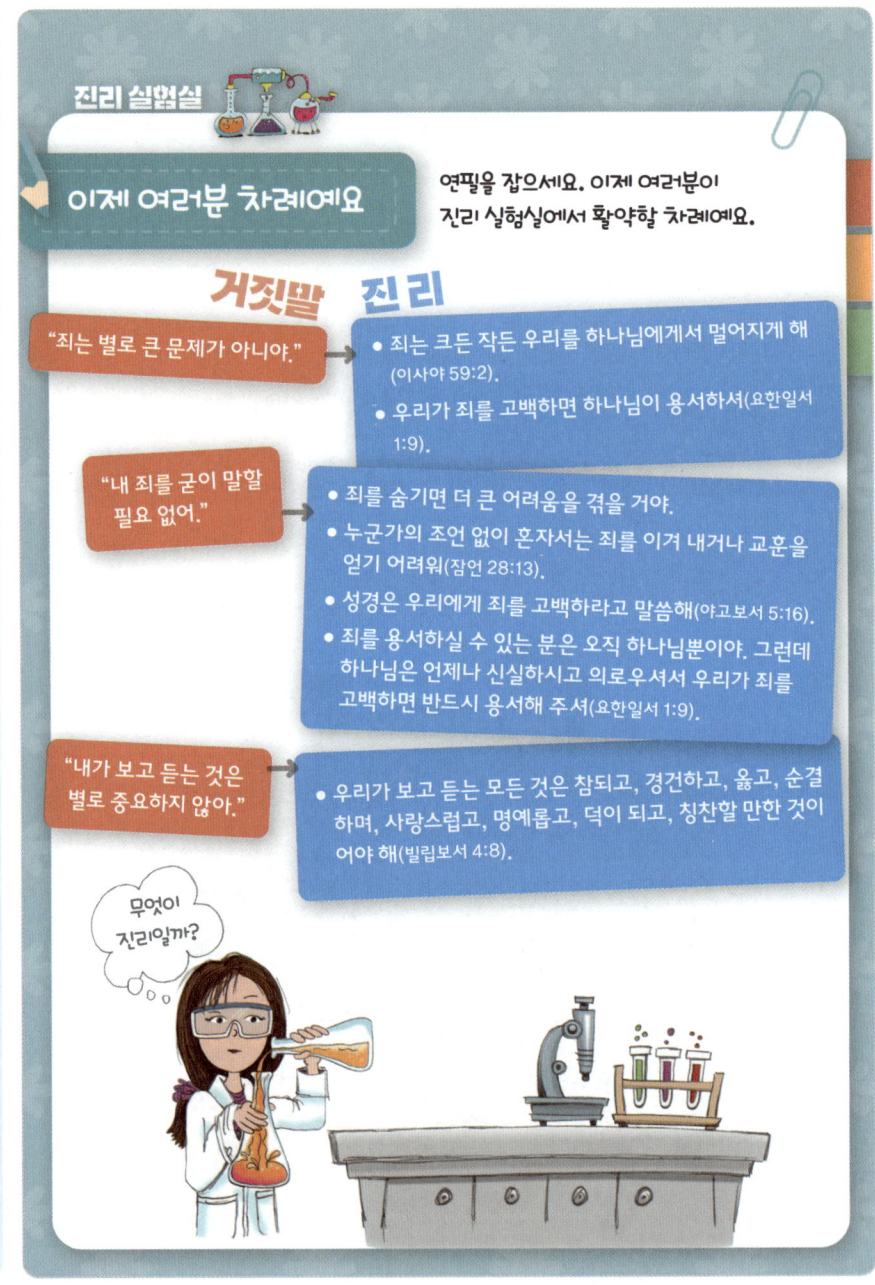

150 진리 위에 딸 세우기

엄마를 위한 노트

나에게 진리를 선포해요

이제 여러분이 작가가 되어 보세요!

- ♥ 죄에 대해 믿고 있는 거짓말이 있나요? 이 장에 나오는 거짓말 중, 여러분이 믿었던 **거짓말**에 ✗ 표시를 하세요.
- ♥ 우리가 **항상** 기억해야 할 **진리**는 무엇인가요? 우리가 함께 찾아낸 진리 중 마음에 와 닿는 것에 동그라미를 치세요.
- ♥ 이제, 그 진리를 **날마다** 생각하며 살도록 노력하세요. 아래에 하나님께 드리는 기도문이나 도움이 되는 성경 구절, 또는 기억하고 싶은 생각을 적으세요.

조이가 진리를 믿도록 도와주세요

이제 조이에게 조언해 줄 시간이에요!

조이가 파자마 파티를 열어서 수지를 초대하지 말아야 할까요? 여러분은 어떻게 생각하나요? 왜 그렇게 생각하나요?

8장
여자에 대한 진리와 거짓말

설문에 참여한 여자 어린이들이 처음으로 읽은 질문은 다음과 같았습니다. "이 설문에 참여하려면 8–13세 여자 어린이여야 합니다. 여자로 태어난 것에 대해 어떻게 생각하나요?"

- 48퍼센트는 "여자여서 좋아요"라고 했습니다.
- 46퍼센트는 "가끔 힘들지만, 대체로 여자인 것이 좋아요"라고 했습니다.
- 1퍼센트는 "여자라서 싫어요"라고 했습니다.
- 4퍼센트는 "남자와 여자의 차이는 없다고 생각해요"라고 했습니다.*

여자로 태어난 것이 싫다고 답한 아이 중 일부는 다음과 같은 의견을 남겼습니다.

- "여자도 뭐든 해낼 수 있는데, 남자와 다르게 대우받고 다르게 인식되는 것 같아요."
- "여자로 사는 것이 더 어려운 것 같아요."
- "남자처럼 강해지고 싶어요."

저는 이렇게 생각한 적이 없기 때문에, 그런 경험을 했던 제 친구들의 이야기를 들어보았

---

*나머지 어린이는 '기타'를 선택했습니다. 이는 제시된 어떤 문장도 자신이 여자로서 느끼는 감정을 정확히 표현하지 못한다고 생각했기 때문입니다.

습니다. 그 친구들과 설문에 응답한 여자 어린이들의 감정을 이해하고 싶었기 때문입니다. 제 친구들이 그렇게 고민한 이유는 다양했습니다. 어떤 친구는 남자들이 누리는 기회를 경험해 보고 싶었고, 어떤 친구는 운동 실력을 더 키워 남자들과 경쟁하고 싶었기 때문입니다. 결국 제 친구들은 이런 혼란을 잘 극복했고, 지금은 여성으로서의 삶을 즐기고 있습니다.

과거에는 여자 어린이들이 자신의 성별을 혼란스러워해도 시간이 지나면 자연스럽게 사라지는 것으로 여겼습니다. 하지만 이제는 상황이 달라졌습니다. 미국의 시사 월간지인 〈디 애틀랜틱〉(The Atlantic)의 최근 기사에 따르면, 요즘 트랜스젠더 아동의 성전환 과정이 과거보다 훨씬 빠르게 진행되고 있다고 합니다.[1] ('트랜스젠더'란 자신의 생물학적 성별과 성 정체성이 일치하지 않는 사람을 가리키는 용어입니다.)

그러나 연구와 경험에 따르면, 많은 어린이가 성별에 대한 고정 관념과 일치하지 않는 경험을 하는 것으로 보입니다. 예를 들어, 여자아이가 트럭 장난감을 좋아하거나 아빠와 함께 실내 암벽 타기를 즐길 수도 있습니다. 반면, 남자아이가 분홍색을 좋아하거나 엄마와 함께 정원 가꾸는 것을 좋아할 수도 있습니다. 이런 욕구는 문화적 고정 관념과 맞지 않을 수 있습니다. 그런데도 대부분 아이는 성장하면서 자신의 생물학적 성별에 자연스럽게 익숙해집니다. 하지만 성 정체성에 혼란을 겪는 아이들의 몸을 성급하게 바꾸려고 한다면 돌이킬 수 없는 큰 손상을 초래할 것입니다.

〈디 애틀랜틱〉 기사에 클레어라는 소녀의 이야기가 소개되었습니다. 사춘기가 시작되면서 그 아이는 우울증에 시달렸습니다. 자신의 몸이 불편하게 느껴졌고, 여자로 사는 것이 싫어졌습니다.

그때 클레어는 유튜브에서 트랜스젠더 청소년들이 만든 영상을 보기 시작했습니다. 그리고 "내 몸이 불편하게 느껴지는 것은 사실 내가 남자로 태어났어야 했기 때문은 아닐까?"라고 생각하게 되었습니다. 결국 클레어는 자신을 남자로 믿기 시작했고, 남자처럼 옷을 입고 행동했습니다. 그러다 클레어는 부모님께 가슴 절제 수술과 테스토스테론 치료를 받고 싶다고 말했습니다. 전문 상담사는 이것이 좋은 생각이라며, 부모님에게 관련 클리닉을 추천해 주었습니다.

하지만 클레어의 부모님은 확신이 서지 않았습니다. 그래서 그들은 클레어에게 자신이 느끼는 감정을 더 깊이 탐색해 보자고 권유했고, 일기 쓰기를 제안했습니다. 어떤 사람들은 이것이 딸의 성 정체성을 인정하지 않는 비정한 태도로 보일 수도 있습니다.

클레어는 부모님의 권유를 받아들였습니다. 어느 날 일기를 쓰던 클레어는 남자로 살면서 남자처럼 보이고 싶었지만, 여전히 행복하지 않다는 것을 깨달았습니다. 그리고 자신이 남자가 아니라는 것을 인정하게 되었습니다. 더 깊이 고민한 끝에, 클레어는 여자인 것을 불편해했던 이유가 성에 대한 잘못된 생각 때문이었음을 알게 되었습니다. 그 고정 관념에서 벗어나자, 있는 그대로의 자신으로 살아갈 수 있는 자유로움을 느꼈습니다. 지금 클레어는 자신의 몸에 편안함을 느끼고, 여자라는 사실에 만족해하며 살고 있습니다.

만약 클레어의 부모님이 상담사의 조언을 따라 딸의 성전환을 도왔다면, 어떤 일이 벌어졌을까요?

오늘날 문화는 성별의 개념을 새로 정의하려고 합니다. 친구, 미디어, 심지어 선한 의도를 가진 상담사조차도 아이들에게 자신의 성별이 생물학적 성과 정말 일치하는지 의문을 제기하도록 권유합니다. 사회 곳곳에서 벌어지고 있는 이러한 문화적 흐름 속에서, 여러분은 딸이 진리를 굳게 믿도록 어떻게 준비시키고 있나요?

교회가 항상 이 문제에 대해 건전하게 대응할 것이라고 기대할 수는 없습니다. 교회는 종종 지나치게 비판적이거나, 진심을 담았지만 잘못된 확신으로 공적 논의에 뛰어드는 실수를 저지르곤 했습니다.

우리는 아이들이 확신을 가지고 친절하게 대응하도록 준비시켜야 합니다. 아이들이 하나님의 말씀이 가르치는 성에 대한 진리를 믿고 확신하는 것이 중요하지만, 그 믿음을 사랑과 존중으로 표현하는 법도 배워야 합니다.

이러한 태도를 배우기 위해 예수님의 본보기를 살펴보겠습니다. 예수님이 이 땅에 계셨을 때, 사람들은 결혼의 언약을 재정의하려고 종교 지도자들의 지지를 구했습니다. 그들은 자기 마음대로 결혼하고, 자기 마음대로 이혼할 수 있기를 원했습니다. 어느 날, 바리새인들이 예수님께 이 문제에 대해 질문했습니다. 하지만 그것은 함정이었습니다. 그들은 예수님의 대답이 대중의 반감을 사도록 유도하려 했습니다. 아래는 그 대화가 기록된 성경 말씀입니다. (특별히 중요한 문장은 밑줄로 표시했습니다.)

👑 진리 한조각

"바리새파 사람들이 예수께 다가와서, 그를 시험하려고 물었다. '무엇이든지 이 유만 있으면, 남편이 아내를 버려도 됩니까?' 예수께서 대답하셨다. '사람을 창조하신 분이 처음부터 그들을 남자와 여자로 지으셨다는 것과, 그리고 그가 말씀하시기를 그러므로 남자는 아버지와 어머니를 떠나서, 자기 아내와 합하여서 둘이 한 몸이 될 것이다 하신 것을, 너희는 아직 읽어보지 못하였느냐? 그러므로 그들은 이제 둘이 아니라 한 몸이다. 하나님이 짝지어 주신 것을 사람이 갈라놓아서는 안 된다.' 그들이 예수께 말하였다. '그러면, 어찌하여 모세는, 이혼 증서를 써 주고 아내를 버리라고 명령하였습니까?' 예수께서 대답하셨다. '모세는 너희의 마음이 완악하기 때문에 아내를 버리는 것을 허락하여 준 것이지, 본래부터 그랬던 것은 아니다'"(마 19:3-8).

예수님은 민감한 문화적 논쟁에 직면하시자, 창조의 원리로 돌아가 하나님의 원래 뜻을 확인해 주시고 설명하셨습니다. 예수님은 "처음부터", "하나님이 본래부터 계획하신 대로" 남자와 여자가 결혼하여 하나가 되도록 계획하셨고, 그들이 결혼할 때 하나님이 그들을 하나로 만드실 것이라고 말씀하셨습니다. 예수님은 청중에게 창세기의 말씀으로 하나님의 진리를 확증하셨습니다.

이것은 우리가 성별에 대한 질문에 직면할 때 따라야 할 지혜로운 본보기입니다. 우리는 성, 성 정체성, 결혼에 대한 믿음을 하나님의 창조 원리 위에 세워야 합니다. 하나님은 우리를 창조하셨습니다. 그분은 우리의 몸과 마음, 영혼이 어떻게 작동하는지 우리보다 더 잘 아십니다. 제가 아는 한 목사님은 이것을 이렇게 표현하셨습니다.

> **"우리를 창조하신 분만이 우리를 정의하실 수 있습니다."**
> **– 대런 타일러(Darren Tyler)**

하나님은 태초에 사람을 남자와 여자로 만드셨습니다. 대부분 예술가처럼 그분의 선택에는 의미가 있으며, 그 디자인에는 하나님의 모습이 새겨져 있습니다.

👑 진리 한 조각

"하나님이 당신의 형상대로 사람을 창조하셨으니, 곧 하나님의 형상대로 사람을 창조하셨다. 하나님이 그들을 남자와 여자로 창조하셨다"(창 1:27).

남자들이 자신의 남성성을 받아들이는 것처럼 우리가 여자로서의 정체성을 받아들이면 길을 잃은 세상이 하나님을 볼 수 있게 됩니다. 우리 안에는 하나님의 형상을 반영하는 요소가 많습니다. 우리는 지성을 가졌고, 예배하며, 창의적인 존재입니다. 인류는 중력을 거슬러 우주선을 달로 보냈고, 언어를 연구하여 서로 소통할 수 있는 방법을 찾아냈습니다. 그런데 왜 성경은 우리가 하나님의 형상을 닮았다고 말할 때, 이런 뛰어난 능력이 아니라 남성과 여성이라는 성별만을 강조할까요? 그것은 남성과 여성이라는 이 두 성별 자체가 하나님의 형상을 드러내는 본질적인 요소이기 때문입니다.

왜 그럴까요? 그중 한 가지 이유는 남성과 여성의 존재가 삼위일체 하나님의 독특한 관계성을 반영하기 때문입니다. 성부 하나님, 성자 예수님, 성령 하나님의 위격은 각자 다르지만, 한 분이십니다. 구약 성경에서 하나님의 '하나 됨'을 표현하는 히브리어 단어는 '에하드'(echad)입니다(신 6:4 참고).

남자와 여자는 결혼을 통해 하나가 됩니다. 성경은 한 남자와 한 여자가 결혼하여 하나가 되는 것을 표현할 때에도 같은 히브리어 단어 '에하드'를 사용합니다(창 2:24 참고). 이처럼, 성별(남성과 여성)은 하나님의 형상을 온전히 드러내는 중요한 요소입니다.

이 진리는 매우 중요합니다.

물론, 이 진리가 생물학적 성별과 불일치를 느끼며 혼란을 겪는 사람들의 고통과 복잡한 감정을 없애 주지는 못합니다. '성별 불쾌감'은 분명히 존재하는 현실입니다.

'인터섹슈얼리티'(intersexuality)도 실제로 존재합니다. 이 용어는 염색체 이상을 포함한 여러 가지 의학적 상태를 지칭하는 용어로, 태어날 때부터 생식 기관이나 성적 구조가 남성이나 여성으로 명확히 구분되지 않는 경우를 의미합니다. 이런 경우, 성 발달 전문가가 상담을 맡습니다. 대부분 혈액 검사를 통해 생물학적 성별(남성 또는 여성)을 확인할 수 있습니다. 하지만 극히 드물게 성별이 명확하지 않은 경우도 있습니다.

입양아인 한나도 그런 경우입니다. 한나의 엄마는 답을 찾으려고 저를 찾아왔습니다. 그리고 그녀가 들려준 기독교 공동체의 반응은 제 마음을 아프게 했습니다.

"당신은 우리와 이 문제에 대해 이야기한 최초의 그리스도인이에요." 한나의 엄마가 말했습니다. "이 주제는 모든 것을 흑백 논리로만 보려는 사람들에게는 너무 어려운 것 같아요."

현재 한나의 부모님은 한나를 딸로 키우기로 결정했지만, 명확한 답을 찾기 어려운 상황이기에 성전환 수술은 하지 않기로 했습니다. 그 대신, 한나가 성장하면서 스스로 결정할 수 있도록 돕기로 했습니다.

이처럼 드물고 복잡한 사례는 종종 트랜스젠더리즘을 정당화하는 근거로 사용됩니다. 하지만 인터섹슈얼리티는 신체적인 상태이고, 성별 불쾌감은 심리적인 상태입니다.

염색체 이상은 타락하고 깨어진 세상에 존재하는 현실입니다. 여기에는 다운증후군, 남성에게 X 염색체가 하나 더 있어 언어와 생식 기능에 문제가 생기는 클라인펠터 증후군(Klinefelter Syndrome) 그리고 자폐증의 흔한 원인 중 하나인 취약 X 증후군(Fragile X Syndrome) 등이 포함됩니다. 이런 유전적 증후군은 분명히 우리를 어렵게 하는 생물학적 사실이지만, 그렇기 때문에 우리는 더욱 사랑과 연민으로 대해야 합니다.

정신 장애와 고통은 이 세상에서 피할 수 없는 현실입니다. 그중 일부는 성이나 성 정체성과 연관된 문제이기도 합니다. 이러한 어려움을 겪는 사람들은 외상 후 스트레스 장애(PTSD), 자살 충동, 우울증 등을 함께 겪는 경우가 많으며, 성전환 수술을 받았다고 해서 이런 문제가 해결되지 않습니다.[2] 이런 고통을 겪고 있는 사람들을 보며 어떻게 마음이 아프지 않을 수 있을까요?

만약 여러분의 딸이 이런 고통을 겪고 있다면, 사랑으로 품어 줄 수 있는 기독교 공동체를 찾기를 기도합니다. 그리고 딸이 성 정체성의 혼란을 겪지 않는다면, 누군가에게 긍휼한 마음과 사랑을 전할 수 있기를 바랍니다.

긍휼한 마음을 갖는다는 것이 신념을 대체하는 것이 아님을 기억하세요. 우리는 우리의 몸, 성, 성 정체성에 대한 질문의 답을 성경에서 찾을 수 있습니다. 하지만 이 타락한 세상에서 아이들이 확실한 믿음을 가지면서도 긍휼히 여기는 마음을 실천할 수 있도록 준비시키는 것이 중요합니다.

 하나님과 대화하기

창세기 1장 27절을 바탕으로, 딸이 자신의 여성성을 기쁘게 받아들이도록 도와 달라고 하나님께 기도하세요. 또 딸의 마음이 하나님의 형상을 드러내도록 인도해 달라고 간구하세요. 다음 빈칸에 기도문을 적으세요.

"하나님이 당신의 형상대로 사람을 창조하셨으니, 곧 하나님의 형상대로 사람을 창조하셨다. 하나님이 그들을 남자와 여자로 창조하셨다"(창 1:27).

 딸과 대화하기

기도를 마쳤다면, 딸에게 『앗, 내가 이런 거짓말을 믿었다니!』 8장을 읽도록 권해 주세요. 그동안 여러분도 이 책에서 같은 내용을 살펴보며 대화를 준비할 수 있습니다. 책의 여백에는 엄마를 위한 몇가지 메모를 적어 두었어요. 딸과 이야기할 때 도움이 되도록, 여러분만의 메모를 추가할 수 있습니다.

8장
여자에 대한 거짓말

"여자가 되는 건 정말 멋진 일이야!" 오늘 쉬는 시간에 수지랑 비아와 함께 회전 놀이기구를 있는 힘껏 돌리며 소리쳤어. 우리는 매일 그 위에서 누가 제일 오래 버티는지 내기하는데, 오늘은 내가 이겼어! 비아는 금방 포기했고, 수지도 뒤따라 내려왔어. 우리 셋은 땅바닥에 누운 채 토할 것 같은 걸 꾹 참고 있었지. 그런데 갑자기 비아가 외치는 거야. "여자가 최고야. 남자는 별로야!" 그러자 수지는 엄마가 그런 말 하지 말라고 하셨다면서, 남자와 여자가 똑같이 중요하다고 말했어. 이 말에 비아가 화를 내며 수지에게 물었지. "너 혹시 여자 싫어해?" 수지가 바로 대답했어. "아니! 그런데 왜 여자가 최고가 되려면 꼭 남자들이 멍청해야 한다고 생각해?" 그 뒤로 두 친구는 내가 도무지 이해하기 힘든 이야기를 계속 나눴어. 둘 다 남자와 여자가 다를 것이 없다고 하면서도 비아는 왜 "여자가 최고야. 남자는 별로야"라고 말했을까? 휴……정말 헷갈려.

조이만 그런 것이 아니에요. 요즘은 어디서든 "여자가 최고야. 남자는 별로야" 같은 말을 들을 수 있어요. 똑같은 표현을 쓰지 않더라도, 사람들은 남자와 여자 중 누가 더 중요한지를 따지곤 해요. 심지어 남자와 여자의 차이를 아예 없애려는 사람도 있어요.

엄마를 위한 노트

마음껏 적으세요! 이곳은 여러분만의 메모 공간입니다.

엄마를 위한 노트

물론 바꾸어야 할 좋지 않은 차이도 있지요. 제가 어렸을 때는, 여자가 남자와 같은 일을 해도 급여가 더 적었어요. 하지만 이제는 사람들도 그것이 잘못되었다는 사실을 깨닫고, 남녀가 같은 일을 하고 같은 경력을 쌓으면 똑같이 대우하려고 노력하고 있어요. 이런 변화는 정말 반가운 일이에요!

그런데 모든 차이를 없애는 것이 늘 옳은 일은 아니에요. 예를 들어, 여자아이가 공주 놀이 대신 운동을 좋아해도 괜찮아요. 하지만 "여자인 것도 정말 멋진 일이야"라는 마음도 잃지 않아야 해요. 그렇다고 해서 농구를 하면 안 된다거나 집을 짓는 일을 할 수 없다는 뜻이 아니에요. 여자아이가 〈스타워즈〉를 좋아하고, 〈신데렐라〉를 좋아하지 않아도 괜찮아요. 다만, 남자처럼 되려고 애쓰다가 자신만의 여자다움을 잃어버리면 안 돼요. 그렇게 되면 결국 "여자로 사는 건 멋진 일이 아니야"라는 잘못된 교훈을 전하게 되거든요.

자, 이제 '여자'에 대해 꼭 알아야 할 중요한 진리를 함께 배워 볼까요?

진리 13
하나님은 남자와 여자를 다르게 만드셨어.

여러분은 태어날 때부터(심지어 시편 139편 13-16절에 따르면 태어나기 전부터도) 남자와는 다른 특별한 존재로 만들어졌어요. 눈에 보이는 차이도 있지만, 남자와 여자는 겉으로 드러나지 않는 부분에서도 많이 다르답니다.

♀ 여자

- 청소년기 소녀의 몸은 에너지를 체지방으로 저장하는데, 이것은 훗날 아기를 보호하도록 도와주어요. (게다가 체온을 잘 유지해 물속에서 더 잘 움직이도록 도와주어 수영할 때 유리하답니다!)

- 성인 여성은 골반이 넓고 유연해서 아기를 낳는 데 적합해요.

- 여성의 뇌는 생각을 연결하는 신경망이 더 발달해 있어서, 여러 가지 일을 동시에 처리하는 능력이 뛰어난 편이에요.

♂ 남자

- 청소년기 소년의 몸은 에너지를 지방보다는 근육으로 전환합니다. 열여덟 살이 되면 또래 소녀들보다 근육량이 약 50퍼센트 더 많아지기 때문에 힘이 세지고, 무거운 물건을 들거나 육체적으로 더 힘든 일을 하는 데 유리해요.[3]

- 성인 남성의 골반 구조는 작고 견고해서, 무거운 짐을 오래 들어도 부상당할 위험이 적어요.[4]

- 남성의 뇌는 생각을 연결하는 신경망이 단순하고 명확하게 형성되어 있어서 한 가지 일에 집중하는 능력이 뛰어나고, 문제를 차분하고 꼼꼼하게 해결하는 데 강점이 있습니다.[5]

엄마를 위한 노트

진리 13에 대하여

하나님이 에덴동산에서 아담에게 선악과에 대해 말씀하실 때 그를 죄에 노출시키지 않으셨던 것처럼, 여러분도 성과 성 정체성에 대해 적절한 방식으로 딸과 이야기할 수 있습니다. 이 장은 딸의 순수함을 해치지 않으면서 진리를 전달할 수 있도록, 수많은 엄마가 신중하게 검토한 내용입니다.

여러분의 딸은 이 세상에 이미 퍼져 있는 성과 성 정체성에 대한 거짓말을 접했을 가능성이 높습니다. 이 대화를 나누면서 딸이 이 주제에 대해 부담 없이 이야기할 수 있도록 준비하세요. 궁금한 점을 부모에게 직접 물어보는 것이, 친구나 인터넷을 통해 잘못된 정보를 접하는 것보다 훨씬 안전하고 바람직합니다. 이 장은 성에 대한 내용은 아니지만, 대화를 나누다 보면 자연스럽게 그 주제가 나올 수도 있습니다. 다음 장의 도입부에서 '성에 대한 대화'와 관련된 중요한 내용을 확인하세요.

엄마를 위한 노트

진리 13을 위한 대화 팁

딸에게 여자로 태어난 것에 대해 어떻게 느끼는지 물어보세요. 혹시 불편하거나 아쉬운 점이 있다면, 자유롭게 이야기할 수 있도록 열린 자세로 대화를 나누세요.

그다음, 주변에 여자이지만 자신의 성별을 좋아하지 않는 친구가 있는지 물어보세요. 이 질문으로 딸이 성 정체성 혼란에 얼마나 노출되었는지 자연스럽게 알 수 있습니다. 예를 들어, 딸에게 운동을 잘하는 친구가 있는데 그 아이가 남자 축구팀에서 뛰고 싶어 한다면 어떻게 생각하는지 물어볼 수도 있습니다. 이런 경우는 자연스러운 성장 과정의 일부로서 대화하기에 쉬운 주제입니다. 하지만 딸이 부모와 전문가의 도움을 받아 성 전환을 진행하는 친구나 이웃 또는 학급 친구를 알고 있을 수도 있습니다. 이에 대해 논의할 준비를 하세요. 이 장에서는 이 주제에 대해 개요만 다루기 때문에, 만약 이 대화를 어떻게 해야 할지 고민된다면, 성에 대한 성경의 진리를 먼저 연구하는 것이 도움이 될 것입니다.

물론 이 표의 내용에도 예외는 있어요. 중요한 것은, 하나님이 여러분을 특별하게 만드셨다는 거예요!

여자와 남자는 **거의 모든 일을 할 수 있지만**, 그들의 신체와 뇌 그리고 강점에는 '서로 다른' 뚜렷한 특징이 있어요. 이것이 제가 말하고 싶은 핵심이에요.

그런데도 많은 사람이 이런 거짓말을 믿고 있어요.

→ **거짓말: "남자와 여자는 별로 다르지 않아."** ←

어떤 소녀들은 농구나 건축, 혹은 〈스타워즈〉 같은 것을 좋아해서 남자와 여자의 차이가 없다고 느낄 수 있어요. 어쩌면 "남자처럼 강해지고 싶어"라고 생각할 수도 있죠. (만약 여러분이 강해지는 것을 중요하게 생각한다면, 열심히 운동하는 것도 좋아요!) 또 어떤 소녀들은 오빠나 남동생과 축구를 하거나, 아빠와 등산하고 싶어서 그렇게 느낄 수도 있어요. (다른 소녀들이 하지 않는 일을 해 보는 것도 좋은 생각이에요!) 분홍색을 좋아하지 않거나 드레스를 입고 싶지 않은 것도 괜찮아요. (파란색을 좋아하고 바지를 입는 것도 멋진 선택이에요!) 사람들의 생각과 다른 스타일의 소녀가 되는 것도 괜찮아요.

하지만 때로 어떤 소녀들은 자신이 아는 사람이 여자로 태어났지만, 남자가 되고 싶어 하는 것을 보면서 남자와 여자가 다르지 않다고 생각할 수 있어요. 그런 생각이 괜찮은 것일까요? 성경에서 답을 찾아보아요.

👑 **진리 한 조각**

"하나님이 말씀하시기를 '우리가 우리의 형상을 따라서, 우리의 모양대로 사람을 만들자. 그리고 그가, 바다의 고기와 공중의 새와 땅 위에 사는 온갖 들짐승과 땅 위를 기어다니는 모든 길짐승을 다스리게 하자' 하시고, 하나님이 당신의 형상대로 사람을 창조하셨으니, 곧 하나님의 형상대로 사람을 창조하셨다. 하나님이 그들을 남자와 여자로 창조하셨다"(창세기 1:26-27).

여러분은 하나님의 '형상'을 따라 지어졌어요. 즉, 여러분은 하나님과 닮은 점이 있기 때문에 사람들이 여러분을 볼 때 하나님을 기억하고 생각하도록 창조되었다는 뜻이에요. **정말 멋지지 않나요?**

연필 두 자루를 꺼내 볼까요? 방금 읽은 '진리 한 조각' 말씀에서 두 가지 중요한 단어를 찾아 동그라미를 치세요. 바로 '남자'와 '여자'라는 단어예요. 물론 우리는 여러 면에서 하나님을 닮았어요. 우리의 뇌나 창의력 같은 것이 그렇죠. 하지만 하나님은 이 구절에서 남자와 여자를 특별히 언급하셨어요. 그러니 여자로 태어난 것은 정말 소중한 일이에요. (물론 남자로 태어난 것도 마찬가지예요. 그래서 저는 "여자가 최고야! 남자는 별로야!" 같은 말을 좋아하지 않는답니다.)

그것은 우리가 하나님을 닮기 원하시기 때문이에요. 어쩌면 여러분은 이렇게 묻고 싶을 수도 있어요.

> 그렇다면 하나님은 왜 남자와 여자를 다르게 창조하셨을까요?

"여자나 남자로 태어나는 것이 어떻게 하나님을 닮는다는 거지?"

좋은 질문이에요.

하나님은 세 분의 다른 인격체이시지만, 실제로는 **한 분**입니다. 성부 하나님, 성자 하나님 그리고 성령 하나님은 삼위일체라고 불리는 한 분 하나님을 이루고 계세요.

하나님은 사람을 남자와 여자로 창조하셨고, 서로 다른 두 사람이 결혼하여 하나님 안에서 하나가 되도록 하셨어요.

엄마를 위한 노트

점검할 질문

복잡한 사회 문제에 대해 우리가 옳다는 것을 증명하는 것이 사람들을 그리스도께 이끄는 데 더 효과적일까요, 아니면 사람들을 진심으로 사랑하는 것이 더 효과적일까요?

8장 여자에 대한 진리와 거짓말

엄마를 위한 노트

진리 14에 대하여

많은 소녀가 아무런 설명도 듣지 못하고 초경을 맞이합니다. 이는 두려운 일이 될 수 있습니다. 여자아이는 이르면 10세부터 초경을 할 수 있기 때문에 그 전에 미리 이 주제에 대해 이야기를 나누는 것이 좋습니다.

생리는 딸의 몸이 새로운 생명을 탄생시킬 준비를 하고 있다는 아름다운 신호입니다. 이 장을 활용해 딸에게 생리에 대해 처음 알려 주거나, 이전에 나누었던 대화를 자연스럽게 이어가 보세요.

딸이 생리에 대해 이야기할 준비가 되었는지 확실하지 않다면, 가슴을 살펴보세요. 일반적으로 가슴 멍울이 생긴 지 6개월에서 1년 사이에 초경이 시작됩니다. 하지만 이 변화가 언제나 대화를 시작하는 신호는 아닙니다. 딸에게 미리 실질적인 조언을 해 주어 이 중요한 변화를 잘 준비하도록 돕는 것이 좋습니다.

진리 14를 위한 대화 팁

이 주제를 긍정적으로 전달하는 것이 중요합니다. 설문에 참여한 8-13세 여자아이 중 상당수는 신체 변화와 출산에

그렇다고 결혼을 꼭 해야 한다는 뜻은 아니에요! 하지만 하나님이 남자와 여자라는 두 개의 성을 창조하셨다는 진리를 지키는 것이 중요하지요.

또한 하나님이 남자와 여자를 다르게 만드신 것을 믿는 것도 정말 중요해요. 그래서 우리는 남자와 여자가 어떻게 서로 어울려 살아야 하는지를 성경에서 배워야 해요. 하나님이 남자와 여자를 어떻게 창조하셨는지를 잘 알아야만 하나님이 계획하신 대로 이 세상을 살아갈 수 있기 때문이죠.

성경은 이 거짓말에 대해 분명히 경고해요. 만약 누군가가 하나님이 남자와 여자를 다르게 만드셨다는 진리를 자기 마음대로 바꾼다면, 그것은 "하나님의 진리를 거짓으로 바꾼" 것이라고 성경은 분명히 말씀해요(로마서 1:25).

➜ 진리를 선택해요!

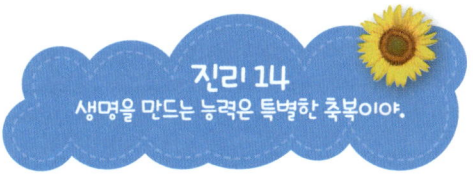

진리 14
생명을 만드는 능력은 특별한 축복이야.

모든 소녀는 결국 여자로 성장해요. 여러분도 마찬가지예요! 그 과정에서 가장 큰 변화 중 하나가 바로 생리를 시작하는 거예요. 생리는 보통 아홉 살에서 열여섯 살 사이에 시작되는데, 정확히 언제인지는 알 수 없어요. 생리가 시작됐다는 가장 큰 신호는 속옷에 피가 묻는 거예요. 하지만 **걱정하지 마세요!** 다친 것이 아니니까요. 이것은 아주 자연스러운 현상이에요. (엄마나 할머니, 또는 이모가 여러분의 몸을 어떻게 돌보

아야 할지 더 자세히 알려 주실 거예요.)

생리가 시작되면 몸속에서 어떤 일이 일어나는지 알려 줄게요. 지금 여러분의 몸에는 약 30만 개의 난자가 있어요. 이 난자는 각각 새로운 생명이 될 가능성이 있죠! (걱정하지 마세요! 30만 명의 아기를 낳는다는 뜻은 아니에요.) 아래의 과정을 거쳐서 생리를 하게 돼요.

- ♥ 매달 여러분의 난소에서 난자가 생겨요.
- ♥ 자궁이라는 삼각형 모양의 기관이 부드럽고 따뜻한 내벽을 준비해요. 만약 난자가 아기로 자라기 시작하면 자궁에서 안전하게 자라도록 보호해 주어요.
- ♥ 하지만 아기가 생기지 않으면 자궁은 그 내벽을 배출해요. 이때 나오는 것이 바로 생리혈이에요.

몸속에서 벌어지는 일

생리는 우리 몸에서 일어나는 놀랍고 과학적인 과정이에요. 가장 멋진 점은, 이 과정이 여러분이 여자라는 특별한 존재로 디자인되었다는 사실을 일깨워 준다는 거예요. 여자만이 가진 특별한 능력 중 하나가 바로 언젠가 아기를 가질 수 있다는 것이죠. 하나님은 엄마가 되는 것에 대해 이렇게 말씀하셨어요.

진리 한 조각

"자식은 주님께서 주신 선물이요, 태 안에 들어 있는 열매는, 주님이 주신 상급이다" (시편 127:3).

엄마를 위한 노트

대해 큰 두려움을 느낀다고 답했습니다. 딸과 처음으로 나누는 생리에 대한 대화는 엄마가 되는 과정을 바라보는 딸의 시각에 큰 영향을 미칩니다. 저는 딸의 미래에 출산의 가능성보다 더 멋진 일은 없다고 생각합니다.

저는 딸의 책에서 '가능성'이라는 단어를 강조했습니다. 그것은 때로 하나님이 입양을 통해 아기를 주시는 경우가 있기 때문입니다. (제 두 딸 중 한 아이도 입양을 통해 가족이 되었습니다.) 또한 어떤 여성에게는 하나님이 자녀를 주시지 않는 계획이 있으실 수도 있습니다. 딸과 대화할 때 이러한 다양한 가능성도 대비할 수 있도록 대화를 이끌어 주세요.

엄마를 위한 노트

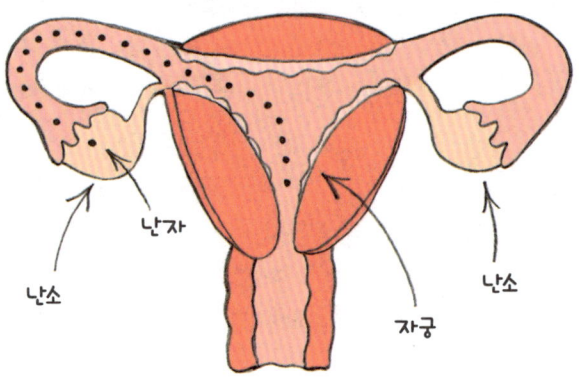

아기를 낳을 수 있는 몸을 갖게 된다는 것은 정말 **축하할 일이에요!** 어떤 소녀들은 처음 생리를 시작할 때 특별한 이벤트를 해요. 엄마가 특별한 저녁을 사 주시거나, 여자 어른들이 모여 조언을 해 주시는 파티를 열기도 하죠. 정말 좋은 아이디어라고 생각해요.

하지만 모든 사람이 생리를 축하할 일이라고 생각하지는 않아요.

어떤 소녀들(과 엄마들)은 이런 거짓말을 믿어요.
→ **거짓말: "생리가 시작되면 정말 끔찍할 거야."** ←

생리가 불편할 수 있어요. 배가 아프거나 두통이 생길 수도 있죠. 어떤 소녀는 감정 기복이 심해져서 짜증을 부리기도 해요. (하지만 생리를 한다고 해서 다른 사람들을 함부로 대해서는 안 돼요!) 또 아기를 낳는 것이 고통스러운 것도 사실이에요. 하지만 놀랍게도 그 고통은 결국 잊힌답니다.

걱정하지 마세요. 생리는 생각만큼 끔찍하지 않을 거예요. 그냥 새로운 경험일 뿐이에요.

저는 생리할 때 하나님이 주신 말씀, '모든 일'에 대해 '불평'하지 않기를 원하신다는 사실을 떠올리며 긍정적으로 생각하려고 해요. 생리도 그 말씀에 포함되지요. '진리 6'에서 배웠던 성경 구절을 기억하나요?

데살로니가전서 5장 18절은 "모든 일에 감사하십시오"라고 말해요. 저는 어려운 일일수록 감사하는 마음을 품으면 더 쉽게 이겨낼 수 있다는 것을 배웠어요. 생리에 대해 걱정하는 대신, 여자로 태어나게 해 주셔서 감사하다고 하나님께 기도하는 것은 어떨까요? 생리는 여자라면 누구나 겪어야 하는 일이니까, 긍정적인 태도로 받아들이는 것이 좋아요.

생리를 두려워하지 말고, 여자의 삶이 시작되는 것을 **축하하세요**. 생리는 끔찍한 것이 아니에요. 하나님이 여러분에게 주신 특별한 능력을 보여 주는 멋진 증거이고, **축하할 일이에요.**

엄마를 위한 노트

딸의 '진리 실험실' 과제는 각 장의 내용과 상관없이 동일하게 진행됩니다. 따라서, 저는 딸과 어떻게 소통할지에 대한 아이디어를 4장 끝부분에 정리해 두었습니다. 다시 복습이 필요하다면 92-93페이지에 있는 '엄마를 위한 노트'를 참고하세요.

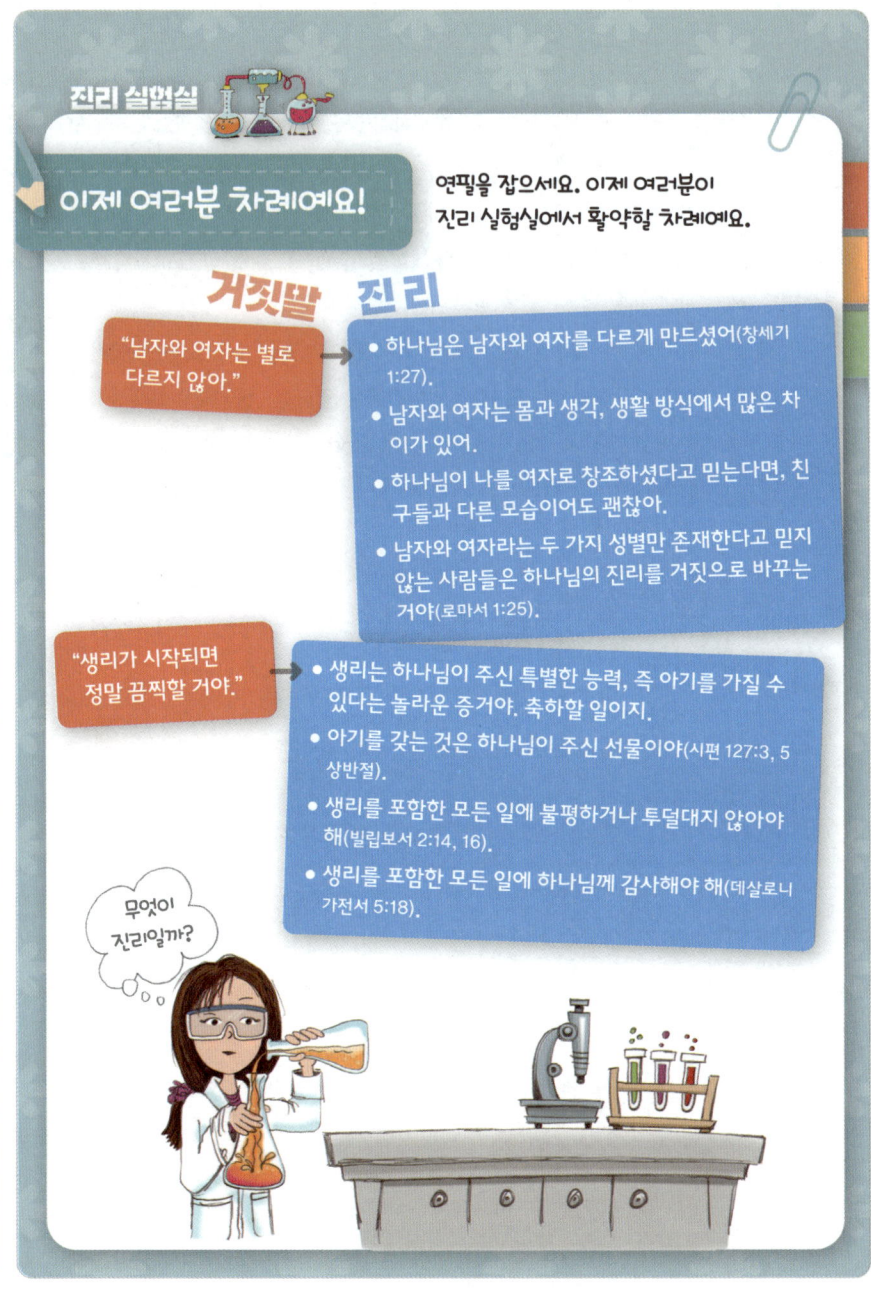

엄마를 위한 노트

나에게 진리를 선포해요

이제 여러분이 작가가 되어 보세요!

♥ 여자에 대해 믿고 있는 거짓말이 있나요? 이 장에 나오는 **거짓말** 중, 여러분이 믿었던 거짓말에 ✗ 표시를 하세요.

♥ 우리가 **항상** 기억해야 할 **진리는** 무엇인가요? 우리가 함께 찾아낸 진리 중 마음에 와 닿는 것에 동그라미를 치세요.

♥ 이제, 그 진리를 **날마다** 생각하며 살도록 노력하세요. 아래에 하나님께 드리는 기도문이나 도움이 되는 성경 구절, 또는 기억하고 싶은 생각을 적으세요.

조이가 진리를 믿도록 도와주세요

이제 조이에게 조언해 줄 시간이에요!

조이는 쉬는 시간에 친구들이 남자와 여자의 차이에 대해 헷갈려 하는 이야기를 우연히 들었어요. 그러자 조이도 혼란스러워졌어요. 여러분은 "여자가 최고야. 남자는 별로야"라는 말이 괜찮다고 생각하나요? 왜 그런가요? 혹은 왜 그렇지 않은가요?

9장

이성 친구에 대한 진리와 거짓말

딸과 이성 친구에 대해 이야기하는 것이 자연스럽다고 생각할 수도 있습니다. 아니면, 반대로 가능한 한 피하고 싶을 수도 있습니다. 어느 쪽이든 이 주제는 중요하고, 여러분도 그 사실을 잘 알 것입니다.

제가 엄마들과 진행한 포커스 그룹에서 '남자와 성'이라는 주제는 가장 걱정스러운 거짓말 목록 중 세 번째였습니다. 많은 엄마는 자신의 십대 시절을 돌아보며, 딸이 같은 실수를 반복하지 않기를 바랐습니다. 또 다른 엄마들은 요즘 문화 속에 넘쳐 나는 연애와 성적인 메시지에 부담을 느꼈습니다. 하지만 대부분 엄마는 남자와 성에 대한 진리를 가르치는 것이 꼭 필요하다는 것을 알고 있었습니다.

엄마들과 이야기를 나눈 후, 딸들의 말을 들어 보니 대화를 가로막는 큰 장벽이 있다는 것을 금방 알아챘습니다. 이 주제에 대해 이야기할 때 여자아이들이 가장 많이 한 말은 바로 이것이었습니다. "엄마와 남자에 대해 이야기하는 것이 너무나 어색해요!"

여자아이들이 엄마와 이성 친구에 대해 이야기하는 것을 불편해하는 이유는 여러 가지가 있었습니다. 하지만 그중 한 가지가 제 마음을 무겁게 짓눌렀습니다. 아이들은 엄마가 자신의 속마음을 다른 사람에게 이야기할까 봐 두려워했습니다. 또한 자신의 이야기가 다른 사람들에게 웃음거리가 될까 봐 걱정했습니다. 한 소녀는 이렇게 말했습니다.

"엄마한테는 남자아이 이야기를 하지 않아요. 괜히 소문이 날까 봐요."

딸에게 이성 친구와 성에 대한 성경의 진리를 가르칠 때 가장 중요한 것은, 항상 편하게 대화할 수 있는 분위기를 만드는 것입니다. 만약 딸이 창피하다고 느끼거나, 엄마가 자신의 신뢰를 저버렸다고 생각한다면, 대화의 문은 순식간에 닫힐 수 있습니다. (다음에는 딸의 사진이나 딸에 관한 이야기를 소셜 미디어에 올리기 전에 한 번 더 생각해 보세요.)

아이들에 대해 말할 때 신중해야 한다는 것을 기억나게 하는 성경 구절이 있습니다. 이 말씀은 아버지를 향한 것이지만, 그 원칙은 엄마에게도 중요하다고 생각합니다.

♛ 진리 한 조각

"부모들은 자녀들의 감정을 건드려 화나게 하지 마십시오. 그렇게 하면 그들이 낙심하게 될 것입니다"(골 3:21, 현대인의 성경).

우리는 부모의 말과 행동이 자녀를 좌절시키거나 상처를 주고, 화나게 할 수도 있음을 잊기 쉽습니다. 특히 이성 친구나 성에 대한 이야기를 나눌 때, 딸이 불편하게 느끼지 않도록 돕는 몇 가지 방법을 소개합니다.

1. **딸이 이성 친구나 성에 대해 이야기할 때 아이가 무심코 틀린 말을 하거나,** 어딘가 어색하고 재미있는 표현을 쓸 수도 있습니다. 하지만 그럴 때 웃음거리로 만들지 않도록 주의하세요. 그 대신, 편안하게 실수할 수 있는 안전한 분위기를 만들어 주세요. 이렇게 하면 딸이 신뢰감을 느끼고, 앞으로도 어색할 수 있는 주제에 대해 편하게 이야기할 수 있습니다. 저도 이 부분에서 제 딸들에게 더 잘하지 못해 아쉬움이 남습니다.

2. **때때로 딸의 질문이나 경험에 어떻게 답해야 할지** 고민될 때가 있을 것입니다. 그럴 때는 딸의 사생활을 지켜 줄 수 있는 사람에게 조언을 구하세요. 도움이 필요할 때는 지혜롭게 접근해야 합니다. 딸의 상황에 대해 다른 사람에게 상담받을 계획이라면 미리 딸에게 알려 주세요. 예를 들어, 이렇게 말할 수 있습니다. "이 문제를 어떻게 도와주어야

할지 잘 모르겠어. 그런데 _____ 은(는) 내가 고민이 있을 때마다 지혜롭게 조언해 주시는 분이야. 혹시 그분께 의견을 물어봐도 괜찮을까?" 미리 솔직하게 이야기하면, 딸이 나중에 알게 되어 신뢰가 깨지는 일을 막을 수 있습니다.

   3. 딸과 신뢰를 쌓아 가다 보면, 아이가 친구의 행동에 대해 이야기할 수도 있습니다. 그리고 그중에는 다른 사람에게 알려야 할 내용도 있을 수 있습니다. 딸에게 어떤 이야기든 편하게 나누어도 괜찮다고 말해 주세요. 하지만 누군가가 위험하거나 건전하지 않게 행동하고 있음을 알게 된다면, 그 상황을 돕는 것이 부모의 책임이라는 점도 알려 주어야 합니다. 이렇게 미리 이야기해 두면, 대개는 대화가 막히지 않고 더 편하게 이야기할 수 있습니다. 아이도 결국, 엄마의 가장 중요한 목적이 자신을 보호하는 것임을 이해하게 될 것입니다.

딸과 남자나 성에 대해 솔직하게 이야기하기 어려운 또 다른 이유는 과거의 상처 때문일 수 있습니다. 여기서 말하는 과거란 바로 여러분의 이야기이자, 저의 이야기이기도 합니다.

딸이 이성 친구와 성에 대해 건강한 시각을 갖도록 도우려면, 우리가 먼저 바른 시각을 가져야 합니다. 저는 여러분이 과거의 상처를 치유하는 과정을 시작하길 바랍니다. 저에게는 기독교 상담을 받는 것, 지혜로운 연장자들의 조언을 듣는 것 그리고 하나님과 충분한 시간을 보내는 것이 큰 도움이 되었습니다. 저는 어리석은 선택으로 마음 깊이 자리 잡은 거짓된 생각들을 극복하려고 많이 노력했습니다. 엄마가 이 문제에 잘 준비되어 있어야 딸에게 이성 친구와 성에 대한 진리를 가르칠 수 있습니다.

남자아이들에 대한 이야기를 나누다 보면, 결국 성에 대한 대화를 피할 수 없습니다.

대부분 아이는 10세쯤 되면 이 주제를 이해할 준비가 됩니다. 아이가 이 나이쯤 되면 먼저 대화를 시작하세요. 그래야만 진리의 씨앗을 심고, 성에 대한 건강한 가치관을 형성할 수 있도록 꾸준히 이야기할 기회를 만들 수 있습니다. 포커스 그룹 조사에 따르면, 10세 이상의 딸을 둔 엄마 중 절반만이 성에 대한 대화를 나눈 적이 있었습니다. 하지만 부모가 침묵하면, 아이의 마음에 공백이 생기고, 세상의 거짓말이 그 빈자리를 채우게 됩니다. 부모가 먼저 진리를 전해야 합니다. 딸이 신뢰할 수 있는 전문가가 되세요. 진리를 심어 주세요.

이 책은 딸과 성에 대한 이야기를 나누도록 돕는 완벽한 안내서는 아닙니다. 하지만 발달 단계별로 분류한 주제가 대화를 시작하는 데 도움이 될 것입니다. 이 내용이 여러분에게 용기를 주고, 대화를 여는 출발점이 되기를 바랍니다.

도덕성 발달 단계별 대화 시작법

따라 하기 단계(3-6세)

"여자로 태어난 건 정말 멋진 일이야." "남자와 여자는 서로 다르단다." "인터넷에는 좋은 사진도 있지만, 나쁜 사진도 있어. 나쁜 사진 중에는 옷을 입지 않은 사람들이 나오는 경우도 있어. 혹시 그런 사진을 보게 되면, 꼭 엄마(아빠)에게 말해 줘. 알겠지?" (이 대화는 아이를 음란물에서 보호하는 데 매우 중요합니다.)

지도와 조언 단계(7-12세)

"우리 가족은 연애를 시작할 적절한 나이를 _____ 살로 정하고 있어. 엄마(아빠)는 네가 그때까지 기다렸다가 남자 친구를 사귀길 바란단다." "남자아이에 대해 궁금한 점을 엄마나 아빠가 직접 답해 주고 싶어. 네가 편하게 이야기하도록 우리가 어떻게 도와줄까?" "하나님은 남자의 신체 부위(음경이라고 해)와 여자의 신체 부위(질이라고 해)가 맞물리도록 만드셨어. 남편과 아내가 서로를 깊이 사랑하고 그 사랑을 표현하고 싶을 때, 이 부위를 맞대게 되는데, 이를 '성관계'라고 한단다." "성관계는 하나님이 결혼한 남자와 여자가 함께 나누도록 주신 소중한 선물이야."

코칭과 성장 단계(13세 이상)

"성과 성 정체성에 대해 궁금한 점이 있다면 엄마나 아빠가 직접 답해 주고 싶어. 우리가 어떻게 하면 네가 편하게 이야기할 수 있을까?" "성관계만이 성과 관련된 것은 아니야. 그것으로 이어지는 많은 행동이 있어. 그러니까 결혼하기 전에 어떻게 경계를 정하고 싶은지 함께 이야기해 보자." [이 대화에서는 음란물, 섹스팅(sexting), 자위, 구강성교, 깊은 스킨십, 성적 유혹 등의 주제도 포함해야 합니다.]

딸과 함께 이런 주제로 이야기하는 것이 어색할 수 있지만, 솔직하게 대화하고 나면 한결 편안해질 것입니다. 어떤 여자아이는 이렇게 말했습니다. "엄마랑 남자아이들에 대해 이야기하는 건 좀 어색해요. 그런데 막상 이야기하고 나면 마음이 훨씬 편해져요."

 하나님과 대화하기

골로새서 3장 21절을 바탕으로 하나님께 솔직한 기도를 드리세요. 이 장을 읽으며 마음에 찔림이 있었다면, 하나님께 고백하세요. 그렇지 않다면, 혹시 딸을 힘들게 하거나 낙담시킨 적은 없는지 하나님께 깨닫게 해 달라고 기도하세요. 아래 빈칸에 여러분의 기도문을 적으세요.

"부모들은 자녀들의 감정을 건드려 화나게 하지 마십시오. 그렇게 하면 그들이 낙심하게 될 것입니다"(골 3:21, 현대인의 성경).

 딸과 대화하기

기도를 마쳤다면, 딸에게 『앗, 내가 이런 거짓말을 믿었다니!』 9장을 읽도록 권해 주세요. 그동안 여러분도 이 책에서 같은 내용을 살펴보며 대화를 준비할 수 있습니다. 책의 여백에는 엄마를 위한 몇 가지 메모를 적어 두었어요. 딸과 이야기할 때 도움이 되도록, 여러분만의 메모를 추가할 수 있습니다.

9장 이성 친구에 대한 거짓말

할머니 댁에 갔다가 그 질문을 안 들은 적이 단 한 번도 없어! 이번 크리스마스에는 무사히 지나가나 싶었는데, 역시나 아니었지. 우리 식구들이 모두 코트를 입고 크리스마스 선물을 챙겨서 차에 타고 있었어. 동생은 이미 카시트에 앉아 있었지. 할머니께 안겨서 인사를 드리려는데, 그 순간 이렇게 말씀하시는 거야! "그래서, 남자 친구는 생겼니?" 나는 최대한 빨리 차에 올라탔고, 뒷좌석에 숨어 버렸어. 너무 창피해서 얼굴이 뜨거워졌어. 어휴! 할머니는 유치원 때부터 계속 물어보신다니까!

여러분도 이런 질문을 받은 적이 있나요? 가끔은 또래 친구들뿐만 아니라 어른들도 남자 친구가 있냐고 묻는 것을 재미있어하시는 것 같아요.

만약 여러분이 그런 질문을 재미없다고 느낀다면, 이 글이 여러분에게 도움이 될 거예요. 저도 그 질문이 재미없다고 생각하거든요. **이성 친구를 좋아하는 것은 가볍게 여길** 일이 아니에요. 왜냐하면 이성 친구를 좋아하게 되면 **그 친구와 특별한 관계를 맺고 싶어지고,** 그 관계가 깊어지면 데이트를 하게 돼요. 그리고 데이트는 결혼으로 이어질 수 있기 때문이에요. 대부분의 사람은 결혼을 아주 중요한 일로 생각해요. 저도 이성 친구와의 관계는 신중히 생각할 문제라고 생각하지요.

엄마를 위한 노트

마음껏 메모하세요! 이곳은 여러분만의 메모 공간입니다.

엄마를 위한 노트

점검할 질문

에베소서 5장 31-32절은 결혼이 그리스도와 그분의 신부인 교회의 모습을 보여 주는 그림이라고 가르칩니다. 그렇다면, 사탄은 딸의 삶에서 이 아름다운 그림을 얼마나 망가뜨리고 싶어 할까요?

진리 15에 대하여

자녀 양육에서 긍정적인 메시지는 부정적인 메시지보다 훨씬 더 강한 영향을 미칩니다. 이 거짓말에 대해 이야기할 때 딸에게 남자아이에게 관심을 가져도 괜찮은 시기에 대해 이야기하는 것이 좋습니다.

중학생 딸에게 남자 친구가 있다는 사실을 알고 속상해하는 엄마들과 여러 번 대화를 나눈 적이 있습니다. 저는 엄마들에게 언제부터 연애해도 괜찮은지 딸에게 알려 준 적이 있는지를 항상 물어봅니다. 때로 엄마들은 그런 대화를 나눌 중요한 시기를 놓쳤다는 것을 깨닫고 후회하기도 합니다.

남편과 저는 아이들이 초등학교 저학년일 때부터 우리 가족의 연애 기준에 대해 이야기했습니다. 왜냐하면 4-5학년

사실, 많은 친구가 이미 알고 있는 진리가 있어요. 우리가 대화를 나누었던 소녀 중 절반 이상이 이렇게 말했어요. "저는 좀 더 나이가 들고 나서 남자 친구를 사귈 거예요."

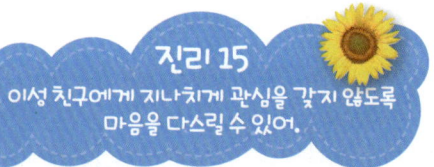

진리 15
이성 친구에게 지나치게 관심을 갖지 않도록 마음을 다스릴 수 있어.

이 말이 좀 어렵게 느껴질 수도 있어요. 많은 소녀가 아직 남자 친구를 사귀고 싶지 않다고 했지만, 이미 남자 친구가 있는 친구들도 있었거든요. 그래서 여러분도 이 진리가 부담스러울 수 있어요.

이성 친구에 대한 감정을 조절하기 어렵다고 느낄 수도 있고, 그런 감정이 자연스럽게 생긴다고 생각할 수도 있죠. 하지만 꼭 기억하세요! 강렬한 감정이 생길 때마다 하나님의 진리와 비교해 보고, 어떻게 반응해야 할지를 생각해 보아야 해요. 여러분이 '이성 친구에 대한 지나친 관심'에서 벗어날 수 있게 도와줄 진리 한 조각이 있어요!

 진리 한 조각

"내 사랑이 원하기 전에는 흔들지 말고 깨우지 말지니라"(아가서 2:7, 개역개정).

이 구절은 성경에서 결혼과 사랑을 축하하는 아가서에 나옵니다. 아가서는 결혼과 사랑이 좋은 것이라고 말하면서도, 그 사랑을 언제 어떻게 경험해야 하는지에 대해 중요한 조언을 해 주어요.

하나님은 결혼과 사랑을 만드셨어요. 하나님은 우리가 감정에 치우쳐 좋은 선택을 하지 못할 수 있고, 감정만으로는 관계를 유지하기 어렵다는 것을 아세요. 그

래서 이 구절은 너무 일찍 연애를 시작하지 말라고 경고해요. 왜냐하면 서로에게 헌신하는 마음이 있어야 관계가 잘 유지되는데, 헌신하는 마음보다 관계가 더 빨리 깊어질 수 있기 때문이지요.

여러분은 누군가와 평생을 함께할 준비가 되었나요? 아직 준비되지 않았다면, 여러분은 위의 성경 구절을 꼭 기억해야 해요. 이성 친구에게 너무 일찍 관심을 갖고 로맨틱한 사랑에 빠지기에는 아직 적절한 때가 아닙니다.

남자 친구를 사귀는 것이 당연한 세상에서 그러지 않는 것이 불가능하게 느껴지나요? 하나님이 이 말씀을 성경에 기록하신 이유는 그것이 **불가능하지 않기** 때문이에요! 그러니까 여러분도 이성 친구에 대한 지나친 관심을 멈추고 "지금은 아니야"라고 말할 수 있어요. 물론 하나님과 주변 사람들의 도움이 필요할 수 있겠지만, 충분히 그렇게 할 수 있어요.

그런데도 어떤 소녀들은 이런 거짓말에 속고 있어요.

→ *거짓말: "이성 친구에게 푹 빠져도 괜찮아."* ←

21퍼센트의 소녀가 이성 친구에게 깊이 빠져도 괜찮다고 말했어요.

친구들은 이성에게 푹 빠지는 것이 '정상'이라고 말했죠. 하지만 다시 한번 강조하자면, '정상'이라는 기준은 별로 중요하지 않아요!

여러분의 친구 중에는 옷이나 화장품에 푹 빠진 친구도 있을 거예요. 하지만 성경 어디에도 여자들이 멋지게 꾸며야 한다는 말씀은 없어요. 오히려 그런 것에 너무 신경 쓰지 말라고 말씀해요.

또 어떤 친구들은 가끔씩 친구였다가 적이 되는 '변덕스러운 관계'가 '정상'이라고 생각할 수도 있고, 친구에게 '상처 주는' 행동이 '정상'이라고 말할 수도 있어요.

엄마를 위한 노트

무렵부터 유치해 보일지라도 아이들 사이에 실제로 '연애'가 시작되는 것을 보았기 때문입니다. 우리는 이런 문화에 대비하고 싶었습니다.

남자아이와 여자아이가 서로에게 끌린다는 사실은 부인할 수 없습니다. 딸이 남자아이들과 친구로 어울리는 법을 배우며 자신의 감정에 반응하도록 격려해 주세요. 결국, 결혼 생활의 많은 부분은 우정에 기반을 두고 있습니다. 이런 경험은 딸의 미래를 위한 훌륭한 밑거름이 되고, 생각 없이 남자아이에게 집착하는 무리와 어울리지 않도록 도와줄 것입니다.

진리 15를 위한 대화 팁
딸이나 딸의 친구들이 남자아이에게 지나치게 관심을 보인다면, 이 대화가 예상치 못한 방향으로 흐를 수도 있습니다. 기도로 준비하고 용기 있게 대화를 시작하세요.

하지만 설문에 응답한 초등학교 여자 어린이 중 53퍼센트가 '남자아이에 대해 별로 생각하지 않는다'고 답했습니다. 딸도 그렇다면, 정말 좋은 소식이네요!

엄마를 위한 노트

이 대화는 짧게 끝날 수도 있지만, '정상(normal)이라는 건 과대평가된 거야'라는 더 넓은 주제로 자연스럽게 연결할 수도 있습니다.

제가 이 개념을 자주 언급한다는 것을 눈치채셨을 거예요. 하지만 '정상'이 진리를 판단하는 기준이 될 수는 없습니다. 오직 하나님 말씀을 기준으로 삼아야 합니다. 딸과 이 대화를 시작하기 전에, 아이가 단순히 "그게 정상이잖아요"라는 이유로 어떤 행동이나 활동이 괜찮다고 생각하는 부분이 있는지 살펴보세요. 그 부분을 메모해 두고, 딸에게 가장 필요한 부분에 초점을 맞추어 대화를 진행하세요.

진리 16에 대하여

여러분과 딸이 이 대화를 통해 이성 친구와 성에 대해 이야기하는 것을 더는 꺼리지 않게 되기를 진심으로 바랍니다. 왜냐하면 딸도 여러분도 언제나 지혜로운 조언이 필요하기 때문입니다.

여러분도 남자와 성에 대해 조언이 필요한가요? 혹시 혼자 아이를 키우고 있다면, 자신의 감정을 지혜롭고 절제된 방

하지만 성경 어디에도 그런 행동이 괜찮다는 말씀은 없어요. 그 대신 성경은 이렇게 말씀해요. **"서로 친절히 대하며"**(에베소서 4:32).

초등학교 고학년 여자아이들이 이성 친구에게 관심을 갖는 것이 '정상'일 수는 있지만, 하나님이 원하시는 가장 좋은 것은 아니에요. 성경은 여러분이 충분히 기다릴 수 있다고 말씀해요. 그래서 저도 여러분이 충분히 기다릴 수 있다고 믿어요.

그렇다면 여러분은 무엇에 열정을 품어야 할까요? 바로 하나님이에요! 하나님께 열정을 품은 사람은 쉽게 알아볼 수 있어요. 그 사람은 하나님의 말씀에 따라 모든 행동을 결정하고, 하나님께 순종하기 때문이에요. 저와 함께 그리고 하나님 안에서 사랑을 기다릴 줄 아는 친구들과 함께 하나님을 따라가는 여행을 떠나지 않을래요?

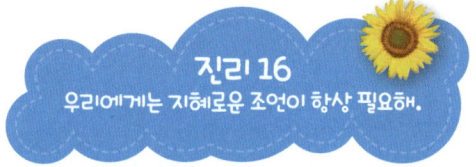

진리 16
우리에게는 지혜로운 조언이 항상 필요해.

이성 친구에게 너무 빠지지 않으려면 엄마와 대화를 나누어야 해요. 이성 친구에게 이미 너무 빠져 있다면 엄마가 그 상황에서 벗어나도록 도와주실 거예요. 하나님은 여러분에게 엄마를 지혜로운 인도자로 주셨어요. 성경에서도 부모님이 이성 친구를 포함한 모든 문제에서, 자녀에게 가장 중요한 지혜의 근원이 되어야 한다고 말씀해요. 그런데 문제가 하나 있어요.

80퍼센트의 소녀가 엄마와 이성 친구에 대해 이야기하지 않는다는 거예요. 그런 대화가 너무 어색하기 때문이라고 많은 소녀가 말하죠.

그런 친구들은 이 거짓말에 속고 있는 거예요.

→ **거짓말: "이성 친구에 관해 엄마랑 이야기할 필요 없어."** ←

이 거짓말을 믿는 소녀들은 이렇게 말했어요.

🍎 엄마랑 그런 이야기를 나누는 것이 불편해요.
🍎 이건 제 비밀이거든요. 개인적인 문제예요!

그런 이야기를 나누는 것이 좀 '어색하게' 느껴질 수 있어요. 엄마와 이야기하면 자유가 제한될 것처럼 생각할 수도 있어요. (기억하세요. 여러분에게는 그런 자유가 필요한 것이 아니에요. 67쪽을 참고해 보세요.) 또 엄마가 여러분의 이야기를 아빠나 다른 사람에게 전할까 봐 걱정할 수도 있어요. (그 걱정도 엄마에게 솔직하게 말씀드리세요. 그러면 엄마도 여러분의 마음을 이해하실 거예요.)

다시 한번 말하지만, 여러분은 감정에 적절히 반응하는 법을 성경에서 배워야 해요. 두려움을 이겨 내고 하나님이 원하시는 대로 **엄마와 이야기를 나누어 보세요.** 엄마와 이야기하는 것이 하나님의 뜻인지 어떻게 알 수 있냐구요? 그것은 우리에게 언제나 지혜로운 조언이 필요하다고 말하는 이 진리 때문이죠.

 진리 한 조각

"지혜로운 사람과 함께 다니면 지혜를 얻지만, 미련한 사람과 사귀면 해를 입는다"(잠언 13:20).

이 말씀은 여러분을 위한 거예요. 저도, 엄마도, 할머니도 모두 이 말씀을 따라야 해요. 성경에는 "12세, 18세, 21세까지만 지혜로운 사람과 함께 다니라"고 쓰여 있지 않아요. 언제나 그렇게 하라고 하죠. 우리가 아무리 나이가 들어도 이 말씀은 변하지 않아요.

"지혜로운 사람과 함께 다니는 것"은 삶의 모든 부분에서 그들의 조언을 구하고

엄마를 위한 노트

식으로 다룰 수 있도록 하나님을 경외하는 지혜로운 사람의 도움을 받는 것도 좋은 방법입니다.

혹은 결혼한 여성으로서 성적인 어려움을 겪고 있다면, 남편과 더욱 깊은 친밀감을 나누기 위해 전문적인 기독교 상담을 받는 것도 좋은 방법입니다.

신뢰할 만한 조언을 구하고, 함께 책임을 나눌 수 있는 관계를 맺는 것은, 딸에게도 같은 태도를 가르칠 수 있는 든든한 기반이 됩니다. 저 역시 제가 실천하지 않는 것을 딸들에게 가르치는 것이 어렵다는 것을 깨달았습니다.

진리 16을 위한 대화 팁

제 딸들이 초등학교 고학년이 되자 어떤 주제는 대화하기가 어렵게 느껴졌습니다. 그때 한 지혜로운 친구가 일기를 주고받으며 소통하는 방법을 추천해 주었습니다. 이 방법 덕분에 각자 자신의 말을 정리할 시간이 생겼고, 오해의 여지도 줄일 수 있었습니다.

이 장에서 제안한 활동을 하려면 스프링 노트가 필요합니다. 그리고 딸과 대화하면서 꾸밀 수 있도록 미술 도구도

엄마를 위한 노트

함께 준비하세요. 무언가를 손으로 만들거나 꾸미면서 이야기하면, 어색함을 줄이는 데 도움이 됩니다.

딸에게 먼저 일기를 쓸지, 아니면 엄마가 먼저 시작할지를 선택하게 하세요. 만약 엄마가 먼저 시작한다면, 딸의 엄마가 된 것이 얼마나 큰 축복이고 소중한 일인지 이야기해 주세요. 그리고 딸이 남자아이와 관계 맺는 법을 배우는 과정에서, 엄마를 신뢰하기를 바란다고 말해 주세요.

의지하라는 뜻이에요. 이성 친구에 대한 이야기도 포함해서요. 하나님은 결혼을 매우 중요하게 여기시기 때문에 이성 친구 문제도 매우 중요한 이야기 주제예요.

혹시 엄마도 딸과 이런 이야기를 나누는 것이 어색할 수 있다고 생각하면 마음이 좀 편해질까요? 저는 엄마와 딸이 이성 친구에 대해 자연스럽게 이야기할 수 있도록 오랫동안 돕고 있어요. (그만큼 중요한 주제라고 생각해요!) 제가 추천하는 방법 중 하나는 엄마와 딸이 함께 쓰는 일기장을 만드는 거예요. 이렇게 하면 조금 불편한 주제도 더 편하게 이야기할 수 있어요. (할머니나 이모, 혹은 교회에서 좋아하는 여자 어른과도 이렇게 할 수 있어요. 하나님이 중요한 이야기를 나누라고 주신 사람이라면 누구든 괜찮아요!) 이렇게 하는 거예요.

- ♥ 스프링 노트 한 권을 준비하세요.
- ♥ 노트에 '우리의 일기'라고 적고, 표지를 예쁘게 꾸며서 여러분만의 노트로 만들어 보세요!
- ♥ 엄마, 할머니, 이모 등에게 쓸 첫 번째 편지나 일기를 이렇게 시작해 보세요. "저는 『앗, 내가 이런 거짓말을 믿었다니!』를 읽고 언제나 지혜로운 조언이 필요하다는 것을 배웠어요. 이제부터 조언을 듣고 싶은데, 엄마(할머니, 이모)가 저의 조언자가 되어 주셨으면 해요. 제가 이야기하고 싶은 주제 중 하나는 이성 친구에 관한 거예요. 또 다른 주제로는 (여러분이 도움받고 싶은 주제를 적어 보세요)가 있어요. 이 일기장을 주고받으면 더 편하게 이야기할 수 있을 것 같아요." 그런 다음, 마음에서 우러나오는 내용을 덧붙여 보세요. 이성 친구에 대해 궁금한 점을 두 가지 적고, 마지막에 여러분의 이름을 쓰세요.
- ♥ 이 노트를 엄마나 할머니, 이모 등 지혜로운 조언자가 쉽게 찾을 수 있는 곳에 두세요.
- ♥ 유익한 조언이 가득 담긴 일기장이 침대나 책상 또는 어딘가에 나타날 때까지 기다려 보세요.

엄마를 위한 노트

이 방법은 대화를 시작하기 어려워하던 엄마와 딸에게 큰 도움이 되었어요. 한 번 시작하고 나면 생각보다 훨씬 편해질 거예요. 어떤 친구는 이렇게 말했어요.

"엄마와 이성 친구에 대해 이야기하는 것이 좀 어색했는데, 막상 말하고 나니까 마음이 편해졌어요."

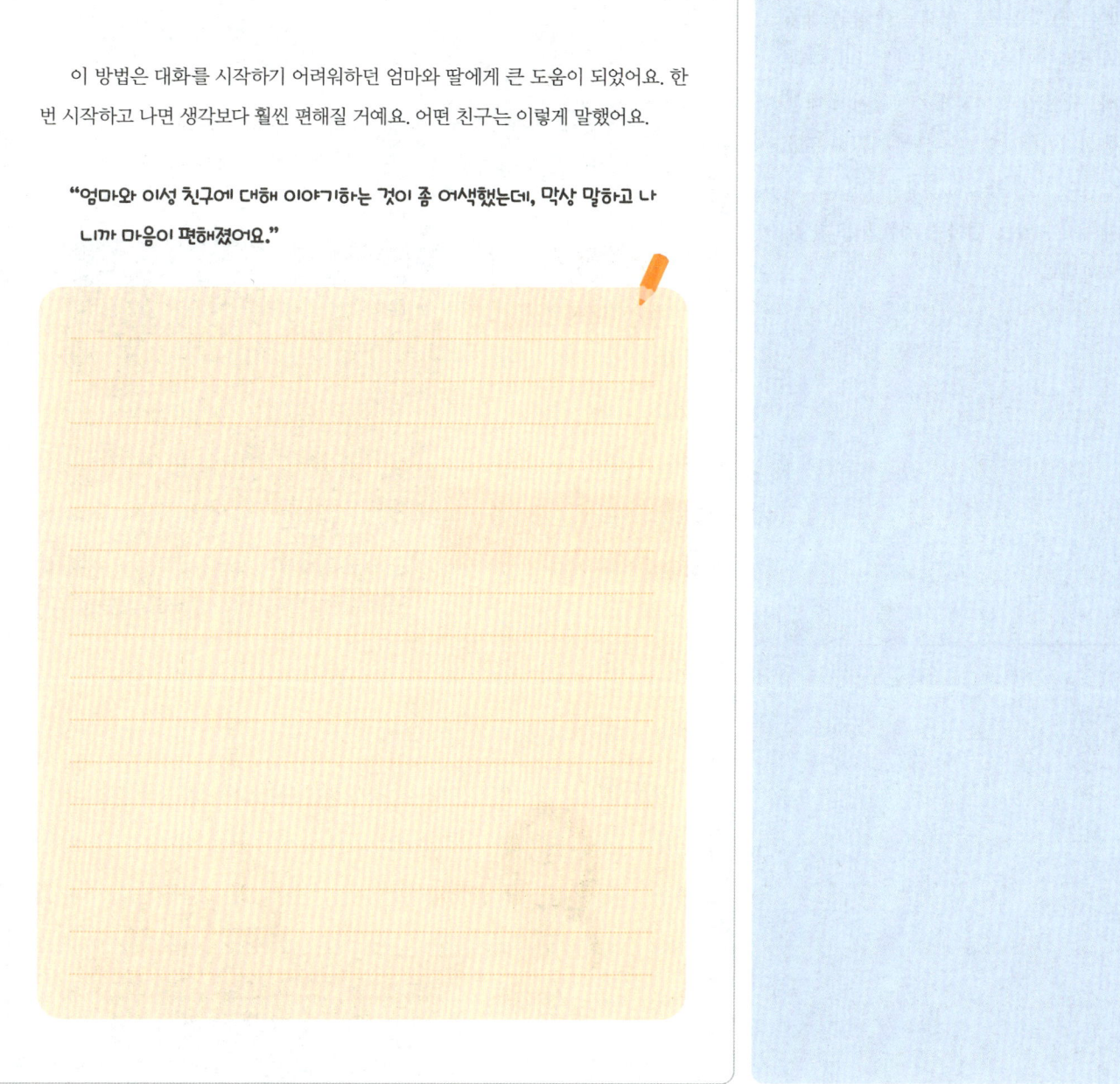

엄마를 위한 노트

딸의 '진리 실험실' 과제는 각 장의 내용과 상관없이 동일하게 진행됩니다. 따라서, 저는 딸과 어떻게 소통할지에 대한 아이디어를 4장 끝부분에 정리해 두었습니다. 다시 복습이 필요하다면 92-93페이지에 있는 '엄마를 위한 노트'를 참고하세요.

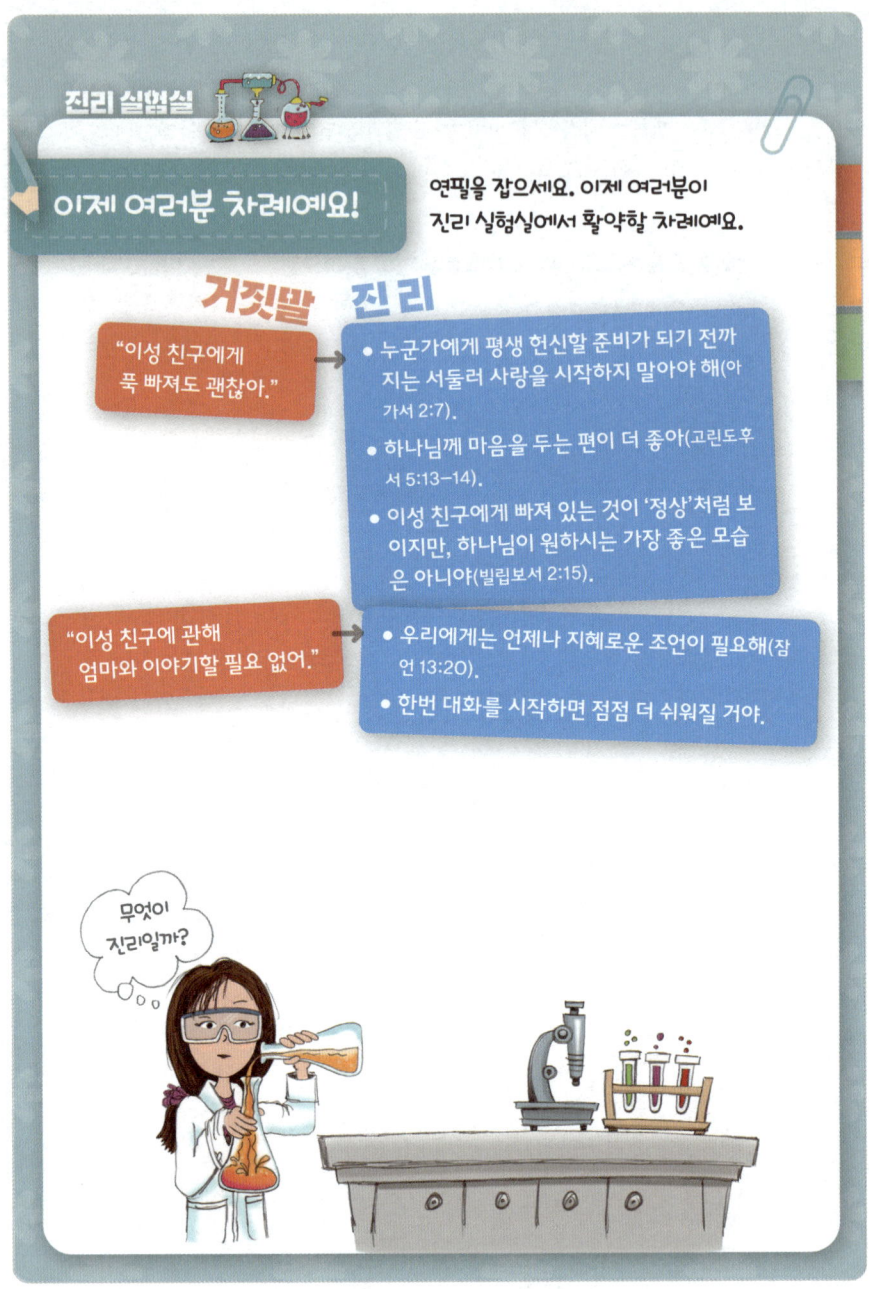

엄마를 위한 노트

나에게 진리를 선포해요

이제 여러분이 작가가 되어 보세요!

♥ 이성 친구에 대해 믿고 있는 거짓말이 있나요? 이 장에 나오는 거짓말 중, 여러분이 믿었던 **거짓말**에 ✗ 표시를 하세요.

♥ 우리가 **항상** 기억해야 할 **진리**는 무엇인가요? 우리가 함께 찾아낸 진리 중 마음에 와 닿는 것에 동그라미를 치세요.

♥ 이제, 그 진리를 **날마다** 생각하며 살도록 노력하세요. 아래에 하나님께 드리는 기도문이나 도움이 되는 성경 구절, 또는 기억하고 싶은 생각을 적으세요.

조이가 진리를 믿도록 도와주세요

이제 조이에게 조언해 줄 시간이에요!

다음번에 할머니가 조이에게 남자 친구가 있냐고 물으시면, 어떻게 대답하는 것이 좋을까요? (힌트: 지혜로운 조언을 구하는 것이 좋겠죠.) 할머니의 질문이 불편하다고 엄마에게 말씀드려야 할까요? 이 이야기를 엄마에게 어떻게 꺼내는 것이 좋을까요?

10장

우정에 대한 진리와 거짓말

딸에게 이 책에서 가장 중요한 주제가 무엇인지 물어본다면, 아마 '친구'라고 대답할 것입니다. 그렇다면, 우정에 대한 진리를 심어 줄 수 있는 가장 좋은 방법이 무엇인지 함께 고민해 보기로 해요.

간단히 말해서, 진리의 본보기를 주는 것입니다.

하지만 이것은 어른인 우리에게도 쉽지 않습니다. 인기 많은 아이에게 따돌림당하는 일이 중학교 때 끝날 거라고 생각하지만, 우리는 종종 성인 여성 사이에서도 그런 일이 벌어진다는 것을 알고 있습니다. '맘카페 전쟁'(Mommy wars)은 현재 진행형입니다. 어떤 엄마는 다른 엄마의 육아 방식을 뒷담화하고, 또 어떤 엄마는 소셜 미디어에 냉소적인 댓글을 남기기도 합니다. 모유 수유, 피임, 예방 접종, 의료적 결정, 교육 방식 같은 주제에 대한 엄마들의 의견 차이로 이웃, 교회, 친구 사이에 갈등이 생기기도 합니다.

여러분도 이런 여성을 한 번쯤 만난 적이 있을지도 모릅니다. 어쩌면 여러분이 그중 한 명일 수도 있습니다.

하지만 '못된 여자' 문화는 여기에서 끝나지 않습니다. 많은 사람이 가족 안에서도 이런 갈등을 경험합니다. 할머니와 엄마, 또는 자매 사이의 문제일 수도 있습니다. 처음에는 작은 오해나 사소한 소통의 문제였던 것이, 어느새 평생 풀리지 않는 갈등으로 커지기도 합니다. 이런 갈등은 서로 대화하지 않거나, 휴일을 따로 보내거나, 정작 힘든 일이 있을 때 외면하는 상황으로 이어질 수 있습니다. 여성이 자신의 내면에 있는 '못된 여자'를 그대로 드러내면, 그 영향력이 가족과 인간관계를 심각하게 무너뜨릴 수 있습니다.

성경에 나오는 대표적인 '못된 여자' 이야기인 사래와 하갈의 이야기를 살펴봅시다. 이 이야기는 창세기 16장에 나옵니다.

사래는 아이를 가질 수 없었습니다. 하지만 자녀를 갖는 것이 남편 아브람에게 매우 중요하다는 것을 알았기에, 그녀는 자신의 여종 하갈을 남편과 결혼하게 하고 그의 아이를 낳으라고 지시했습니다. (여기서 잠깐! 오늘날 우리가 성경의 가르침대로 한 남자가 한 아내와 사는 문화 속에 살고 있다는 사실이 얼마나 감사한지 모르겠네요. 사래와 아브람은 당시 사회에서 통용되는 방식을 따랐지만, 하나님의 계획은 이것이 아니었습니다.)

성경은 "하갈은 자기가 임신한 것을 알고서, 자기의 여주인을 깔보았다"(창 16:4)라고 기록합니다. 하갈은 아브람의 아이를 임신하면서 새로운 지위에 오르자, 사래를 하찮게 여기기 시작했습니다. 당연히 사래도 이에 반응해 하갈을 함부로 대하며 똑같이 무시했습니다.

그들의 아픔을 상상할 수 있나요? 우리에게는 이 두 여인만큼 복잡한 관계를 경험할 일이 없을지도 모릅니다. 그들은 같은 남자와 동침했고, 그로 인한 불안감과 쓸쓸함, 수치심이 겹겹이 쌓였을 것입니다. 이런 상황에서 오직 하나님만이 그들을 구하실 수 있었습니다. 그리고 하나님은 그들을 구해 주셨습니다. 성경에 그 이후의 이야기가 나옵니다. 하지만 지금은 이 두 '못된 여자'가 상황을 어떻게 더 악화시켰는지 먼저 살펴보겠습니다.

그들은 서로의 아픔을 헤아리기는커녕, 자기중심적 태도와 방어적 행동으로 상황을 더 악화시켰습니다. 그들의 갈등은 가족 전체를 파괴하는 심각한 문제로 번졌습니다. 결국, 하갈과 그녀의 아들 이스마엘은 그들이 살던 세상과 사람들에게서 단절되었습니다. 하나님은 그들에게 나타나셔서 위로하시고 필요한 것을 채워 주셨습니다. 그러나 사래는 그들에게 아무 도움도 주지 않았습니다.

저는 오늘날에도 벌어지는 가족 간의 단절을 보면서 가끔 이런 생각을 합니다. 사래와 하갈은 한때 나누었던 친밀한 관계를 그리워한 적이 있을까? 이삭은 형 이스마엘을 보고 싶어

했을까? 사래와 아브람의 관계는 예전처럼 유지될 수 있었을까? 아니면 아브람은 사래의 씁쓸한 감정에 영향을 받았을까? 이 갈등의 여파는 단순히 사래와 하갈만이 아니라, 가족 모두에게 깊은 영향을 미쳤습니다.

우리가 다른 사람을 대하는 방식은 주변 모든 사람, 특히 자녀에게 큰 영향을 미칩니다. 아이들이 우리에게서 '못된 여자'의 모습을 본다면, 그대로 따라 하려 할 것입니다. 하지만 다른 사람을 사랑하는 우리의 모습을 본다면, 그들도 자연스럽게 그렇게 할 것입니다. 그러니 진리에 기반한 본보기를 보여 줍시다. 하나님의 말씀은 이렇게 명령합니다.

👑 진리 한 조각

> "무슨 일을 하든지, 경쟁심이나 허영으로 하지 말고, 겸손한 마음으로 하고, 자기보다 서로 남을 낫게 여기십시오. 또한 여러분은 자기 일만 돌보지 말고, 서로 다른 사람들의 일도 돌보아 주십시오"(빌 2:3-4).

다른 사람을 우리 자신보다 더 소중히 여기면, 자연스럽게 자기중심적인 태도를 내려놓을 수 있습니다. 특히 상대방의 행동이 이해되지 않을 때, 이런 태도가 도움이 됩니다. 엄마가 이런 모습을 보여 주면, 딸도 더 건강한 우정을 맺을 확률이 높아집니다.

또 한 가지, 딸에게 본보기가 되어야 할 부분은 '우정'을 올바른 관점으로 이해하는 것입니다. 어떤 주제를 이야기하든, 엄마들로 이루어진 포커스 그룹의 대화는 결국 '못된 여자', '애증 관계', '절친', '왕따' 같은 주제로 흘렀습니다. 이는 초등학교 시기의 친구 관계가 얼마나 복잡한지를 보여 주는 반증이기도 합니다. 하지만 일부 엄마는 친구 관계에 지나치게 집착하고 있다는 느낌을 받기도 했습니다. 특히 교회에 대해 이야기할 때 이런 경향이 더욱 두드러졌습니다. 엄마들은 이런 말을 자주 했습니다.

🍎 "교회는 우리 딸이 친구를 사귀러 가는 곳이에요."

🍎 "저희 부부는 교회를 선택할 때 딸이 좋은 친구를 사귈 수 있는지를 가장 중요하게 생각해요."

🍎 "교회에서 가장 중요한 것은 좋은 친구를 만나는 거예요. 좋은 친구는 딸에게 긍정적인 영향을 줄 테니까요."

딸이 좋은 친구들에게서 긍정적인 영향을 받는 것은 분명 좋은 일입니다. 그리고 우리 모두에게도 믿을 만한 친구가 필요합니다. 하지만 교회에서 친구 관계에 대해 이야기하기 시작하면 대화가 금세 감정적으로 흐르는 것이 불편했습니다. 많은 엄마가 딸의 친구 관계를 지혜롭게 관리하고 있었지만, 일부는 이 주제가 나오자 딸의 아픔을 마치 자신의 일인 것처럼 느끼며 함께 아파하는 듯 보였습니다. 저도 그런 감정을 경험한 적이 있습니다. 그래서 두 가지 조언을 드리고 싶습니다.

1. **성경적 우정의 모범을 직접 보여 주세요.** 이미 말씀드린 것 같지만, 이런 기본적인 진리는 반복할 가치가 있습니다. 우리는 반드시 성경적 우정의 본보기가 되어야 합니다. 저는 딸의 책에 진정한 우정의 여섯 가지 요소를 소개했습니다. 이 내용을 읽으면서, 여러분도 자신의 인간관계에서 이러한 성경적 원칙을 실천하고 있는지 돌아보세요. 이것은 딸이 건강한 우정을 쌓는 데 소중한 밑거름이 될 것입니다.

2. **딸이 친구 관계에서 겪는 어려움을 토로할 수 있는 기회를 만드세요.** 딸이 못된 여자 친구에게 상처받거나, 친구와 애증 관계에 있거나, 친구들에게 따돌림당할 때 엄마로서 그 모습을 지켜보는 것은 가슴 아픈 일입니다. 어쩌면 너무 아파서 이런 대화를 피하고 싶을 수도 있습니다. 저도 그 마음을 잘 압니다. 하지만 딸을 도울 수 있는 가장 좋은 방법은 딸이 자신의 고통을 엄마에게 솔직하게 털어놓을 기회를 만들어 주는 것입니다.

대부분 아이는 자기가 괴롭힘당할 때 어른에게 이야기하지 않습니다. 부모뿐만 아니라 상담 교사, 선생님, 운동 코치, 교회 사역자에게도 마찬가지입니다. 그래서 엄마는 딸이 못된 친구들에게 상처받고 있는지 작은 단서를 찾아내는 탐정이 되어야 합니다. 그리고 딸이 가해자일 수도 있다는 가능성도 인정할 수 있을 만큼 용감해야 합니다. 조슬린의 이야기가 바로 그런 경우였습니다.

조슬린의 엄마는 여러분에게 꼭 전해 달라고 했습니다. 용기를 내어 딸의 행동에서 단서를 찾고, 혹시 딸이 다른 아이에게 상처를 주고 있지는 않은지 살펴보라고 말입니다. 그녀는 딸이 괴롭힘당하고 있거나, 혹은 누군가를 괴롭히고 있지는 않은지 정기적으로 물어보라고 간절히 부탁했습니다. 만약 그 심각성을 더 일찍 알았다면, 조슬린이 돌이킬 수 없는 행동을 저지르기 전에 도울 수 있었을지도 모른다고 후회했습니다. 결국, 조슬린은 새로운 시작을 위해 전학을 가야 했습니다.

잠시 멈추어 서세요. 그리고 딸아이가 듣기에 곤혹스러운 질문이라도 꼭 물어보세요.

사례 연구

조슬린

조슬린은 그리스도인인 엄마의 집과 친아버지의 집을 오가며 생활합니다. 엄마는 절제된 행동을 강조하는 반면, 아버지는 분노를 표출하는 것이 건강하다고 가르쳤습니다. 엄마는 남편과 양육 철학이 다르다는 것을 알고 있었지만, 딸이 아버지의 가르침을 얼마나 깊이 받아들이고 있는지는 몰랐습니다.

어느 날, 학교에서 일이 벌어졌습니다. 그동안 조슬린을 괴롭혔던 여자아이가 운동장에서 또 놀리기 시작한 것입니다. 그 순간, 참을성이 한계에 다다른 조슬린은 분노를 폭발하며 폭력으로 대응했습니다. 조슬린은 자신을 괴롭히던 아이의 머리채를 잡아 운동장 이곳저곳으로 끌고 다녔습니다. 심지어 막대기로 때리려던 순간, 선생님이 달려와 말렸습니다.

조슬린의 엄마는 이렇게 말했습니다. "학교 운동장 CCTV 영상을 확인하다가 제 딸이 저지른 끔찍한 행동을 보니 소름이 돋았어요."

💬 하나님과 대화하기

빌립보서 2장 3-4절을 바탕으로, 여러분과 딸이 우정을 맺는 방식을 점검해 보세요. 이 말씀을 읽으며, 자신에게 이런 질문을 던져 보세요. '나는 이기적인가?' '다른 사람에게 잘 보이려고 애쓰는가, 아니면 겸손한 태도로 관계를 맺고 있는가?' '다른 사람을 더 배려하고, 나 자신에 대한 생각은 줄이고 있는가?' '주로 나의 필요만 챙기는가, 아니면 다른 사람의 필요에도 신경 쓰고 있는가?' 이 질문들에 솔직하게 답하는 시간을 가지세요. 그리고 하나님의 진리를 따라 친구 관계를 맺기 위해 바꾸어야 할 부분이 무엇인지 하나님께 여쭈어보세요. 아래 빈칸에 여러분의 기도를 적으세요.

"무슨 일을 하든지, 경쟁심이나 허영으로 하지 말고, 겸손한 마음으로 하고, 자기보다 서로 남을 낫게 여기십시오. 또한 여러분은 자기 일만 돌보지 말고, 서로 다른 사람들의 일도 돌보아 주십시오"(빌 2:3-4).

 딸과 대화하기

기도를 마쳤다면, 딸에게 『앗, 내가 이런 거짓말을 믿었다니!』 10장을 읽도록 권해 주세요. 그동안 여러분도 이 책에서 같은 내용을 살펴보며 대화를 준비할 수 있습니다. 책의 여백에는 엄마를 위한 몇 가지 메모를 적어 두었어요. 딸과 이야기할 때 도움이 되도록, 여러분만의 메모를 추가할 수 있습니다.

10장
우정에 대한 거짓말

> 수지 때문에 너무 화가 나! 수지가 자기는 "친구가 없다"고 했는데, 오늘 점심 시간에 "이제부터는 엘라네 애들이랑 앉을 거야!"라고 하는 거 있지! 그래서 나랑 비아만 따로 앉았어. 그런데 비아가 나한테 수지가 멀어졌다고 슬퍼하지 말고, 수지가 왜 그렇게 행동하는지 걱정해야 한다고 말하는 거야. 수지를 도울 방법을 생각해 보래.

조이는 오늘 친구 문제로 힘든 하루를 보내고 있어요. 여러분도 그런 적이 있나요? 놀랄 일은 아니죠. 거의 모든 소녀가 친구 문제로 힘든 날을 보낸 적이 있을 거예요.

성경에 나오는 이야기를 보면 친구 관계가 어렵다는 것은 확실해요! 욥의 인생이 엉망이 되었을 때, 가장 친한 세 친구가 오히려 욥을 더 힘들게 했어요.[1] 초대교회 시절의 그리스도인들도 서로 많이 다투다 보니 협동하지 못하고 각자 다른 사역과 교회를 시작했지요.[2] 심지어 예수님의 가장 가까운 제자였던 유다와 베드로도 예수님이 돌아가시기 전에 그분을 배신했어요![3]

여러분의 친구 관계가 완벽하지 않아도 괜찮아요! 세상에 완벽한 친구란 없으니까요. 하지만 하나님은 우리가 계속해서 배우기를 원하세요. 성경은 친구 관계가 어려울 수 있다고 말하면서, 어떻게 하면 잘 지낼 수 있는지를 가르쳐 주어요. 그중 하나가 바로 이거예요.

엄마를 위한 노트

엄마를 위한 노트

진리 17에 대하여

많은 여자 어린이가 "나한테는 친구가 하나도 없어"라고 느끼는 시기를 겪습니다. 이 느낌이 때로는 사실일 수도 있지만, 대부분은 다른 사람보다 자신에게 더 집중했기 때문에 사로잡히는 느낌입니다. 즉, '친구를 갖고 싶은 마음'이 '좋은 친구가 되려는 마음'보다 클 때 생기는 문제입니다. 이 부분을 함께 살펴보기로 해요.

이번 장에 나오는 로라와 루비의 이야기가 익숙할 수도 있습니다. 제가 책의 앞부분에서 사례 연구로 소개한 적이 있습니다. 이 이야기는 딸에게 '건강한 갈등 해결 방법'을 보여 주기에 적절하다고 생각되어, 딸의 책 10장에 요약해서 다시 담았습니다. 이 내용을 읽으며 딸이 친구 관계에서 겪는 어려움을 더 솔직하게 털어놓거나, 혹은 따돌림에 대한 이야기를 나누는 계기가 되기를 바랍니다.

설문 조사에 참여한 여자 어린이 중 48퍼센트가 따돌림당한 적이 있다고 답했습니다. 그중 약 9퍼센트는 그 사실을 누구에게도 이야기한 적이 없었습니다. 딸에게 캐묻지 말고 자연스럽게 대화할 수

진리 17
우리에게는 믿을 만한 친구가 필요해. 그런 친구를 찾는 가장 좋은 방법은 내가 먼저 믿을 수 있는 친구가 되는 거야.

앞 장에서 우리가 하나님을 닮도록 창조되었다는 것에 대해 이야기했어요. 즉, 우리는 하나님의 형상을 따라 창조되었다는 말이에요. 아버지 하나님과 아들 하나님 그리고 성령 하나님은 서로 소통하는 것을 좋아하세요. 여러분과 저도 그렇게 창조되었어요. 여러분이 깊고 의미 있는 우정을 원하는 그 마음이 바로 여러분이 하나님의 형상을 닮아 창조되었다는 또 하나의 증거예요. 우리는 친구 관계가 필요하고, 그런 우정을 나누며 살아가도록 창조되었어요.

그래서 여러분 같은 소녀들이 이런 거짓말을 믿을 때 정말 속상해요.

→ **거짓말: "나는 친구가 없어."** ←

여러분이 항상 함께 다니는 친한 친구가 없거나, 학년에서 가장 인기 있는 여학생이 아닐 수도 있어요. 어쩌면 새로 이사 와서 아직 친구를 못 사귀었을 수도 있죠. 오늘 친구 문제로 힘든 하루를 보냈을 수도 있어요. 하지만 **여러분에게 친구가 한 명도 없다는 것이 사실일까요?**

이 질문에 답하기 전에 먼저 다른 질문을 해 볼게요. **친구란 무엇일까요?** 친구는 우리가 함께 어울리는 사람이에요. 성경은 진정한 친구에 대해 많은 것을 알려 주어요. '변덕스러운 관계'(친구이지만 때로는 적이 되는 사람)와 진정한 친구의 차이점 여섯 가지를 소개할게요.

여러분에게 물어보고 싶어요. **이 책을 읽으면서 여러분은 자신에게 그런 친구가 있는지를 생각했나요, 아니면 여러분이 그런 친구인지를 고민했나요?**

엄마를 위한 노트

있도록 문을 열어 주세요. 다른 사람에게 상처받은 일이 있다면, 엄마와 솔직하게 이야기할 수 있도록 말이에요. 딸이 겪은 아픔을 알게 되면, 그 감정을 잘 해석하고 반응하도록 도울 수 있습니다. 로라의 엄마가 했던 것처럼 말이죠.

진리 17을 위한 대화 팁
이 대화의 목표는 '진짜 친구가 갖춰야 할 6가지 특징'을 활용하는 것입니다. 우리는 이 두 가지 목록으로 '변덕스러운 관계'와 '진정한 친구'의 차이점을 한눈에 비교할 수 있습니다. 이 목록은 딸에게 자신의 모습이 어느 쪽에 더 가까운지 고민하게 합니다. 자신의 솔직한 생각을 나눌 수 있는지 딸에게 물어보세요.
딸이 마음을 열도록 돕는 한 가지 방법은, 먼저 엄마가 마음을 여는 것입니다. '변덕스러운 관계'와 '진정한 친구'의 행동 패턴을 살펴보세요. 혹시 엄마인 여러분도 인간관계에서 더 성경적으로 접근해야 할 부분이 있지는 않나요? 만약 그렇다면, 마음에 어떤 찔림이 있었는지 그리고 앞으로 어떻게 바꾸어 나갈 것인지를 딸에게 이야기해 보세요. 그런 다

엄마를 위한 노트

음, 딸에게도 친구 관계에서 더 나아지고 싶은 부분이 있는지 물어보세요.

진리 18에 대하여

다음 통계를 보면, 인성이 바른 아이로 키우고 싶다는 생각이 들 것입니다. 주변 사람이 개입하면, 따돌림은 57퍼센트의 확률로 10초 안에 멈춘다고 합니다.[4] 하지만 우리 설문 조사에 참여한 초등학교 여자 어린이 중 11퍼센트는 누군가가 괴롭힘당하는 것을 보고도 아무런 도움을 주지 않았다고 답했습니다.

엄마인 우리는 자기 아이가 나쁜 아이들의 피해자가 되는 것을 상상하면 고통스럽습니다. 하지만 딸이 가해자라면, 더 크게 상처받을 것 같습니다. 우리 설문 조사에 참여한 여자 어린이 중 18퍼센트가 자신이 상처를 주는 쪽이거나 다른 아이를 괴롭힌 적이 있다고 인정했습니다. 짐작하건대, 아이들은 형제자매나 부모님과의 관계는 제외하고 답했을 가능성이 큽니다. 만약 가족까지 고려한다면, 이 비율은 훨씬 더 높을 것입니다.

항상 친절하게 말하는 것은 자연스러운 일이 아닙니다. 우리는 본능적으로 험담

우리는 대부분 자신에게 좋은 친구가 있는지를 걱정하고, 자신이 좋은 친구인지에 대해서는 생각하지 않아요. 저 역시 자주 떠올려야 하는 진리 조각을 하나 알려 줄게요!

👑 진리 한 조각

"친구를 많이 사귀려면 먼저 친절한 사람이 되어야 한다. 그러나 형제보다 더 가깝게 지내는 친구도 있다" (잠언 18:24, 영어 성경 뉴킹제임스).

성경은 "친절한 사람"에게 친구가 많다고 말해요. 즉, 진정한 친구의 자질이 '친절'이라는 거죠. 여러분은 좋은 친구인가요?

우정에 관한 멋진 이야기를 하나 소개해 줄게요. 로라와 루비는 어릴 때부터 엄마끼리 친해서 함께 자랐어요. 유치원 때부터 같이 놀았어요.

하지만 중학교 때 루비의 부모님은 이혼했고, 두 엄마도 자연스럽게 멀어졌어요. 로라는 루비가 보고 싶었지만, 루비는 다른 친구들을 괴롭히는 아이로 점점 변해갔어요.

로라는 엄마에게 조언을 구하고 함께 기도했어요. 다음 날, 로라는 루비에게 이렇게 말했어요. "네가 힘든 시간을 보내고 있는 거 알아. 내가 도와줄 수 있는 일이 있을까? 뭐든 도와줄게. 하지만 너도 나를 친절하게 대해 주면 좋겠어."

로라는...
- 친구에게 정직하고 착하게 행동했고
- 친구를 돕겠다고 제안했으며
- 친구의 잘못을 바로잡아 주었어요.

'진정한 친구'라고 할 수 있겠죠?

루비는 사과했고, 두 사람은 다시 좋은 친구가 되었어요.

"나는 친구가 없어"라고 생각하기보다는 주변을 둘러보며 하나님께 "누구에게 친구가 필요할까요?"라고 여쭈어보는 것은 어떨까요?

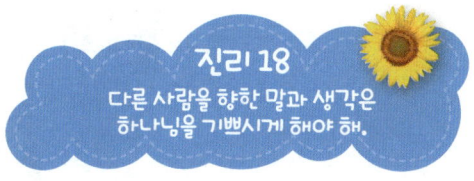

진리 18
다른 사람을 향한 말과 생각은
하나님을 기쁘시게 해야 해.

모든 소녀에게, 심지어 엄마들에게도 '변덕스러운 관계'가 있을 수 있어요. 때로는 다른 사람에게 '상처 주는' 행동을 '정상'이라고 생각하기도 하지요.

설문 조사 결과, 많은 소녀가 친구에게 '상처 주는' 행동을 한 적이 있어요.

 설문 조사에 참여한 소녀의 절반 정도가 따돌림당한 적이 있다고 답했어요. (다른 설문 조사에서는 그 비율이 더 높게 나올 수도 있어요.)

🍎 29퍼센트의 소녀가 다른 친구를 따돌린 적이 있고, 또한 따돌림당하는 친구를 보고도 아무런 행동을 하지 않았다고 답했어요.

너무 흔한 일이라 많은 소녀가 이 거짓말을 믿고 있어요.

→ 거짓말: "다른 사람에게 상처 주어도 괜찮아." ←

소녀들은 오래전부터 이 거짓말을 믿었어요. 성경에도 여성들이 서로에게 상처를 주는 이야기가 나와요. (나이가 들어도 이런 행동을 고치지 못하는 사람이 많아요!) 저는 이런 이야기들이 하나님을 정말 슬프시게 했을 거라고 생각해요. 그리고 그 여자들도 분명히 슬펐을 거예요. 왜냐하면 성경에 그들의 슬픔이 드러나 있기 때문이에요.

엄마를 위한 노트

하거나 비방하고, 상처 주는 말을 하기 쉽습니다. 요즘은 친한 친구 사이에서도 욕설을 장난처럼 주고받는 경우가 많습니다. 또한 거친 말이나 저속한 표현을 유머처럼 사용하는 것이 당연하게 여겨지기도 합니다. 하지만 세상에서는 당연할지 몰라도, 그런 말과 태도는 하나님이 기뻐하시지 않습니다.

성경은 우리가 하는 모든 말과 생각이 하나님을 기쁘시게 해야 한다고 말씀합니다. 그것은 높은 기준이지만, 우리 자신과 딸을 위해 반드시 따라야 할 기준입니다.

점검할 질문

다른 친구가 따돌림당하는 것을 보고도 아무런 행동도 하지 않는다면, 그것은 우리 마음의 상태에 대해 무엇을 말해 줄까요?

진리 18을 위한 대화 팁

이 대화에는 하나님의 큰 은혜가 필요합니다. 아낌없이 베풀어 주세요.

엄마는 종종 딸의 부정적인 태도, 거친 말, 혹은 분노의 대상이 되곤 합니다. 때

엄마를 위한 노트

로는 그 화살이 형제자매에게 향하기도 하지요. 이럴 때 조심하지 않으면, 우리는 딸의 행동을 통제하는 데만 집중하는 엄마가 되기 쉽습니다. 딸의 변화를 간절히 원하기 때문이지요.

딸이 거칠게 말하는 이유를 이해하려 하지 않고 통제하려고만 한다면, 진정한 변화를 이룰 수 없을 것입니다. 조급해하지 말고, 천천히 접근하세요. 딸이 왜 못되게 행동하는지 함께 이야기해 보고, 마음을 다스릴 수 있도록 도와주세요.

딸이 최근에 거친 말이나 불쾌한 언어를 사용했던 순간을 지적하거나, 그런 적이 있다는 사실 자체를 들추어내지 마세요. 그 대신, 질문을 통해 자연스럽게 마음을 열도록 도와주세요.

♥ "따돌림당한 적이 있니?"
♥ "다른 친구를 괴롭힌 적이 있니?"
♥ "혀를 길들이기 어렵다는 성경 말씀에 공감하니?"

딸이 자신의 행동이 잘못되었음을 인정한다면, 이미 큰 변화가 시작된 것입니다! 자신의 잘못을 고백하는 것은 매우

그런데 요즘은 상처를 주는 일이 더 심해진 것 같아요. 소녀들이 서로에게 인사할 때도 '상처 주는 언어'를 사용해요. 오랜만에 친구를 만나면 **"안녕, 못난이!"**라고 말하기도 해요.

안 돼요! 이제 그만해야 해요!

말에는 힘이 있어요. 하나님도 **말씀**으로 세상을 창조하셨어요! 그리고 우리도 하나님의 형상을 닮아 창조되었기 때문에, 우리의 말에도 힘이 있어요. 물론 하나님의 말씀만큼 강력하지는 않지만, 큰 영향을 미칠 수 있지요.

저는 산이나 별을 만들지는 못하지만, 저의 말로 우정, 용기, 희망 그리고 믿음은 '만들' 수 있어요. 반대로, 말로 분노, 두려움, 슬픔을 '만들' 수도 있죠. 무슨 뜻인지 이해되나요? 여러분도 말로 다른 사람의 감정을 다치게 한 적이 있나요?

야고보서 3장은 혀를 다스리는 것에 대해 말해요. 야고보서 3장은 야생 동물, 새, 파충류, 바다 생물은 길들일 수 있지만, **혀를 길들일 수 있는 사람은 아무도 없다고 말해요.**

성경은 우리가 혀로 하나님을 찬양하면서도 때때로 다른 사람들을 저주할 때가 있다고 말씀해요. 그러나 그렇게 해서는 안 된다고 경고하세요.

우리 힘으로는 혀를 완전히 다스리기 어렵지만, 하나님은 하실 수 있어요. 하나님은 우리를 도와주시려고 성경에 많은 가르침을 주셨어요. 제가 좋아하는 진리 조각 중 하나를 소개할게요. 이 말씀으로 하나님께 기도드려도 좋아요.

진리 한 조각

"나의 반석이시요 구원자이신 주님, 내 입의 말과 내 마음의 생각이 언제나 주님의 마음에 들기를 바랍니다"(시편 19:14).

여러분이 스스로를 그리스도인이라고 생각한다면, 하나님을 찬양하는 그 입술로 다른 사람들에게도 좋은 말을 해야 해요. 하나님은 여러분이 사람들에게 하는 모든 말을 들으시고, 어떤 생각을 하는지도 다 아세요.

이제 더 이상 '상처 주는' 친구가 되지 말아야 해요. 만약 여러분이 친구나 형제자매에게 못되게 굴었다면, 지금이야말로 자신의 잘못을 솔직하게 털어놓을 좋은 기회예요. (98쪽을 참고하세요.) 여러분이 다른 사람에게 '상처 주었던 순간들'을 고백하고 용서를 구하세요. 그리고 엄마에게도 이야기하세요. 앞으로 더 친절하고 좋은 말을 할 수 있도록 엄마의 도움을 받으세요.

또 하나 중요한 이야기가 있어요. 만약 누군가가 여러분에게 못된 말이나 행동으로 상처를 준다면, 혼자서 속상해하지 마세요. 아무에게도 말할 필요가 없다는 거짓말에 속지 마세요. **누구나 한 번쯤은 다른 사람의 못된 말과 행동으로 상처받은 적이 있거든요.** 한 가지 부탁해도 될까요? 지금 바로, 여러분이 마지막으로 다른 사람에게 상처받았던 순간을 부모님께 이야기해 보세요. 마음이 훨씬 가벼워질 거예요! (생각만 해도 제 마음이 편해지는 것 같네요.)

 엄마나 아빠에게 하고 싶은 말을 글이나 그림으로 표현해 보세요.

엄마를 위한 노트

중요한 첫걸음입니다. 이 점을 기억하며 딸이 새로운 습관을 만들 수 있도록 따뜻하게 반응해 주세요.

딸이 자신의 행동을 인정하지 않고 계속해서 같은 모습을 보인다면, 기도하는 마음으로 부드럽게 대면할 준비를 하세요. 직접 지적하기보다는, 다음과 같은 질문으로 자연스럽게 대화의 문을 여는 것이 좋습니다.

- ♥ "못되게 굴어도 괜찮을 때가 있을까?"
- ♥ "만약 누군가가 너에게 못되게 굴면 어떨 것 같아?"
- ♥ "다른 친구가 먼저 시작했기 때문에 너도 못되게 행동한 적이 있니?"

딸은 이런 행동(혹은 다른 잘못된 습관)을 스스로 인식하지 못할 수도 있습니다. 그 문제를 스스로 깨닫게 하는 과정이 다소 힘들 수 있지만, 잘못된 행동을 평생 반복하거나 관계가 깨지는 것을 막아 줄 수 있습니다. 성경은 우리에게 친구의 책망은 아파도 진심에서 나오는 것이라고 말씀합니다(잠 27:6).

엄마를 위한 노트

딸의 '진리 실험실' 과제는 각 장의 내용과 상관없이 동일하게 진행됩니다. 따라서, 저는 딸과 어떻게 소통할지에 대한 아이디어를 4장 끝부분에 정리해 두었습니다. 다시 복습이 필요하다면 92-93페이지에 있는 '엄마를 위한 노트'를 참고하세요.

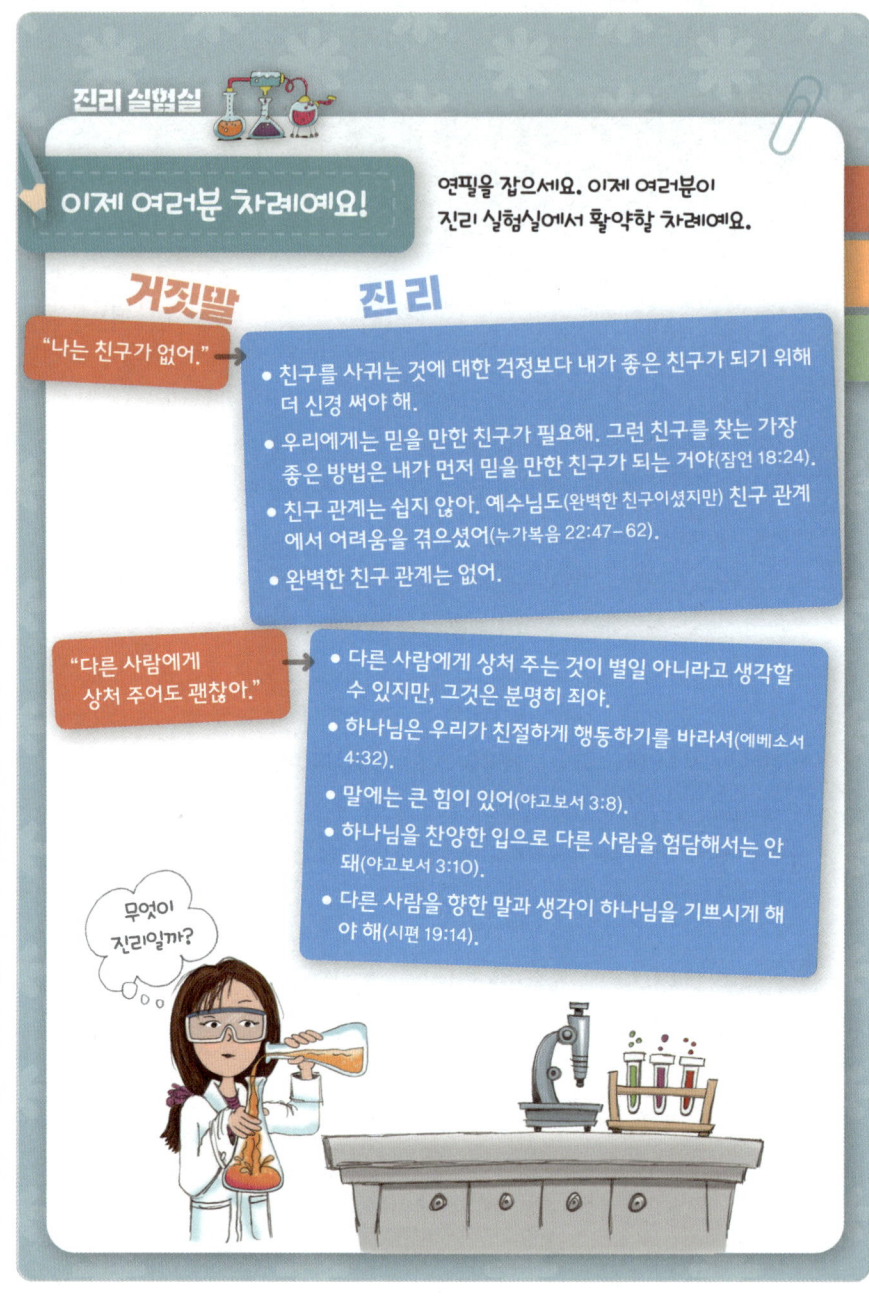

나에게 진리를 선포해요

이제 여러분이 작가가 되어 보세요!

♥ 우정에 대해 믿고 있는 거짓말이 있나요? 이 장에 나오는 거짓말 중, 여러분이 믿었던 **거짓말**에 ✗ 표시를 하세요.

♥ 우리가 **항상** 기억해야 할 **진리**는 무엇인가요? 우리가 함께 찾아낸 진리 중 마음에 와 닿는 것에 동그라미를 치세요.

♥ 이제, 그 진리를 **날마다** 생각하며 살도록 노력하세요. 아래에 하나님께 드리는 기도문이나 도움이 되는 성경 구절, 또는 기억하고 싶은 생각을 적으세요.

조이가 진리를 믿도록 도와주세요

이제 조이에게 조언해 줄 시간이에요!

조이는 결정해야 해요. 비아의 조언을 받아들여 수지를 도와야 할까요? 여러분이라면 조이에게 어떻게 하라고 말하고 싶은가요?

엄마를 위한 노트

11장

미래에 대한 진리와 거짓말

사탄이 에덴동산에서 하와를 유혹한 이후, 그는 끊임없이 여성과 하나님이 주신 여성의 역할을 공격해 왔습니다. 서구 사회에서 벌어진 페미니즘 운동도 이러한 공격의 일부였습니다. 오해하지 마세요. 저는 여성이 재산을 소유하고, 투표권을 행사하며, 남성과 동등한 수준의 소득을 얻을 수 있게 된 것에 감사드립니다. 아마 여러분도 그럴 것입니다. 이것은 분명 좋은 변화입니다. 하지만 오늘날 여성들이 남성과 같은 능력을 갖추고, 거의 모든 기회를 누릴 수 있게 되었는데도, 우리는 평등을 추구하는 과정에서 중요한 무언가를 잃어버린 것은 아닌가 싶습니다.

오늘날 우리 문화에서는 여성이 아내와 엄마의 역할을 하나의 직업으로 삼는 선택을 긍정적으로 바라보는 시선이 거의 없습니다. 그렇다고 해서 결혼과 육아가 여성이 추구해야 할 가장 중요한 삶의 목표라는 뜻은 아닙니다. 어떤 직업을 선택하든, 그 안에서 그리스도를 알고 섬기는 것이야말로 가장 가치 있는 일이니까요. 하지만 언제부터인가, 우리는 아내와 엄마의 역할을 기쁘게 받아들일 자유를 잃어버린 것 같습니다. 교육을 받고 직업적으로 성취하는 것이 가정을 이루는 것보다 더 중요하다는 인식이 점점 더 강해지고, 사회 전반에 널리 퍼지고 있습니다.

3장에서 이야기했듯이, 포커스 그룹에 참여한 엄마 중 약 33퍼센트는 딸들이 가정보다 직업적 목표에 더 집중하는 것을 우려했습니다. (이 아이들이 8세에서 13세 사이라는 것을 기억하세요. 벌써부터 대학 진학을 고민하고 있다는 사실이 놀랍지 않나요?) 이 엄마들이 딸이 대학에 가거나 직업을 갖기를 바라지 않는 것은 아닙니다. 다만, 딸들이 전 과목 만점을 받는 것에 집착하거나, 너무 이른 나이에 대학과 직업에 대해 고민하는 모습을 보며 당황했습니다. 반면, 결혼이나 엄마가 되는 가능성에 대해 이야기할 때는 별다른 관심을 보이지 않는 점도 걱정스러워했습니다.

저는 대학 학위를 취득한 것에 감사합니다. 그리고 저와 남편은 딸들에게도 교육을 적극적으로 권장해 왔습니다. 제 딸 중 한 아이는 이 책을 집필하는 현재, 이학 학사 학위를 받았고, 대학원 진학을 고민하고 있습니다. 또 다른 딸은 성경을 깊이 연구하는 귀납적 방법을 배우는 성경 교육 프로그램을 수료했고, 그 덕분에 지금까지 성경을 다섯 번이나 통독할 수 있었습니다! 또 두 딸이 성인이 되어 각자의 길을 찾아 사회생활을 시작하는 모습을 지켜보는 것도 큰 기쁨이었습니다.

하지만 여자아이들과 젊은 여성들이 가정을 꾸리는 일에도 기쁨을 느낄 수는 없는 걸까요? 그것도 충분히 중요한 일이 아닐까요?

디모데후서의 다음 구절을 읽어 보세요. 특히 제가 강조하려고 밑줄 친 부분에 주목하며 읽어 보세요. 이제, 이 구절에 담긴 강력한 진리를 여러분과 나누려 합니다. 저는 이 비밀을 깨닫고 나서, 딸들에게 결혼과 가정의 소중함을 심어 주는 방식이 완전히 달라졌습니다.

👑 진리 한 조각

"말세에 어려운 때가 있으리라는 것을 잊지 마시오. 그 때에는 사람들이 자기를 사랑하고 돈을 사랑하며 뽐내고 교만하고 하나님을 모독하고 부모에게 순종하지 않을 것입니다. 그들은 감사할 줄도 모르고 거룩하지도 않으며 사랑이 없고 용서하지 않고 남을 헐뜯고 자제하지 못하며 사납고 선한 것을 싫어하고 배반하고 조급하며 거만하고 하나님보다 쾌락을 더 사랑하고 겉으로는 신앙심이 있는 듯이 보이지만 그 능력은 거부할 것입니다. 그대는 이런 사람들과 같이 되지 마시오"(딤후 3:1-5, 현대인의 성경).

바울은 디모데에게 세상의 마지막 때가 되면 어려운 일들이 닥칠 것이니 조심하라고 권면했습니다. 그는 여러 가지 부정적인 태도와 행동을 언급했는데, 그중 하나가 사람들이 "사랑이 없다"(3절)는 점이었습니다. 어떤 번역에서는 이를 "무정하다"[1]라고 표현하기도 합니다. 그리스어 원어로 사용된 '아스토르고스'(astorgos)[2]라는 단어는 가족 간의 사랑을 의미하는데, 여기서는 가족을 향한 사랑이 사라지는 것을 뜻합니다. 즉, 마지막 때가 되면 사람들은 가족을 향한 사랑을, 더 나아가 가족이라는 개념 자체를 잃어버리고, 결혼하거나 자녀 갖기를 원하지 않을 것이라는 의미입니다.

이 말씀을 분명히 깨닫고 나니, 결혼과 출산에 대한 문화적 반감에 맞서야겠다는 결심을 품게 되었습니다. 그래서 저는 결혼이 그리스도와 교회의 아름다운 관계라는 진리를 심으려고 최선을 다했습니다. 그 그림을 세상에 보여 주는 것은 대단히 가치 있는 목표니까요.

그렇다면, 엄마의 삶은 어떠냐고요? 지금까지 제가 했던 일 중 단연 최고입니다! 사실 저는 꽤 멋진 일들을 해 왔습니다. 잠비아에서 HIV/AIDS 예방과 치료를 위해 최전선에서 활동했고, TED 강연을 했으며 그리고 지금 이렇게 여러분을 위한 책을 쓰고 있죠. 하지만 그 어떤 경험도 아이를 낳아서 품에 안고, 첫걸음마를 떼는 모습을 지켜보며, 숙제를 도와주고, 새로운 것을 배우는 과정에 함께하며, 마침내 세 딸이 멋진 여성으로 성장해 세상으로 나아가는 모습을 바라보는 기쁨과는 비교할 수 없습니다.

아직 초등학생밖에 안 된 딸에게 결혼이나 엄마가 되는 것에 대해 이야기하는 것이 너무 이른 것 같나요? 그렇다면 2장을 다시 한번 읽어 보세요. 딸의 마음에 성경의 진리를 심어 주기에 너무 이른 때는 없습니다.

우리 사회가 가족을 부정적으로 생각한다는 한 가지 신호는 결혼 연령이 점점 높아진다는 것입니다. 1960년만 해도 여성의 평균 초혼 연령은 20세, 남성은 22세였습니다. 하지만 오늘날 여성은 27세, 남성은 29세로 높아졌습니다.³ 이러한 변화에 영향을 준 두 요인은 결혼보다 교육과 직업적 경력을 우선시하는 경향과 성관계를 결혼식 때까지 지켜야 한다는 인식이 약해진 것입니다.

성경은 "두 사람이 한 사람보다 낫다"(전 4:9, 개역개정)라고 말씀하며, "결혼을 귀히 여기"(히 13:4, 개역개정)라고 가르칩니다. 또한 "자식은 주님께서 주신 선물이요…상급이다"(시 127:3)라고 말씀합니다. 하지만 성경 어디에도 대학원 학위를 꼭 따야 한다거나, 큰 집을 살 수 있을 만큼 돈을 많이 벌어야 한다거나, 근사한 직함을 얻어야 한다는 가르침은 없습니다.

분명히 말씀드리면, 결혼과 육아만이 딸의 미래에 기대할 수 있는 유일하게 소중한 역할은 아닙니다. 성경은 우리가 부지런히 일하면서 하나님을 기쁘시게 해야 한다고 가르칩니다(딤후 2:15). 딸이 의사, 변호사, 교사, 수학자가 될 수도 있고, 그 외에도 하나님과 이웃을 섬길 수 있는 길은 무궁무진합니다. 하지만 그렇다고 해서, 딸이 언젠가 아내와 엄마가 되는 것에 대한 기대를 품지 말라는 것은 아닙니다. 만약 하나님이 딸의 삶에 그런 계획을 세우셨다면, 그 또한 충분히 가치 있는 일입니다. 물론, 하나님이 딸아이를 단기간 혹은 평생 독신으로 부르실 수도 있습니다. 그렇다고 해도, 결혼과 가정을 소중히 여기는 마음을 심어 주는 것은 의미 있는 일이죠.

딸이 아름다운 미래를 준비하도록, 세상의 가치관이 아니라 하나님 말씀을 기준으로 삼을 수 있게 도와주어야 합니다.

 하나님과 대화하기

방금 배운 디모데후서 3장 1-5절을 바탕으로, 딸의 마음에 가족에 대한 사랑을 심어 달라고 하나님께 기도하세요. 다음 빈칸에 기도문을 적어 보세요.

"말세에 어려운 때가 있으리라는 것을 잊지 마시오. 그 때에는 사람들이 자기를 사랑하고 돈을 사랑하며 뽐내고 교만하고 하나님을 모독하고 부모에게 순종하지 않을 것입니다. 그들은 감사할 줄도 모르고 거룩하지도 않으며 사랑이 없고 용서하지 않고 남을 헐뜯고 자제하지 못하며 사납고 선한 것을 싫어하고 배반하고 조급하며 거만하고 하나님보다 쾌락을 더 사랑하고 겉으로는 신앙심이 있는 듯이 보이지만 그 능력은 거부할 것입니다. 그대는 이런 사람들과 같이 되지 마시오"(딤후 3:1-5, 현대인의 성경).

 딸과 대화하기

기도를 마쳤다면, 딸에게 『앗, 내가 이런 거짓말을 믿었다니!』 11장을 읽도록 권해 주세요. 그동안 여러분도 이 책에서 같은 내용을 살펴보며 대화를 준비할 수 있습니다. 책의 여백에는 엄마를 위한 몇 가지 메모를 적어 두었어요. 딸과 이야기할 때 도움이 되도록, 여러분만의 메모를 추가할 수 있습니다.

11장 미래에 대한 거짓말

오늘 엘라가 나중에 하버드 대학교에 진학해서 언젠가 중요한 과학 연구소를 세우고 싶다고 말했어! 많은 아이가 비웃었지만, 나는 정말로 그럴 수 있다는 생각이 들었어. 엘라는 우리 반에서 제일 똑똑하거든. 그런데 그때 칼리가 아이들을 더 크게 웃게 했어. 칼리는 현모양처가 되고 싶다고 했거든. 그러자 어떤 아이가 "그게 다야? 더 큰 꿈을 가져야지!"라고 말했어. 그런데 그 말을 듣는 내 마음이 좀 슬퍼졌어. 왜 그런지는 잘 모르겠어.

진리 19
아내와 엄마가 되는 것은 중요하고 멋진 일이야.

"커서 어떤 사람이 되고 싶니?"

유치원 때부터 자주 들어 본 질문일 거예요. 여러분은 어른이 되면 무엇을 하는 사람이 되고 싶은가요? 아래에 여러분이 꿈꾸는 모습을 순서대로 적어 보세요.

1.
2.
3.

엄마를 위한 노트

진리 19에 대하여

아내나 엄마의 역할이 하찮게 느껴질 때가 있나요? 그렇다면 딸도 그런 감정을 느낄 수 있고, 훗날 그 역할을 받아들이는 태도에 영향을 미칠 수 있습니다. 자신이 이 역할에 대해 어떤 거짓말을 믿고 있는지 돌아보고, 그런 생각을 하나님의 진리로 바꾸어 가도록 의식적으로 노력하세요.

『여성들이 믿고 있는 거짓말』 5장에서, 낸시는 이런 거짓말에 주목합니다. "집에서 하는 일은 집 밖에서 하는 일이나 활동만큼 중요하지 않다." 아직 읽지 않았다면 읽어 보시기를 추천합니다. 그녀의 통찰은 디도서 2장의 가르침과 맥락을 같이합니다. 바울은 디도서 2장에서 성경이 말씀하는 여성의 역할을 권면하면서, 결혼, 양육, 가정을 돌보는 일에 대해 이야기합니다.

낸시는 이 구절을 다른 성경 구절과 비교하면서, 사도 바울이 말하지 않은 몇 가지를 짚어 줍니다.

♥ 여성은 집에서만 일해야 한다는 의미가 아닙니다.

엄마를 위한 노트

- ♥ 집안일을 오롯이 여성만 책임져야 한다는 의미가 아닙니다.
- ♥ 여성이 집 밖에서 일하면 안 된다는 뜻이 아닙니다.
- ♥ 여성이 일하고 그 대가를 받는 것을 반대하는 것도 아닙니다.
- ♥ 여성이 사회에서 어떤 역할을 할 수 없다는 의미가 아닙니다.

낸시는 바울의 가르침을 이렇게 정리합니다. "가정은 매우 중요합니다. 우리가 가정에서 하는 일은 영원한 가치를 지닙니다."

이 기회를 놓치지 말고, 가정을 기쁨으로 여기며 하나님을 영화롭게 하는 도구로 삼으세요.

엄마가 이를 삶으로 보여줄 때, 딸들도 자연스럽게 가정의 가치를 소중히 여기게 될 것입니다.

이 대화는 아주 즐거운 시간이 될 수 있습니다. 먼저, 딸에게 커서 어떤 사람이 되고 싶은지 물어보세요. 정해진 답은 없습니다. 하나님이 각자의 마음에 소망을 심어 주십니다. 그러니 함께 이야기하며 꿈을 펼쳐 보세요!

여러분은 여성에게 매우 특별한 시대에 살고 있어요. 여러분은 어른이 되면 거의 **무엇이든** 할 수 있어요. 하지만 예전에는 그렇지 않았어요. **아주 오래전에는** 여성이 재산을 가질 수 없었고, 투표를 하거나 남성과 같은 급여를 받을 수도 없었답니다. 믿기 어렵겠지만, 사실이에요!

성경에는 집 밖에서 돈을 벌거나 사람들을 도우려고 무료로 봉사한 여성들의 이야기가 많이 나와요. 어쩌면, 하나님은 여러분에게도 미래에 사회에서 활약할 수 있는 직업을 이미 계획하셨을 수도 있어요.

하지만 한 가지 생각해야 할 것이 있어요. 많은 소녀가 자신이 **하고 싶은 일에만 집중한 나머지,** 하나님이 자신에게 **어떤 계획을 세우셨는지를** 여쭈어보지 않는다는 거예요! 실제로 많은 소녀가 하나님이 여성에게 주신 중요한 역할 중 하나인 아내와 엄마가 되는 일을 그다지 중요하게 생각하지 않아요. 심지어 그것을 인생의 목표로 삼는 것은 나쁜 생각이라고 여기는 사람들도 있답니다!

사람들은 이런 거짓말을 믿고 있어요.

→ **거짓말:** "아내와 엄마로만 사는 건 멋지지 않아." ←

저는 이것이 정말 큰 거짓말이라고 생각해요. 그래서 여러분에게 두 가지 진리 조각을 소개하려고 해요.

👑 진리 한 조각

> "주 하나님이 말씀하셨다. '남자가 혼자 있는 것이 좋지 않으니, 그를 돕는 사람, 곧 그에게 알맞은 짝을 만들어 주겠다'"(창세기 2:18).

이 구절은 하나님이 하와를 창조하신 이유를 알려 줍니다. 하나님은 세상을 창조하실 때 마지막에 갑자기 하와를 만드신 것이 아니라 처음부터 계획하셨어요. 하지만 먼저 아담이 자신과 다른 특성과 능력을 가진 누군가가 필요하다는 것을 깨닫기 바라셨어요. 그래서 하나님은 아담이 깨달은 다음, 하와를 만드셨어요.

어떤 사람은 **'돕는 사람'**이라는 말이 하와가 아담보다 덜 중요한 사람이라는 뜻이라고 생각해요. 하지만 이 단어의 진짜 의미를 잘 몰라서 그런 거예요! 창세기는 원래 영어가 아니라 히브리어로 쓰였어요. 히브리어로 '돕는 사람'을 뜻하는 단어는 '에제르'(ezer)인데, 이 구절에서는 하와를 아담의 돕는 사람이라고 표현해요. 그런데 성경의 다른 많은 구절에서는 이 단어를 **하나님은 우리를 도우시는** 분이라는 의미로 사용하지요! 그러므로 아내가 남편을 돕는 것은 여성이 하나님을 닮아 갈 수 있는 멋진 방법 중 하나예요. (앞에서 배웠던, 우리가 하나님을 닮도록 창조되었다는 이야기를 기억하나요?)

이렇게 생각해 보면, **돕는 역할**이 얼마나 중요한지 알 수 있어요. 만약 언젠가 아내가 되고 싶은 마음이 있다면, 그것은 정말 좋은 소망이고 자랑스러워할 만한 거예요. 하나님이 여러분에게 주시는 가장 멋진 역할 중 하나니까요!

여러분에게 꼭 알려 주고 싶은 두 번째 진리 조각은 바로 이거예요. 다른 거짓말에 맞설 때 이미 살펴본 말씀이지만, 다시 한번 기억할 가치가 있다고 생각해요.

엄마를 위한 노트

만약 딸이 아내나 엄마가 되는 것을 계획에 포함한다면, 그 주제에 대해 깊이 이야기해 보세요. 다음과 같은 질문을 던지는 것도 좋습니다.

- ♥ "나중에 아이를 몇 명 갖고 싶어?"
- ♥ "어떤 남편을 만나고 싶니? 어떤 성품의 사람이 좋을까?"

아직 먼 미래의 일이라고 해서 이런 주제를 피할 필요는 없습니다. 오히려 지금 이야기하는 것이 진리의 씨앗을 심을 수 있는 좋은 기회입니다.

딸이 아내나 엄마가 되는 것을 꿈 목록에 포함하지 않더라도 괜찮습니다. 하지만 왜 그렇게 생각했는지를 물어보세요. 대화의 흐름에 따라 엄마의 생각을 나누고, 딸이 스스로 생각해 볼 수 있도록 부드럽게 질문을 던지세요.

- ♥ "나는 엄마가 되어서 정말 행복해. 너도 언젠가 그런 경험을 하고 싶니?"
- ♥ "엄마는 대학 시절에 아빠를 만났어. 아빠와 결혼한 건 내 인생에서 가장 소중한 경험이야. 너도 나중에 결혼하고 싶니?"

엄마를 위한 노트

딸에게 엄마가 되는 것이 왜 행복한지 이야기해 주세요. 딸이 태어났을 때 느꼈던 감정을 나누어도 좋습니다.

점검할 질문

미국의 유명한 경제 잡지 〈포브스〉(Forbes)에 따르면, 엄마가 집에서 하는 일, 일하는 시간, 가족을 위해 절약하는 비용을 고려했을 때 엄마의 연봉은 11만 5천 달러(약 1억 6천만 원)에 해당한다고 합니다.[4] 굉장하죠? 하지만 엄마의 가치를 숫자로 환산할 수 있을까요?

진리 한 조각

"자식은 주님께서 주신 선물이요, 태 안에 들어 있는 열매는, 주님이 주신 상급이다" (시편 127:3).

누구나 선물이나 상을 받으면 기분이 좋아지죠? 이 구절은 자녀를 '선물'이자 '상급'이라고 해요. 하지만 요즘에는 엄마가 되는 것을 별로 좋아하지 않는 여성도 있어요. 더 안타까운 것은, 엄마가 되어도 자녀를 선물이나 상으로 여기지 않고 불평하는 사람도 있다는 거예요.

이것은 오늘날 세상에 퍼져 있는 심각한 거짓말이에요. 하지만 저는 이해하기가 어려워요. 어렸을 때, 저는 커서 꼭 하고 싶었던 세 가지 일이 있었어요. 아내가 되는 것, 엄마가 되는 것 그리고 성경을 가르치는 사람이 되는 것이었죠. 저는 이 순서대로 되고 싶었어요! 현재 저는 작가와 강연가, 성경 교사가 되었고, 제가 하는 일들을 기쁘게 하고 있어요. 하지만 제 인생에서 **가장 소중한 일은** 아내와 엄마가 되는 것이었어요.

모든 여성이 아내나 엄마가 되어야 하는 것은 **아니지만**, 많은 여성이 그 역할을 맡게 되지요. 저는 여러분이 아내와 엄마가 되는 것도 기대하면 좋겠어요.

여러분이 할 일은 간단해요. 하나님께 "앞으로 어떤 사람이 되든 하나님을 기쁘시게 해 드리고 싶어요"라고 말씀드리세요. 그리고 하나님의 계획을 따라가기로 마음을 정하세요. 하나님은 여러분을 만드셨고, 여러분이 **어떤 사람이 되어야 하는지를** 가장 잘 아세요! 만약 하나님이 여러분이 아내와 엄마가 되기를 바라신다면, 분명 멋진 아내와 엄마가 될 거예요. 또 저처럼 두 가지 역할을 하고 싶다면, 하나님이 아내와

"아내와 엄마? 수의사도 좋아. 어쩌면 유명한 요리사가 될 수도 있지."

엄마의 역할도 잘 해내고, 다른 일도 지혜롭게 해낼 수 있도록 도와주실 거예요. 어쩌면 하나님이 여러분을 위한 다른 계획이 있으셔서 결혼하지 않거나 엄마가 되지 않을 수도 있어요.

한 가지 확실한 것은 하나님은 여러분의 모든 것을 아시고, 그분의 계획에 따라 여러분이 준비되도록 이끄신다는 거예요. 이제 마지막 중요한 진리에 관해 이야기해 볼까요?

진리 20
너는 지금 미래의 네 모습을 빚고 있어.

이 진리가 좀 헷갈리나요? 한 가지 이야기로 설명해 줄게요. 처음으로 친구 낸시의 집을 방문했을 때, 거실에 걸려 있는 액자 하나가 눈에 띄었어요. 그 안에는 낸시가 일곱 살 때 썼던 편지가 들어 있었죠. 편지에는 이렇게 적혀 있었어요.

> 사랑하는 엄마, 아빠께.
>
> 지난 토요일에 하나님이 제 마음을 만지셔서, 제가 선교사가 되기를 원하신다는 것을 알았어요. 마치 하나님이 제 앞에 계신 것처럼 느껴졌어요.
>
> 그때부터 선교사가 되면 사람들에게 어떤 말을 전해야 할지 생각하게 되었어요. 이 놀라운 소식을 모두에게 전할 수 있다니 정말 기뻐요. 하나님이 저에게 말씀하셨고, 제가 선교사가 되기를 원하신다고 확신해요. 선교는 저에게 딱 맞는 일이라고 생각해요.
>
> 하나님이 저를 선교사로 부르셨다는 사실이 정말 행복해요.
>
> 낸시 올림.

엄마를 위한 노트

진리 20에 대하여

우리는 '전자레인지 문화'에서 살고 있습니다. 무엇이든 지금 당장 얻기를 원하죠. '지금 당장'이라는 사고방식은 우리 삶 전반에 스며들어 있습니다. 그 결과, 현대인의 집중력은 평균 8초에 불과하다고 합니다.[5]

이런 사고방식에 익숙해지면, 딸은 앞으로 큰 실망과 아픔을 겪을 수도 있습니다. 딸이 학교 운동부에 선발되지 않으면 어떻게 반응할까요? 결혼을 기다리는 시간이 길어지면 딸은 어떤 마음으로 견디게 될까요? 고통을 견디고 하나님을 기다리는 법을 배우지 못한 경우, 만약 불임이나 질병에 걸린다면 어떻게 그 상황을 이길 수 있을까요?

딸이 미래를 잘 준비하도록 돕는 한 가지 방법은, 지금의 경험이 미래에 어떤 영향을 미치는지 이해하게 하는 것입니다. 장기적인 관점을 갖도록 도와주면, 어떤 어려움을 맞이해도 더 넓은 시야로 상황을 바라볼 수 있습니다.

강낭콩을 심으면 강낭콩이 자라납니다. 지금 딸의 마음에 무엇을 심고 가꾸느냐에 따라, 언젠가 그 모습대로 자라날 것

엄마를 위한 노트

입니다. 지금이 바로 올바른 씨앗을 심어 줄 중요한 순간입니다.

『앗, 내가 이런 거짓말을 믿었다니!』의 '진리 실험실' 과제를 마무리하는 좋은 방법은 강낭콩을 직접 심어 보는 것입니다. 강낭콩은 금방 자라고 키우기도 쉽습니다. 컵에 배양토를 담고 씨앗 한두 개를 심은 뒤, 매일 물을 주기만 하면 됩니다. 얼마 지나지 않아 싹이 트고, 점점 자라는 모습을 보게 될 거예요. 이 활동은 딸이 자기 마음에 소중한 진리를 심었다는 것을 눈으로 확인할 수 있는 좋은 방법입니다. 그리고 그 진리는 지금도 자라고 있습니다!

낸시는 어릴 때부터 이미 지금의 모습으로 자라나고 있었어요. 이제는 전 세계 수십만 명의 여성이 하나님과 가까워지도록 돕는 훌륭한 성경 선생님이 되었고, 작가로도 활동하고 있죠. 낸시가 리더로 일하고 있는 '마음을 새롭게 하기'라는 사역은 현재 세계 여러 나라에서 활발히 진행되고 있어요. 저는 낸시가 이 사역에 동참하면서 선교사가 되었다고 생각해요. 많은 여성이 그녀의 이름을 알고 신뢰해요. 낸시는 어른이 될 때까지 기다리지 않고, 일곱 살 때부터 이미 선교사의 길을 걷기 시작했답니다!

이 이야기는 하나님의 진리를 잘 보여 줍니다.

👑 진리 한 조각

"자기를 속이지 마십시오. 하나님은 조롱을 받으실 분이 아니십니다. 사람은 무엇을 심든지, 심은 대로 거둘 것입니다"(갈라디아서 6:7).

예를 들어, 강낭콩을 심으면 강낭콩이 나고, 호박을 심으면 호박이 나겠죠? 이 성경 구절은 우리 성품에도 같은 일이 일어난다고 가르쳐 주어요. 오늘 성경을 읽고 기도하는 소녀라면 하나님의 말씀을 사랑하고 기도에 힘쓰는 지혜로운 사람으로 자랄 거예요.

반대로, 대부분의 시간을 인터넷이나 게임을 하고 영화를 보는 데 사용한다면, 성경을 읽고 기도하는 것을 좋아하는 사람으로 성장하기 어려워요. 물론 이런 활동이 나쁜 것은 아니고, 때때로 즐기는 것도 괜찮아요. 하지만 하나님이 기대하시는 모습으로 자라려면 그에 맞게 노력해야 해요. 그 모습이 사랑이 가득한 아내와 엄마이든, 변호사이든, 목회자의 아내이든, 의사나 선교사이든, 또는 그 모든 역할을 하는 사람이든 말이에요!

여기서 잠깐, 낸시의 짧은 조언을 들어 볼까요?

낸시의 메모

삶이 항상 즐거울 수는 없어요. 자신의 미래를 위해 준비하는 것도 중요하죠. 피아노 연습을 하거나 엄마에게 요리를 배울 수도 있고, 성경을 공부하거나 수학 숙제를 더 열심히 할 수도 있어요. 무언가를 하기 전에 이렇게 물어보세요. "이것이 나중에 어떤 도움이 될까?"

이 조언이 너무 어렵게 들리거나, 아니면 어른들이나 할 수 있는 것이라고 생각하나요?

그렇다면, 여러분도 모르게 이런 거짓말을 믿고 있을지 몰라요.

➜ **거짓말:** "나는 아직 어려서 [   ] 을(를) 할 수 없어." ⬅

이런 거짓말은 여러 가지 형태로 나타나서, 여러분 같은 소녀가 삶에 좋은 씨앗을 심지 못하게 방해해요. 그 거짓말은 때로는 이렇게 들리기도 해요.

- 🍎 "나는 아직 어려서 성경을 읽을 수 없어."
- 🍎 "나는 아직 어려서 기도할 수 없어."
- 🍎 "나는 아직 어려서 침대 정리를 할 수 없어."
- 🍎 "나는 아직 어려서 일찍 일어날 수 없어."
- 🍎 "나는 아직 어려서 저축할 수 없어."
- 🍎 "나는 아직 어려서 예수님께 내 마음을 드리고 그리스도인이 될 수 없어."

이 책을 읽고 있다면, 나이가 어려서 하지 못할 일은 아무것도 없어요.

지금 여러분이 하는 일이 중요하지 않다는 거짓말에 속지 마세요. 지금 하는 작은 행동이 나중에 큰 영향을 미쳐요. 절제하는 습관을 들이면 절제를 잘하는 사람이 되고, 친절하게 행동하면 친절한 사람이 될 거예요. 여러분은 지금 미래의 자기 모습을 빚고 있어요.

> "너는 지금 미래의 네 모습을 빚는 중이란다."
>
> 낸시의 아빠가 어린 시절 딸에게 해준 말.

엄마를 위한 노트

11장 미래에 대한 진리와 거짓말

엄마를 위한 노트

딸의 '진리 실험실' 과제는 각 장의 내용과 상관없이 동일하게 진행됩니다. 따라서, 저는 딸과 어떻게 소통할지에 대한 아이디어를 4장 끝부분에 정리해 두었습니다. 다시 복습이 필요하다면 92-93 페이지에 있는 '엄마를 위한 노트'를 참고하세요.

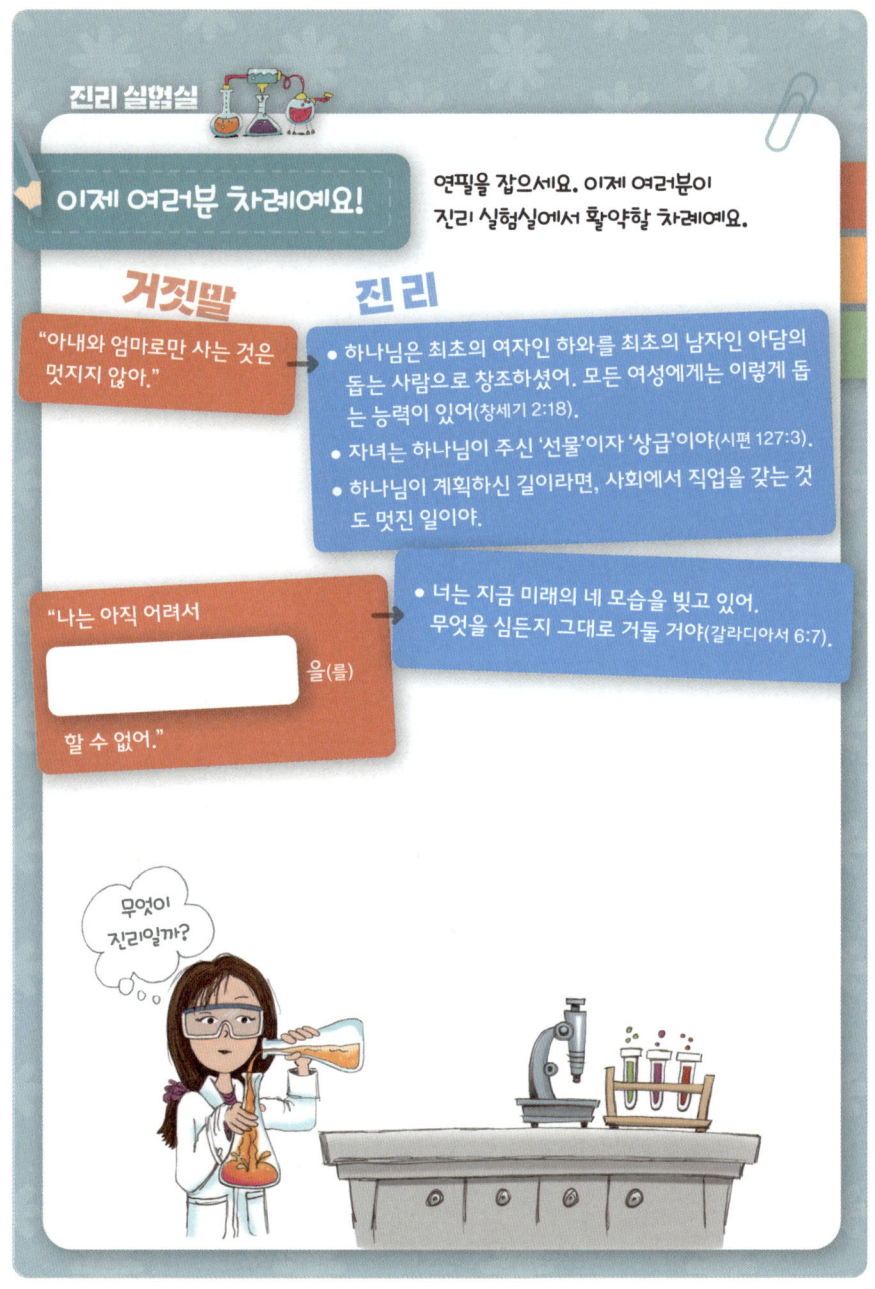

나에게 진리를 선포해요

이제 여러분이 작가가 되어 보세요!

♥ 미래에 대해 믿고 있는 거짓말이 있나요? 이 장에 나오는 거짓말 중, 여러분이 믿었던 **거짓말**에 ✗ 표시를 하세요.

♥ 우리가 **항상** 기억해야 할 **진리**는 무엇인가요? 우리가 함께 찾아낸 진리 중 마음에 와 닿는 것에 동그라미를 치세요.

♥ 이제, 그 진리를 **날마다** 생각하며 살도록 노력하세요. 아래에 하나님께 드리는 기도문이나 도움이 되는 성경 구절, 또는 기억하고 싶은 생각을 적으세요.

조이가 진리를 믿도록 도와주세요

이제 조이에게 조언해 줄 시간이에요!

조이는 어른이 되어서 아내와 엄마가 되고 싶어 하는 친구가 놀림당하는 것을 보았어요. 여러분은 그 친구의 꿈이 괜찮다고 생각하나요? 조이가 그 친구에게 힘이 되도록 어떤 말을 해 줄 수 있을지 아래에 적어 보세요.

엄마를 위한 노트

3부

우리를 자유롭게 하는 진리

거짓말을 분별하고 진리로 바꾸는 방법

다나

이제 마무리할 시간입니다만, 우리는 딸의 삶을 흔들 수 있는 모든 거짓말을 다 살피지는 못했습니다. 하지만 걱정하지 마세요. 딸이 참된 자유를 누릴 수 있도록 계속해서 진리를 가르칠 수 있습니다.

기억하세요! 이 과정에는 많은 인내가 필요합니다. 딸이 잘못된 생각으로 행동할 때 그 행동을 제지할 수도 있고, 때로는 그래야 할 때도 있습니다. 하지만 더 지혜롭고 효과적인 방법은 은혜로 감싸며 부드럽게 진리로 인도하는 것입니다. 이때 중요한 것은 죄와 유혹에 대해 솔직하게 이야기하는 것입니다. 딸이 자신의 실수를 인정하고 도덕적 결정을 내리는 과정에서 부모님과 함께하도록 격려해야 합니다.

제가 곧 알려 드리려는 방법은 시간이 많이 걸리고 답답할 수도 있습니다. 하지만 장기적인 결과를 생각하면 충분히 가치가 있습니다. 이 과정을 통해 부모가 곁에 없어도 신앙 안에서 올바른 결정을 내리는 딸이 될 것입니다. 아이의 마음에 진리가 깊이 뿌리내릴 것이기 때문입니다.

다음 두 장에서는 거짓말을 진리로 바꾸는 세 가지 단계를 알려 드릴 것입니다. 그리고 마지막 장에서는 여러분과 딸이 함께 묵상할 수 있도록 풍성한 성경 구절을 제공할 것입니다.

12장

뿌리를 뽑으라
거짓말을 알아차리고 분별하는 방법

혹시 인동덩굴을 아시나요? 꽃 끝을 살짝 떼어 내고, 가느다란 암술을 조심스럽게 빼낸 뒤, 입을 벌리고 기다리면 달콤한 꿀 한 방울이 혀 위로 떨어지죠. 이 꽃을 나쁘게 말하는 사람은 아무도 없을 거예요.

우리 농장에는 인동덩굴이 많아요. 매년 봄, 인동덩굴이 활짝 피어나며 달콤한 향기를 내뿜을 때, 저는 기쁜 마음으로 창문을 활짝 엽니다.

그런데 작년부터 문제가 생기기 시작했습니다.

너무 무성해진 인동덩굴이 길을 막아 더는 자전거를 타고 다닐 수 없을 정도가 되었어요. 게다가 나무도 많이 죽고, 라일락 덤불도 제대로 꽃을 피우지 못했어요.

저도 모르는 사이에 침입자를 반기고 있었던 것이죠. 인동덩굴은 나무를 뒤덮고, 가장 약한 나무를 쓰러뜨립니다. 하지만 진짜 문제는 인동덩굴의 뿌리에 있어요. 뿌리는 토양의 영양 균형을 깨뜨리고, 땅속 생태계를 파괴하며, 결국에는 삼림 전체를 뒤덮습니다.

오늘 이 글을 쓰는 동안에도, 뒷마당에서 나무 타는 냄새가 집 안으로 스며듭니다. 남편은 지금도 인동덩굴과 전쟁을 치르고 있어요. 저는 남편을 '농부 밥(Bob)'이라고 부르죠. 남편은 인동덩굴의 윗부분만 잘라 내는 것이 아니라, 뿌리째 뽑아 태우고 있습니다.

인동덩굴의 뿌리를 뽑아야 한다면, 밥에게 물어보세요. 하지만 딸의 마음과 생각 속에 파고든 거짓말을 뿌리 뽑아야 한다면, 제가 도와드릴게요.

하지만 어느 쪽이든 뿌리를 제대로 뽑아야 합니다. 그렇지 않으면 원하지 않는 행동이 계속 반복될 것이고, 결국 그 죄성이 딸의 삶을 지배할 수도 있습니다.

이번 장에서는 딸이 믿고 있을지도 모르는 거짓말을 어떻게 찾아내고 뿌리 뽑을 수 있는지 살펴보겠습니다. 다음 장에서는 그 거짓말을 대신할 진리를 심는 방법에 대해 살펴볼 것입니다.

고약한 생각

딸이 믿는 많은 것은 그 아이가 어떤 생각을 하느냐에 달려 있습니다. 딸의 생각은 먼저 감정에 영향을 주고, 그다음에는 행동으로 이어집니다. 결국, 생각은 딸의 신념과 가치관을 형성하는 근원이 됩니다.

많은 엄마가 생각의 힘을 진정으로 이해한다면, 딸이 보고, 듣고, 경험하는 것에 훨씬 더 주의를 기울일 것이라고 확신합니다. 최근의 의학 연구에 따르면, 왜곡되고 진실하지 않은 생각이 우리에게 얼마나 해로운 영향을 미치는지가 밝혀졌습니다. (저는 이를 '고약한 생각'이라고 부릅니다.) 반면, 올바르고 진실한 생각은 딸이 건강한 여성으로 성장할 수 있는 좋은 환경을 조성해 줍니다.

정신과 의사이자 신경 과학자인 다니엘 아멘(Daniel Amen) 박사는 20년 전부터 우울증, 불안, 기타 감정적 어려움을 치료하면서, 이를 조절하는 장기인 뇌를 직접 확인하지 않고 치료하는 것이 문제가 될 수 있다고 생각했습니다. 그는 환자에게 약물을 처방하기 전에 SPECT 스캔을 활용해 뇌를 먼저 살펴보는 방식을 개척했습니다. 그리고 지금까지 8만 3천 장 이상의 뇌 스캔을 분석해, 수많은 환자가 다양한 정신 건강 문제를 극복하도록 도왔습니다. 그는 현대 의학적 치료, 식단 조절, 운동을 활용해 환자를 돕는 동시에, 생각하는 방식을 재훈련하는 것이 매우 중요하다고 강조합니다.

> 생각에는 강력한 힘이 있습니다. 생각은 마음과 몸을 편안하게 해 주기도 하고, 기분을 나쁘게 할 수도 있습니다. 그래서 감정적 불안이 두통이나 복통 같은 신체 증상으로 나타날 수 있습니다…좋은 생각, 행복한 생각, 희망찬 생각, 따뜻한 생각을 할 때마다, 뇌는 특정 화학 물질을 분비하여 감정 조절을 담당하는 변연계를 안정시키고, 몸이 더 편안해지도록 돕습니다.[1]

아멘 박사는 뇌를 '영혼의 하드웨어'라고 부를 만큼 생각이 매우 강력한 힘을 지니고 있다고 믿습니다.[2] 사실, 이것은 새로운 개념이 아닙니다. 기원전 700년에서 300년 사이에 하나님은 이 진리를 성경에 기록하도록 영감을 주셨습니다. "무릇 그 마음의 생각이 어떠하면 그의 사람됨도 그러하니"(잠 23:7).

생각이 얼마나 강력한 영향을 미치는지를 보여 주는 또 다른 성경 구절이 있습니다. 이 말씀은 널리 알려져 있어서, 그리스도인인 다니엘 아멘 박사도 〈뉴욕 타임스〉 베스트셀러에 오른 자신의 저서에서 정신 건강을 위한 원칙으로 이 말씀을 인용했습니다.

👑 진리 한 조각

> "마지막으로, 형제자매 여러분, 무엇이든지 참된 것과, 무엇이든지 경건한 것과, 무엇이든지 옳은 것과, 무엇이든 순결한 것과, 무엇이든 사랑스러운 것과, 무엇이든지 명예로운 것과, 또 덕이 되고 칭찬할 만한 것이면, 이 모든 것을 생각하십시오. 그리고 여러분은 나에게서 배운 것과 받은 것과 듣고 본 것들을 실천하십시오. 그리하면 평화의 하나님께서 여러분과 함께 하실 것입니다"(빌 4:8-9).

성경에 따르면, 우리의 삶과 감정을 더 나은 방향으로 변화시키는 가장 강력한 행동 중 하나는 긍정적으로 생각하는 것입니다. 존귀하고, 정의로우며, 순결하고, 아름다운 것을 생각할 때 하나님의 평안이 우리 안에 가득해집니다. 여러분의 딸도 그런 평안을 누리며 살기를 바라지 않나요?

하지만 솔직해집시다. 엄마들은 이 구절을 잘 알고 있습니다. 이미 외웠거나, 거실에 걸어 두었거나, 휴대폰 메모에 저장해 두었을 수도 있죠. 그런데도 우리는 종종 불명예스럽고, 불의하며, 불순하고, 아름답지 않은 것이 우리 가정이 사는 공간을 침범하도록 내버려두곤 합니다.

백 마디 말보다 한 장의 그림이 더 큰 의미를 지니기도 합니다. 그래서 우리는 또 다른 뇌 과학 분야의 선도적인 전문가인 캐롤라인 리프(Caroline Leaf) 박사의 연구를 살펴보려고 합니다. 그녀는 우리가 실제로 볼 수 있는 뇌의 특정 부분을 연구했으며, 그녀의 선구적인 연구 덕분에 저는 빌립보서 4장 8-9절을 더욱 진지하게 받아들일 수 있었습니다.

수상 돌기는 뇌에 있는 신경 세포의 짧은 가지로, 다른 세포에서 신호를 전달받고 받아들이며, 뇌가 신체의 나머지 부분을 작동하도록 돕습니다. 수상 돌기의 구조는 뇌에 있는 미세한 나무와 같습니다.

진리에 기반하여 건강하고 바르게 생각할 때, 뇌의 신경 연결망은 튼튼하고 풍부하게 뻗어 나가며, 마치 잘 자란 건강한 나무처럼 보입니다.

반대로, 왜곡된 생각과 거짓된 믿음으로 건강하지 않은 생각을 할 때, 신경 연결망은 듬성듬성하고 빈약해지며, 마치 말라 버린 나뭇가지처럼 보입니다.[3]

여러분은 어떤지 모르겠지만, 저는 제 딸들이 머릿속에 건강한 '생각 나무'의 숲을 가꾸기를 바랍니다. 고약한 생각에서 자라나는 부정적인 사고방식과 거짓말로 이루어진 음울한 숲이 아니기를 기도합니다.

이미 말씀드렸지만, 다시 한번 간곡히 당부하고 싶습니다. 딸에게 어떤 생각이 스며들도록 허용할지 신중하게 판단하세요!

제가 딸에게 말하는 것처럼, '생각이 감정을 결정하고, 감정은 행동으로 이어집니다.' 그렇기 때문에 우리는 '누가 내 생각의 주인이 될 것인가?'를 스스로 결정해야 합니다. 예수님은 우리 생각의 주인이 되기를 원하십니다.

♛ 진리 한 조각

"…모든 생각을 사로잡아서, 그리스도께 복종시킵니다"(고후 10:5).

여러분의 가정에 들어오는 모든 것과 딸의 마음에 자리 잡는 것들을 예수님이 다스리고 계신가요? 그러기를 바랍니다.

물론 아무리 주의를 기울여도 거짓말을 완전히 막기는 어렵습니다. 그렇기에 우리는 거짓말을 뿌리 뽑고 진리로 대체할 준비를 해야 합니다. 『앗, 내가 이런 거짓말을 믿었다니!』에서 여러분의 딸은 그 방법을 배우고 있지만, 혼자서는 할 수 없습니다. 자기가 믿고 있는 거짓말을 온전히 분별할 수 있는 사람은 아무도 없습니다. 거짓말은 본래 속이는 것이기에, 이를 정확히 알아차리려면 다른 사람의 시각과 도움이 필요합니다. 딸이 이 과정을 적용하는 법을 배우려면 여러분의 도움이 반드시 필요합니다.

낸시

거짓말을 진리로 대체하는 법
1. 증거를 확인하세요(죄의 흔적이나 '찝찝한' 감정이 있는지 찾아보세요).
2. 거짓말을 찾아내고 더는 비료를 주지 마세요(그 생각을 자꾸 떠올리지 않겠다고 다짐하세요).
3. 거짓말을 진리로 대체하세요(진리에 대해 생각하는 데 도움이 되는 성경 구절을 찾아보세요).

사례 연구
소피아

브리아나의 딸 소피아는 영리한 초등학교 고학년 학생으로, 학교를 좋아하고 학업 성적도 매우 좋습니다. 하지만 최근 들어 공부할 때 동생들이 방해하면 화를 내거나, 가족의 밤에 부모님이 숙제를 잠시 멈추라고 하면 울음을 터뜨리기도 했습니다. 소피아의 성적이 평균보다 훨씬 높았기 때문에, 부모님은 성적에 대한 소피아의 스트레스가 건강하지 않다고 판단했습니다. 그래서 저녁 식사 후에는 숙제나 공부를 하지 않도록 규칙을 정했죠. 하지만 소피아는 이 결정을 받아들이지 못하고 짜증을 내거나 눈물을 흘리며 반항했습니다.

브리아나는 포커스 그룹에 참여하면서 소피아의 감정 기복과 반항적 행동이 거짓된 믿음에서 비롯되었음을 깨닫기 시작했습니다. 그리고 그 거짓된 믿음이 딸이 롤모델로 삼고 있는 교장 선생님과 연결되어 있다는 것을 인식했습니다.

"조회 시간마다 교장 선생님은 '수학을 못 하면 고등학교에 갈 수 없고, 대학에도 갈 수 없으며, 그러면 좋은 직장을 얻을 수 없다'고 말씀하십니다. 교장 선생님은 신앙이 깊은 분이지만, 아이들에게 너무 이른 시기에 큰 부담을 주고, 직업의 가치를 지나치게 강조하시는 것 같아요. 아이들이 성실하게 공부하도록 하려는 의도는 알지만, '딸의 인생에서 가장 중요한 것은 성적과 직업'이라는 거짓된 믿음을 심고 있는 건 아닌지 걱정돼요."

브리아나는 포커스 그룹을 마치고 나서, 소피아가 믿고 있는 거짓말을 찾아내고, 숙제에 대한 집착에서 벗어나도록 도울 자신감을 갖게 되었습니다.

1. 증거를 확인하세요

가장 먼저 할 일은, 딸이 자기 마음속 깊이 자리 잡은 거짓말의 증거를 인식하도록 돕는 것입니다. 이런 증거는 두 가지 형태로 나타납니다. 바로 찝찝한 감정과 죄입니다. 대개는 이 중 하나만 보이지만, 종종 둘 다 나타나기도 합니다. 딸에게 이러한 증거가 보일 때 먼저 하나님께 기도하고, 언제, 어떻게 이 문제를 제기해야 할지 지혜를 구하세요. 그리고 하나님의 영이 여러분보다 먼저 역사하셔서 딸의 마음을 부드럽게 하시고, 깨닫게 해 달라고 간구하세요. 하나님이 여러분의 영적인 눈을 열어 주셔서, 딸이 느끼는 찝찝한 감정과 죄가 아이의 신념에 자리 잡은 거짓말과 어떻게 연결되어 있는지를 깨닫도록 도와주실 것입니다.

포커스 그룹에 참석한 한 어머니는 대화 중에 "유레카!"의 순간을 경험했습니다. 딸이 느끼는 찝찝한 감정과 잘못된 행동이 어떤 거짓말을 믿고 있다는 증거임을 갑자기 깨닫게 된 것이죠. 소피아의 이야기를 소개합니다.

어쩌면 여러분의 딸이 겪고 있는 찝찝한 감정이나 죄와 관련된 특정한 상황이 떠오를 수도 있을 것입니다. 아직 생각나지 않더라도 걱정하지 마세요. 딸이 자신의 책에서 아래 빈칸을 채우고, 이를 여러분과 나눌 수 있도록 초대했습니다.

🍎 최근에 내가 느낀 **'찝찝한' 감정**은:
_____

🍎 내가 최근에 지었거나 계속 생각나는 **죄**는:
_____

🍎 내가 자주 느끼는 **죄의 유혹**은:
_____

딸이 이 내용을 여러분과 나누면, 이제 다음 단계로 넘어가 거짓을 뿌리 뽑을 준비가 된 것입니다.

2. 거짓말을 찾아내고 더는 비료를 주지 마세요

거짓말의 증거를 발견했다면, 이제 그 거짓말이 무엇인지 알아보고, 더는 그것의 영향을 받지 않도록 해야 합니다. 이를 위해 딸과 솔직한 대화를 나누는 것이 중요합니다. 만약 딸이

『앗, 내가 이런 거짓말을 믿었다니!』를 가져와서 이야기를 나누고 싶어 하면, 할 일을 잠시 미루고 딸의 열의를 존중하며 바로 대화에 집중하세요.

만약 이 과정을 통해 딸에게 걱정되는 부분을 이야기하려 한다면, 먼저 여러분이 발견한 내용을 설명해 주세요. 그리고 거짓말을 찾아내고 더 이상 자라지 못하도록 엄마의 도움을 받아들일 마음이 있는지 물어보세요. 딸이 『앗, 내가 이런 거짓말을 믿었다니!』를 공부했다면, 이 과정이 어떻게 진행되는지 알고 있을 것입니다. 저는 딸의 나이와 상관없이, 부모의 권위를 앞세우기보다 겸손한 태도로 다가갈 때 더 좋은 결과를 얻을 수 있음을 경험했습니다. 자신의 죄나 부정적인 감정을 지적받는 것을 좋아할 사람은 아무도 없기 때문이지요. 그러니 부드럽게 다가가세요, 친구처럼요! 나지막한 목소리로 이야기하고, 질문하며, 때로는 여러분이 틀릴 수도 있다는 열린 마음을 가지세요. 또한 하나님의 영이 딸의 마음을 부드럽게 하시고 변화시키실 때까지 인내하며 기다릴 준비도 필요합니다.

만약 딸이 받아들일 준비가 되었다면, 잠시 대화를 나눈 뒤 함께 기도하세요. 딸이 믿고 있는 거짓말을 깨닫게 해 달라고 간구하세요. 또한 하나님께 인도받으며 거짓말을 분별하는 모습을 직접 보여 주세요. 이를 통해 딸도 하나님께 귀 기울이며 진리를 깨닫는 법을 배울 것입니다.

거짓말은 스스로 드러나기도 하고, 쉽게 알아차릴 수도 있습니다. 한번은 외로움과 감정적 마비 상태에 빠져 있던 한 여자 어린이와 함께 기도하는데, 그 아이가 이렇게 말했어요. "아무도 저를 좋아하지 않아요." 이것은 너무나 분명한 거짓말이죠.

하지만 때로는 거짓말이 이렇게 분명하지 않고 복잡하

게 얽혀 있을 수도 있습니다. 『1020 여성들이 믿고 있는 거짓말』(세움북스 역간)에서 소개한 한 소녀는 공황 발작을 겪었지만, 그 원인이 무엇인지 파악할 수 없었습니다. 혼자 있을 때 발작이 일어났기 때문에 논리적으로 보면 그 아이는 어둠이나 외로움을 두려워하는 것 같았습니다. 하지만 우리가 함께 기도하며 하나님께 도움을 구하자, 그 아이는 첫 공황 발작이 일어난 순간을 떠올리게 되었습니다. 바로 부모님이 이혼한다고 말하던 밤이었습니다. 그 아이가 믿었던 거짓말은 "모두가 나를 떠날 거야"라는 것이었습니다. 하나님의 도우심이 없었다면 이 거짓말을 발견할 수 없었을 것입니다.

하나님을 기다리세요. 인내하세요. 딸과 대화를 나누세요. 가장 중요한 것은 딸이 자신의 생각을 표현하고 거짓말을 발견하도록 여러분이 주도권을 갖는 것입니다. 딸이 거짓말을 깨닫게 되면, 『앗, 내가 이런 거짓말을 믿었다니!』에 그 내용을 적을 수 있는 공간이 있습니다.

🍎 내가 믿고 있는 **거짓말**은:

_____

거짓말을 찾아낸다는 것은 그 뿌리를 뽑는다는 뜻입니다. 거짓말이 드러나면 더는 숨을 곳이 없어지죠. 하지만 그것만으로는 충분하지 않습니다. 그 거짓말을 키우지 않도록 조심해야 합니다. 어느 시점이 되면, 딸과 함께 실천 가능한 전략을 세워야 합니다. 거짓말에 계속 사로잡히지 않도록 조치를 취해야 하죠. 예를 들어, "아무도 나를 좋아하지 않아"라는 생각에 사로잡혀 있는 아이는 사람들과 만나고 교류하는 것을 피하지 말고, 적극적으로 관계를 맺으려고 노력해야 합니다. 따라서 딸이 친구들과 건강한 만남을 가질 기회를 만들어 주세요. 만약 딸이 어떤 친구의 영향으로 좋지 않은 텔레비전 프로그램을 보고 싶어 한다면, 다른 건강한 친구들과 어울릴 수 있도록 도와주어야 합니다.

이 부분은 조금 까다로운데, 때로는 부모로서 단호한 태도를 취하고 아이를 징계해야 할 수도 있기 때문입니다. 예를 들어, 일정 기간 아이패드를 사용하지 못하게 하거나 넷플릭스 시청을 제한하는 것처럼 말이죠. 딸을 진리 안에서 바르게 양육하는 것이 중요하다고 해서, 제한을 두지 않아야 한다는 의미는 아닙니다. 다만, 제한하는 것이 유일한 방법이거나 주된 훈육 방법이 아니라는 뜻입니다. 그리고 한 가지 원칙은 기도와 대화 시간에 이런 결정에 대해 이야기하지 않는 것이 좋습니다. 마음으로 기억해 두고, 적절한 타이밍을 기다리세요. 만약 언제 어떻게 이야기해야 할지 어렵게 느껴진다면, 이 책 3장에서 다룬 하나님이 아담과 하와를 대하신 방식을 다시 살펴보세요. 하나님은 먼저 위로하시고, 그다음에 죄를 다루셨습니다.

딸이 편안함을 느끼도록 해 주세요. 이제 그 거짓말을 진리로 바꿀 차례입니다.

 하나님과 대화하기

빌립보서 4장 8-9절을 바탕으로 하나님께 드리는 기도문을 아래 빈칸에 적어 보세요. 가정에서 사용하는 언어나 미디어 콘텐츠가 자녀들이 참되고, 명예로우며, 옳고, 순수하며, 사랑스럽고, 칭찬받을 만한 것을 생각하도록 돕고 있나요? 만약 그렇지 않다면, 무엇을 바꾸어야 할까요? 아래 빈칸에 여러분의 솔직한 생각을 적어 보세요.

"…무엇이든지 참된 것과, 무엇이든지 경건한 것과, 무엇이든지 옳은 것과, 무엇이든 순결한 것과, 무엇이든 사랑스러운 것과, 무엇이든지 명예로운 것과, 또 덕이 되고 칭찬할 만한 것이면, 이 모든 것을 생각하십시오"(빌 4:8).

 **딸과 대화하기**

딸이 『앗, 내가 이런 거짓말을 믿었다니!』 12장을 읽은 다음, 그 책 152페이지를 펴고 함께 거짓말을 찾아보세요. 거짓말을 스스로 깨닫는 것은 어른에게도 쉽지 않습니다. 그래서 저는 딸이 여러분에게 도움을 요청하도록 격려했습니다. (거짓말을 진리로 바꾸는 것은 13장에서 다룰 예정이니, 그 부분은 나중에 살펴보면 됩니다.) 아래 목록은 앞에서 이미 보았지만, 아이가 이제 직접 빈칸을 채우게 하세요.

🍎 최근에 내가 느낀 **'찝찝한' 감정**은:
_____

🍎 내가 최근에 지었거나 계속 생각나는 **죄**는:
_____

🍎 내가 자주 느끼는 **죄의 유혹**은:
_____

🍎 내가 믿고 있는 **거짓말**은:
_____

13장

진리를 심으라
거짓말을 진리로 바꾸는 방법

♥ "가장 어두운 순간에 하나님은 가장 밝게 빛나십니다."

포커스 그룹에 참여했던 싱글맘 칼라는 이 아름다운 문장으로 자기 이야기를 시작했습니다.

그녀는 고등학생이던 열일곱 살에 딸 첼시를 낳았습니다. 그녀는 브래드라는 남학생과 교제 중이었는데, 그리스도인인 브래드는 칼라를 존중하고 소중히 여겼습니다. 하지만 자기가 브래드에게 어울리지 않는다고 생각한 칼라는 그 관계에서 도망쳤습니다. 그리고 다른 남자들과 성적인 관계를 맺으며 자신을 달랬고, 결국 임신하고 말았습니다.

브래드는 칼라를 찾아와 결혼하자고 설득했지만, 칼라는 마치 탕자처럼 도망쳤습니다. 그녀는 아기를 키우면서도 계속해서 성적인 관계에 의지하며 마음의 상처를 달래려 했습니다. 칼라는 그때를 돌이켜 보며 이렇게 고백합니다.

"저는 딸과 함께 성장했어요. 저는 한때 남자에게 집착했지만, 딸만큼은 자신의 정체성을 저처럼 이성에게서 찾지 않기를 바랐어요."

좋지 않은 관계들을 끝내고 감정적으로 무너진 칼라는 하나님께 간절히 도움을 구했습니다. 그러자 하나님은 한 목사 부부를 보내 그녀를 예수님께 인도하셨습니다. 칼라는 그들에게 자신이 다시 흔들리지 않도록 붙잡아 달라고 부탁했습니다. 그러자 그들은 칼라와 딸을 그들의 집에서 함께 살게 하고 필요한 도움을 주었습니다.

그 목사 부부는 칼라에게 그녀의 고통스럽고 잘못된 행동이, 자신의 가치에 대한 거짓된 믿음 때문이었음을 깨닫게 해 주었습니다. 그리고 칼라를 자유롭게 해 줄 성경 말씀들로 진리를 가르쳐 주었습니다. 칼라의 마음은 서서히 변화되기 시작했습니다. 남자에게 집착하던 모습은 사라지고, 대신 그리스도가 자신을 얼마나 사랑하시는지를 깨닫게 되었습니다. 그리고 하나님을 기쁘시게 하며 진리를 따라 살고자 하는 열망이 생겨났습니다. 그러나 그녀의 옛 생활 방식은 딸에게 영향을 미쳤습니다. 칼라는 이렇게 고백했습니다.

"제 딸이 힘들어하는 많은 부분이 결국 제 행동에서 비롯된 것 같아요. 딸은 제가 반항하며 사는 모습을 보았기 때문에 권위에 쉽게 순종하거나 따르지 않아요."

칼라는 딸이 진리 안에서 살도록 가르치려면 많은 노력과 시간이 필요하다는 것을 깨달았습니다. 그래서 긴 시간 집을 비워야 하는 직장을 그만두고, 재택근무를 할 수 있는 일로 바꾸었습니다. 그 덕분에 딸의 등하교에 동행할 수 있었고, 딸의 교실에서 자원 봉사를 하며 딸과 더 많은 시간을 보냈습니다.

그렇다면, 방탕했던 자신의 과거가 딸에게 미친 영향을 지우고 싶어 했던 이 싱글맘에게 일어난 가장 큰 변화는 무엇이었을까요? 그녀는 평생을 함께할 배우자를 원했지만, 이제는 더 이상 남자를 사귀지 않기로 결심했습니다. 하나님이 첼시의 마음에 진리를 심으시려고 자신에게 과감한 결단을 요구하신다고 확신했기 때문입니다. 그녀는 딸에게 방탕한 삶과 이성에게 집착하는 태도가 거짓말을 믿을 때 시작된다고 가르쳤고, 이전과는 다르게 살면서 본보기가 되고자 했습니다. 그리고 딸이 자신의 변화된 모습을 통해 바른길을 배우게 해 달라고 기도했습니다.

하나님은 참으로 신실하십니다! 제가 칼라를 만났을 때, 그녀의 열두 살 난 딸 첼시는 또래처럼 남자아이들에게 집착하지 않고 하나님을 사랑하는 아이로, 또한 순종적이고 공손한 태도를 갖춘 사람으로 성장하고 있었습니다.

그리고 놀라운 일이 더 있었습니다.

칼라가 포커스 그룹에 참석했던 그 주는 그녀에게 특별한 의미가 있었습니다. 칼라와 첼시는 알래스카로 이사 갈 예정이었죠. 그런데 칼라의 고등학교 시절 남자 친구였던 브래드가 그녀의 소식을 듣게 되었습니다. 칼라가 마침내 예수님이 참된 진리이심을 깨달았다는 이야기를 들은 것이죠. 그동안 브래드는 군인이 되었고, 예수님을 변함없이 사랑하고 있었습니다. 첫사랑을 마음에 품은 채로 말이죠. 그는 칼라를 찾아와 청혼했습니다. 하지만 칼라는 선뜻 승낙하지 못했어요. 그녀는 이 결혼이 딸에게 미칠 영향을 고민할 시간이 필요했고, 브래드에게 자신의 과거를 솔직하게 이야기해야 했으니까요.

칼라는 브래드에게 물었습니다.

"내가 과거에 여러 남자를 만났다는 걸 알고 있니?"

브래드는 이미 알고 있었고, 그녀를 용서했습니다.

그렇게 두 사람은 천천히, 장거리 연애를 시작했습니다. 칼라와 함께 살던 목사 부부는 지혜로운 조언을 아끼지 않았습니다. 얼마 지나지 않아 이 일에 관련된 모든 사람은 동일한 확신을 갖게 되었습니다. 하나님이 이 신실한 싱글맘에게 남편이라는 선물을 허락하셨으며, 첼시에게도 아버지를 허락하셨다는 것입니다.

칼라와 첼시의 마음은 새로운 시작에 대한 기대감으로 부풀었습니다. 저는 궁금해서 물었습니다. 결혼식과 장거리 이사를 준비해야 하는 바쁜 와중에, 왜 두 시간이나 운전해서 포커스 그룹에 참여하는지 말이죠. 칼라는 망설임 없이 대답했습니다.

"자유로워졌으니까요! 제 삶을 지배하던 죄에서 벗어나 완전한 자유를 얻었고, 다른 엄마들도 그럴 수 있다는 걸 알았으면 해요. 과감한 결단이 필요할 수도 있지만, 누구나 자유로워질 수 있어요. 그리고 엄마가 자유로워질 때 딸도 진리 안에서 성장할 수 있는 힘을 얻게 될 거예요."

칼라의 표정이 모든 것을 말해 주고 있었습니다. 그녀는 두 시간을 운전해서라도 포커스

사례 연구

엘로리

엘로리의 아빠는 그 아이가 초등학생일 때 가족을 떠났습니다. 엄마인 레이첼은 이제 중학생이 된 딸이 아빠 없이 자란 친구들에게 자연스럽게 끌린다는 것을 알아차렸습니다.

처음에 레이첼은 이것을 좋은 일로 여겼습니다. 하지만 점점 더 원망의 말을 많이 하고, 화를 잘 내는 딸의 모습을 보기 시작했습니다. 물론 이것이 아빠를 잃은 슬픔에서 오는 자연스러운 모습이라고 여길 수도 있지만, 레이첼은 경계심을 가졌습니다. 그녀는 이런 찝찝한 감정들이 딸의 마음 깊이 뿌리내린 왜곡된 믿음에서 나온 경고 신호일 수 있다고 생각했습니다.

레이첼은 딸과 대화를 나누며 딸이 아빠가 떠난 것에 대해 화를 내면 슬픔이 사라질 거라는 거짓말을 믿었음을 알았습니다. 분노를 표출하는 주변 친구들의 목소리는 엘로리의 분노를 더 키웠습니다. 물론 분노는 잠시 슬픔을 잊게 할 수 있지만, 슬픔의 원인을 해결하지는 못합니다.

"마치 사탄이 아이들을 끌어당겨 서로 거절당한 감정에 빠지게 하는 것 같아요." 레이첼이 말했습니다. "한 아이의 아빠가 만나러 오기로 한 약속을 어기면, 다른 아이들은 모두 자기 아빠에 대해 화를 내기 시작하더군요."

거짓말을 알아낸 레이첼은 엘로리를 위한 성경 구절을 찾기로 했습니다. 딸이 아버지의 부재에 너무 집착하는 듯 보여서, 그녀는 기도하며 하나님의 말씀에서 '집착'과 관련된 구절을 찾았고, 마침내 이 말씀을 발견했습니다.

그룹에 꼭 와야 했어요. 여러분도 자유로워질 수 있고, 여러분의 딸도 자유로워질 수 있다는 것을 전하기 위해서요. 이 글을 쓰면서 제 눈시울이 다시 붉어지네요. 그녀의 이야기를 들으며 느꼈던 감동을 여러분도 느낄 수 있기를 기도합니다.

이 이야기를 아껴 두었던 이유는, 진리 안에서 살아가려는 여러분의 여정이 딸에게 얼마나 큰 영향을 미치는지를 아름답게 보여 주기 때문입니다. 여러분이나 딸이 지금까지 어떤 거짓말을 믿었든, 그것은 중요하지 않습니다. 예수님이 여러분을 자유롭게 하실 수 있습니다.

3. 거짓말을 진리로 대체하세요

지난 장에서 우리는 거짓말을 뿌리 뽑는 방법을 배웠습니다. 이제 가장 중요한 단계로 넘어갈 차례입니다. 바로 그 거짓말을 진리로 바꾸는 것입니다.

다시 한번 기도하세요. 하나님께 의지하여 그분의 말씀에서 구체적인 진리를 찾으세요. 때로는 기도하는 중에 성경 구절이 떠오르기도 하지만, 어떤 때는 더 끈질기게 찾아야 할 때도 있습니다. 그러나 언제나, 하나님의 진리는 우리가 간절히 구할 때 반드시 드러납니다. 그것이 우리 자신을 위한 것이든, 우리의 딸을 위한 것이든, 혹은 하나님이 우리에게 맡기신 다른 여성들을 위한 것이든 말입니다.

엘로리의 엄마가 이 과정을 어떻게 실천했는지 함께 살펴볼까요?

레이첼이 딸을 위해 찾은 진리는 단순히 거짓말의 반대가 아니었습니다. 때로는 거짓말의 반대를 찾는 것이 가장 쉬운 방법일 수 있지만, 우리에게 정말로 필요한 진리는 그 이상일 때가 많습니다. 그래서 이 과정에서 성령님의 인도하심을 구하는 것이 무엇보다 중요합니다.

딸이 찝찝한 감정을 느끼거나 잘못된 행동을 할 때, 여러분도 같은 방식으로 도와줄 수 있습니다.

아마 이 과정이 어렵게 느껴질 수도 있을 거예요. 혹시 딸이 믿고 있는 거짓말과 딸에게 필요한 진리를 잘 분별할 수 있을지 걱정되나요? 혹시라도 실수해서 딸에게 부정적인 영향을 미칠까 봐 두려운가요? 제가 이런 마음을 짐작할 수 있는 이유는 저도 같은 고민을 했기 때문입니다! 이 책을 쓰면서 저 역시 수많은 찝찝한 감정과 싸워야 했습니다.

저는 이 책의 제목을 '쓰이기를 거부한 책'이라고 지어야겠다고 생각한 적도 있었어요. 『1020 여성들이 믿고 있는 거짓말』을 집필한 지 10년이 되었지만, 그때 이후로 이렇게 심한 슬럼프를 겪은 적은 없었어요. 두 달이 넘는 시간을 쏟아부었지만, 편집할 가치가 있는

"…인내로써 우리 앞에 당한 경주를 하며 믿음의 주요 또 온전하게 하시는 이인 예수를 바라보자 그는 그 앞에 있는 기쁨을 위하여 십자가를 참으사 부끄러움을 개의치 아니하시더니 하나님 보좌 우편에 앉으셨느니라"(히 12:1-2, 개역개정).

이 구절은 아버지의 부재에 대한 내용은 아니지만, 하나님이 레이첼에게 딸을 위해 주신 말씀이었습니다. 이 구절에는 엘로리가 하나님께 시선을 두고, 어려움 속에서도 기쁨을 잃지 않도록 돕는 진리가 풍성하게 담겨 있습니다.

하루아침에 변화가 나타나지는 않겠지만, 레이첼은 딸의 마음에서 거짓말을 뽑아내고 진리를 심고 있습니다. 그리고 엘로리의 찝찝한 감정이 점차 기쁨과 희망으로 바뀌어 가는 것을 느끼고 있습니다. 엘로리는 가정을 떠난 아버지로 인해 외로움, 씁쓸함, 분노를 품고 자랐습니다. 그것이 앞으로 맺을 여러 관계에 영향을 미칠 수도 있겠지요. 실제로 많은 성인 여성이 '아버지로 인한 상처'를 안고 살아갑니다. 하지만 엘로리에게는 변함없이 함께하시는 하나님 아버지께 집중하도록 도와주고, 만족함의 씨앗을 심어 주는 엄마가 있습니다.

단 한 장의 원고도 완성하지 못했죠. 수십 번을 고쳐 쓰고 지우기를 반복하다가 결국 텅 빈 화면만 바라본 적도 많았어요. 책을 완성하려고 끊임없이 고민하는 동안, 글을 쓰려고 앉을 때마다 제 머릿속을 사로잡은 생각은 아래와 같았어요.

🍎 '이 진리들이 어린 소녀들에게 너무 어렵지 않을까?'
🍎 '내가 사랑하는 사람들이 이 책을 싫어하면 어떻게 하지?'
🍎 '이제 내 글쓰기 인생은 끝났어.'

거짓말에 휘둘린 찝찝한 감정들이 저를 짓눌렀어요. 그 안에는 털끝만큼의 진리도 없었지요.

그런데도 저는 여전히 아무 글도 쓰지 못한 채 컴퓨터 앞에 앉아 있었습니다. 그렇다면 그 거짓말을 뒷받침하는 작은 진실, 즉 어떤 근거가 정말 있었던 것일까요?

바로 그 점이 중요합니다. 우리는 작은 진실을 찾는 것이 아닙니다. 우리는 눈에 보이지 않지만, 위대하고 강력한 예수님의 진리를 찾고 있는 것입니다.

여러분의 딸이 백혈병이나 우울증으로 고통받고 있을 수도 있습니다.

모두가 두려워하는 '못된 아이'일 수도 있고, 반대로 그런 아이들에게 고통받고 있을 수도 있습니다.

학습 장애로 어려움을 겪고 있거나, 반대로 학업에 대한 자부심이 지나칠 수도 있습니다.

이성에 대한 관심이 지나칠 수도 있고, 성 정체성의 혼란을 겪고 있을 수도 있습니다.

혹은 단순히 불친절하거나 무기력해 보일 수도 있습니다.

겉으로 보이는 작은 진실에만 집중하지 말고, 예수님의 위대하고 강력한 진리를 붙잡으세요. 영적 자유는 하나님이 이러한 어려움을 기적적으로 없애 주시는 것이 아닙니다. 그것은 고통 속에서도 진리를 알고, 믿고, 실천할 때 누리는 깊은 평안입니다. 예수님은 여러분의 딸에게 자유를 약속하시면서 상황, 종교 제도, 정부, 의사, 심지어 어머니를 가리키지 않으셨습니다. 그분은 오직 자신을 바라보라고 말씀하셨습니다.

👑 진리 한 조각

"…너희가 내 말에 거하면 참으로 내 제자가 되고 진리를 알지니 진리가 너희를 자유롭게 하리라…그러므로 아들이 너희를 자유롭게 하면 너희가 참으로 자유로우리라"(요 8:31-32, 36, 개역개정).

딸이 하나님의 말씀을 믿고 따르도록 가르치세요. 그럴 때 딸은 진정한 자유를 찾을 것입니다. 때로는 그 자유가 눈에 보이는 모든 사실과 정반대일 수도 있습니다.

때때로 진리는 사실과 다릅니다

빈 화면이 비웃듯이 쳐다보았지만, 저는 매일 하나님 말씀에 의지하여 이 책을 써 내려갔습니다. 그 과정에서 하나님은 저를 예레미야서로 이끌어 주셨습니다. 그 책은 이스라엘 역사의 고통스러운 시기를 기록하고 있습니다. 바벨론 군대가 예루살렘을 포위하고 성벽을 무너뜨렸습니다. 그리고 나라를 지탱할 만한 모든 군사, 지도자, 지식인을 포로로 잡아갔습니다. 그런데 예레미야는 포로로 끌려가지 않고 왕궁의 감옥에 갇혔습니다. 그는 자신을 불쌍히 여기거나 조국의 미래를 두려워할 수도 있었지만, 그러지 않았습니다. 오히려 그는 한 가지 진리를 계속 선포했습니다. "너희 자녀에게 소망이 있다!"(렘 31:17 참고).

예레미야의 말을 들은 사람은 모두 그가 미쳤다고 생각했습니다. 그의 사촌 하나멜도 마찬가지였는데, 그는 약삭빠른 사람이었습니다. 하나멜은 예레미야의 고향인 아나돗에 밭을 소유하고 있었고, 그 밭을 예레미야에게 팔겠다고 제안했습니다. 그처럼 혼란한 시기에 부동산 거래는 터무니없는 일이었죠.

예레미야는 이스라엘 백성에게 이렇게 외쳤습니다. "이제 그만 울음을 멈추어라. 눈물을 거두어라. 너희 자녀들에게 희망이 있다."

하나멜은 만만한 사람을 알아보는 눈이 있었습니다. "아, 그래요?" 그가 말했습니다. "제가 아나돗 바닷가 근처에 밭이 있는데, 사실래요?" 여러분은 예레미야가 어떻게 했을 것 같나요? 정상적인 사람이라면, 몇 시간 뒤 자기 나라가 적의 손에 넘어갈 것을 알면서도 부동산 거래를 하지는 않겠죠? 예레미야는 그 제안을 거절하는 것이 당연했습니다.

하지만 그는 그 밭을 샀습니다!

그는 하나님의 진리를 들었고, 그 밭을 사는 행동으로 그 진리를 믿는다는 것을 증명했습니다. 그리고 놀라운 점은, 하나님이 예레미야에게 이 거래에 증인을 세우라고 하신 것입니다(렘 32:12-25). 왜일까요? 행동은 믿음을 보여 주기 때문입니다. 아마도 하나님은 예레미야의 선포에 힘을 실어 주시려고 하나멜의 마음을 움직여 이렇게 제안하게 하셨을지도 모릅니다.

예언자는 그 밭을 사는 행동으로 자신의 믿음을 증명했습니다. 진리는 종종 눈에 보이는 사실이 아닐 때가 많습니다. 왜냐하면 진리는 단순한 사실이 아니라 한 분의 존재이기 때문입니다. 그분과 연결되는 것이 진리를 아는 열쇠입니다.

친구 여러분, '밭을 사는' 믿음의 결단을 내리기를 바랍니다. 무신론자인 아버지의 영향이 딸에게 점점 더 강하게 미치는 것처럼 느껴질 수도 있습니다. 딸의 우울감이나 감정 기복과 싸우는 데 지쳤을 수도 있지요. 어쩌면 다른 자녀가 모두 방황하고 있고, 집에 남은 마지막 아이를 보며 절망감을 느끼고 있을 수도 있습니다.

불가능해 보이더라도 하나님을 믿으세요.

제 친구 칼라는 그렇게 했습니다. 그녀는 자신의 방탕한 생활이 딸에게 남긴 모든 상처를 하나님이 회복하실 수 있다고 믿었어요. 그래서 다시는 남자를 사귀지 않기로 결정했습니다. 마치 '밭을 사는 것'과 같았죠. 겉으로 보기에는 이상하고 터무니없는 선택이었지만, 그녀는 과감하게 투자했습니다. 그 결과, 하나님은 이 엄마의 담대한 순종을 통해 놀랍게 역사하셨습니다. 그녀의 믿음은 저에게도 진리를 따를 용기를 줍니다. 부디 여러분도 칼라를 통해 용기를 얻기를 바랍니다!

 하나님과 대화하기

요한복음 8장 31-32절, 36절을 묵상하며 하나님께 기도하세요. 여러분은 진정 그분의 제자인가요? 그분의 가르침을 따라 신실하게 살아가고 있나요? 여러분이 딸에게 바라듯, 여러분도 참된 자유를 누리고 있나요? 여러분의 마음을 하나님께 솔직하게 말씀드리고, 진정한 자유를 누리고 싶은 소망을 아래 빈칸에 적어 보세요.

"… 너희가 내 말에 거하면 참으로 내 제자가 되고 진리를 알지니 진리가 너희를 자유롭게 하리라…그러므로 아들이 너희를 자유롭게 하면 너희가 참으로 자유로우리라"(요 8:31-32, 36, 개역개정).

 딸과 대화하기

딸이 『앗, 내가 이런 거짓말을 믿었다니!』 13장을 읽고 나면, 그 책 153페이지를 펴고 딸이 발견한 거짓말을 진리로 바꾸는 과정을 도와주세요. 인내하면서 꾸준히 노력하며, 딸이 묵상할 수 있는 성경 구절을 찾아보세요. 딸의 책 165페이지에는 성경 구절을 자주 볼 수 있도록 게시할 수 있는 장소 열 군데가 나와 있습니다. 이 활동을 도와줄 뿐만 아니라, 발견한 진리를 딸이 계속해서 기억할 수 있도록 자주 일깨워 주세요.

🍎 내 딸이 기억할 **진리**는:

_____

14장

진리의 허리띠를 매라

진리로 자유로워지는 방법

저희 엄마는 성경을 사랑하시고 신실하게 기도하시는 분입니다. 제가 여덟 살 때, 엄마는 저에게 처음으로 어린이를 위한 매일 묵상집을 건네주셨습니다. 그때부터 성경을 읽고 진리를 마음에 새기는 평생의 습관이 시작되었습니다.

이 책을 쓰기 위해 조사하면서 저희 엄마처럼 딸이 경건하게 살도록 적극적으로 독려하는 엄마가 드물다는 것을 알고 무척 안타까웠습니다. 저는 포커스 그룹에 참석한 엄마들에게 딸들이 매일 성경을 읽고 기도하고 있는지 물었습니다. 그들의 답변은 다음과 같았습니다.

- 🍎 30퍼센트의 엄마는 딸이 규칙적으로 기도 시간을 갖고 있다고 답했습니다.
- 🍎 48퍼센트의 엄마는 딸이 기도 시간을 갖지 않는다고 했습니다.
- 🍎 22퍼센트의 엄마는 잘 모른다고 답했습니다.

대부분 엄마는 개인 기도 시간을 갖고 있다고 답했지만, 그중 많은 수가 8-13세의 딸이 이러한 습관을 기르도록 적극적으로 돕고 있지는 않았습니다.

이 책은 거의 끝나가지만, 딸을 진리 안에서 양육하는 일은 평생 지속될 것입니다. (저희 어머니도 여전히 저를 진리로 가르쳐 주고 계십니다.) 그래서 가장 중요한 도전을 하고 싶습니다.

바로, 여러분도 성경을 읽고 딸에게도 성경을 읽도록 가르치는 것입니다. 『앗, 내가 이런 거짓말을 믿었다니!』에서 저는 딸에게 성경을 읽는 것이 왜 중요한지 이렇게 설명했습니다.

> 많은 성경 구절은 우리에게 겸손, 의로움, 사랑 같은 것을 '입으라'고 말해요. 물론, 실제로 팔을 끼우고 몸에 걸치지는 않지만, 아마도 이렇게 생각할 수 있을 거예요. "오늘은 진리를 선택해서 입을 거야! 친절과 사랑으로 나를 감쌀 거야."
>
> 이런 것은 여러분이 좋아하는 청바지나 유니폼처럼 입을 수 있는 영적 특성이에요! (여러분이 이런 것을 만지거나 느낄 수는 없지만, 누군가가 그런 것을 '입고' 있으면 '알 수' 있을 거예요!) 우리가 '입을 수' 있는 것 중 하나는 진리의 허리띠예요.
>
> ### 👑 진리 한 조각
>
> > "그러므로 여러분은 진리의 허리띠로 허리를 동이고 정의의 가슴막이로 가슴을 가리고 버티어 서십시오"(에베소서 6:14).
>
> 사도 바울은 이 말씀을 기록하며 그리스도인들에게 아래와 같은 것을 입으라고 격려했어요.
>
> - ❤ 정의의 가슴막이
> - ❤ 평화의 신발
> - ❤ 구원의 투구
> - ❤ 믿음의 방패
> - ❤ 성령의 검 또는 하나님의 말씀

이 모든 것은 하나님의 갑옷으로서, 그리스도인이 '입어야' 하는 중요한 거예요. 그런데 바울이 가장 먼저 말한 것은 '진리의 허리띠'예요. 왜 그럴까요?

바울이 이 말씀을 기록할 당시, 로마 군인들은 오늘날 우리가 매는 허리띠와는 많이 다른 허리띠를 맸어요.

그것은 가죽과 금속으로 만든 두껍고 무거운 띠로, 앞쪽에는 큰 보호 장치가 달려 있었어요. 이 띠는 군인이 자신의 칼과 다른 무기들을 제자리에 고정하는 역할을 했죠.

여러분이 매는 진리의 허리띠도 다른 모든 것을 제자리에 고정해 주어요. 이 허리띠는 여러분이 올바른 선택을 하도록 돕고, 평안하게 살도록 지켜 주며, 믿음을 지킬 수 있게 도와줍니다. 이처럼 허리띠는 정말 중요해요! 다른 모든 것을 제자리에 두려면 이 허리띠를 꼭 매야 해요.

어떻게 그럴 수 있을까요?

질문해 주어 고마워요. 답은 아주 간단해요.

매일 진리를 생각하면 돼요!

저는 매일 아침, 성경을 읽고 성경 말씀을 일기장에 쓰면서 진리의 허리띠를 매는 것을 좋아해요. 여러분은 좋아하는 성경 묵상 책을 찾거나, 가족과 함께 묵상 시간을 갖거나, 엄마와 함께 묵상 시간을 가질 수도 있어요. 또 여러분이 좋아하는 성경 구절을 적어서 벽에 붙이는 것도 좋은 방법이죠. 어떻게 하든 상관없이 매일 성경을 읽는 것이 중요해요! 그때마다 여러분은 아주 중요한 진리의 허리띠를 '매는' 것이니까요.

진리의 허리띠를 매는 것은 여러분과 딸, 두 사람을 모두 변화시킬 수 있습니다. 매일 아침 진리의 허리띠를 매는 습관을 계속 이어 가거나 새롭게 시작하시기를 바랍니다. 그리고 딸도 똑같은 영적 훈련을 하고 실천할 수 있도록 도와주세요. 딸의 삶이 진리 위에 뿌리내리는 것보다 더 중요한 일은 없습니다.

저는 여러분이 딸의 마음에 진리의 씨앗을 심고 튼튼히 뿌리내리도록 돕게 해 달라고 기도했습니다. 이 여정을 시작할 때, 딸의 마음속 뿌리가 무엇으로 이루어져 있는지는 시험해 보기 전까지 알 수 없다고 말씀드렸습니다.

저 역시 이제 성인이 된 제 딸들이 다양한 시험에 직면하는 모습을 보며, 다음의 성경 구절을 깊이 새기고 있습니다. 여러분과 저의 딸들이 이 말씀처럼 살게 되기를 기도합니다.

♛ 진리 한 조각

"그러나 주님을 믿고 의지하는 사람은 복을 받을 것이다. 그는 물가에 심은 나무와 같아서 뿌리를 개울가로 뻗으니, 잎이 언제나 푸르므로, 무더위가 닥쳐와도 걱정이 없고, 가뭄이 심해도, 걱정이 없다. 그 나무는 언제나 열매를 맺는다"(렘 17:7-8).

친애하는 여러분, 여러분의 딸들과 저의 딸들이 물가에 심긴 나무처럼 자라나기를 바랍니다. 그들이 더위와 가뭄의 시련을 헤치고 걸어가는 모습을 보기를 소망합니다. 두려움 없이 살아가고, 마음속에 찝찝한 감정을 품지 않으며, 하나님 나라를 위해 풍성히 열매 맺는 삶을 살기를 기도합니다.

부록

20가지 핵심 진리

여자 어린이를 위한 『앗, 내가 이런 거짓말을 믿었다니!』의 마지막 부분에는 소녀들이 마음에 새겨야 할 진리가 나옵니다. 다음 페이지에 실어 놓은 그 진리는 제가 믿음으로 사는 데 큰 도움이 되었습니다. 여러분과 여러분의 딸에게도 도움이 될 것을 믿습니다. (우리는 절대 하나님의 진리에서 벗어날 수 없습니다!)

진리 01 **하나님이 나를 사랑하시지 않는 것처럼 느껴질 때.**
하나님은 우리를 항상 사랑하세요. 심지어 우리가 잘못을 저질렀을 때도 말이죠. 하나님은 우리가 죄를 짓고 아파하는 것을 원하지 않으시고, 변함없이 우리를 사랑하시며, 언제나 용서할 준비를 하고 계세요(롬 5:8).

진리 02 **하나님만으로는 충분하지 않다고 느껴질 때.**
하나님은 우리에게 필요한 전부입니다. 하나님은 친구, 성적, 소중한 물건보다 더 중요한 분이에요. 그분은 우리에게 필요한 모든 것의 근원이시기 때문이에요(빌 4:19).

진리 03 **내가 그리스도인인지 아닌지 확신이 서지 않을 때.**
"예수는 주님이라고 입으로 고백하고, 하나님께서 그를 죽은 사람들 가운데서 살리신 것을 마음으로 믿으면" 우리는 그리스도인입니다(롬 10:9). 그리스도인이 되면 행동이 달라져요. 하나님을 더 사랑하게 되고, 이 세상에 속한 것에 대한 욕심은 줄어들어요(고후 5:17, 요일 2:3-17).

진리 04 **내가 부족하다고 느껴질 때.**
우리가 어떤 성적을 받든, 다른 사람이 우리를 좋아하든 싫어하든 우리가 그리스도인이라면 하나님이 선택하신 사람이에요. 우리 스스로는 부족하지만, 하나님이 함께하신다면 우리는 부족하지 않아요(엡 1:4).

진리 05 **내가 더 예쁘고 날씬해야 한다고 생각될 때.**
하나님은 우리를 창조하셨고, 완벽하게 지으셨어요. 하나님은 우리를 만드실 때 실수하지 않으셨어요. 하나님은 외모를 보지 않으세요. 하나님은 친절함, 다른 사람에게 내미는 도움의 손길, 온유함 같은 것을 아름답게 보세요(삼상 16:7).

진리 06	**나에게 자유가 부족하다고 느껴질 때.**
	우리는 더 많은 자유가 필요한 것이 아니라, 더 많은 책임을 질 준비가 된 거예요. 하나님은 우리가 그 책임을 잘 감당하기 원하세요(갈 6:5-6).

진리 07	**우리 가족이 이상하다고 느껴질 때.**
	다름은 좋은 것이라는 사실을 기억하세요. 우리 가족은 서로 다르고, 모든 가족이 다 그래요. 그것은 좋은 거예요. 하나님은 우리가 다른 사람들과 똑같은 사람이기를 원하지 않으세요. 우리는 하나님께 순종하는 사람이기 때문에 다른 사람들과 다르게 살기를 원하세요(엡 4:17, 19-20).

진리 08	**가족이 서로 멀어져서 다시는 행복할 수 없다고 느껴질 때.**
	모든 것의 뿌리는 가족이 아니라 하나님이에요. 우리의 참된 만족과 행복은 하나님 안에서 찾을 수 있어요. 하나님은 우리가 하나님을 신뢰하는 방법을 알려 주시고, 우리가 가족 안에서 만족할 수 있도록 도와주세요(빌 4:11-12).

진리 09	**부모님이 나를 이해하지 못하신다고 느껴질 때.**
	부모님과 잘 지내고 함께 시간을 보내는 것은 좋지만, 부모님은 우리의 친구가 아니에요. 부모님의 역할은 경계를 설정하는 것이고, 우리의 역할은 그 경계를 따르는 것이죠. 부모님을 공경할 때 하나님은 우리에게 기쁨을 주세요(나중에 어른이 되면 부모님과 좋은 친구가 될 수 있어요) (엡 6:1-2).

진리 10	**죄가 별것 아니라고 믿고 싶은 유혹을 받을 때.**
	모든 죄는 우리를 하나님과 멀어지게 하고, 때로는 우리가 사랑하는 사람들과의 관계를 끊어 버려요(사 59:2).

진리 11　**나의 죄를 다른 사람에게 말할 필요가 없다고 생각될 때.**
죄를 숨기는 것은 항상 실패로 이어진다는 것을 기억하세요. 우리는 나쁜 습관, 유혹, 죄를 이겨 내기 위해 도움이 필요해요. 지혜로운 어른들에게 도움을 요청하세요(잠 28:13, 약 5:16).

진리 12　**영화, 텔레비전 프로그램, 음악이 아무런 영향을 미치지 않는다고 생각될 때.**
우리가 보고 듣고 읽는 것은 우리가 믿고 행동하는 방식에 영향을 미쳐요. 하나님은 우리가 참되고, 경건하고, 옳고, 순결하고, 사랑스럽고, 명예롭고, 덕이 되고, 칭찬할 만한 것들만 마음에 품기를 원하세요(빌 4:8).

진리 13　**남자와 여자가 크게 다르지 않다고 생각될 때.**
하나님은 남성과 여성이라는 두 가지 성별을 창조하셨어요. 이것은 하나님이 사회적 존재이심을 알려 줍니다. (즉, 사람은 혼자서가 아니라 다른 사람들과 더불어 살아가는 존재라는 뜻이에요.) 남자와 여자의 차이점을 축하하고 이해하는 것은 좋은 일이에요(창 1:26-27).

진리 14　**생리가 시작될까 봐 두려울 때.**
생각만큼 그렇게 나쁘지 않을 거예요. 모든 소녀가 생리를 할 거예요. 가장 좋은 방법은 엄마와 이야기하며 준비하는 거예요. 또한 생리는 우리 몸이 생명을 창조할 수 있다는 신호라는 것을 기억하세요. 이 선물에 감사하세요(시 127:3).

진리 15　**이성 친구에게 빠져 있는 주변 친구들을 보고 나도 그런 유혹을 받을 때.**
이성 친구에게 관심을 갖는 것이 '정상'일 수 있지만, 그것이 하나님이 우리에게 바라시는 최고의 모습은 아니에요. 우리는 이성 친구에게 지나친 관심을 갖지 않을 수 있어요(아 2:7).

진리 16	**엄마에게 이성 친구에 관해 이야기할 필요가 없다는 거짓말을 믿을 때.**

결혼은 (만약 하나님이 원하신다면) 정말 중요한 일이에요. 그래서 이성 친구에 관해 엄마와 이야기하는 것도 중요해요. 모든 사람은 지혜로운 조언이 필요하답니다(잠 13:20).

진리 17	**친구가 한 명도 없다고 느껴질 때.**

우리는 모두 진실한 친구가 필요해요. 가장 좋은 방법은 우리가 먼저 좋은 친구가 되는 거예요. 어떻게 좋은 친구가 될 수 있을지 생각해 보고, 친구가 필요한 사람을 찾아보세요(잠 18:24).

진리 18	**다른 친구에게 상처 주는 것 때문에 고민될 때.**

우리가 하는 모든 말과 다른 사람에 대해 생각하는 모든 것은 하나님을 기쁘시게 해 드려야 해요. 상처를 주는 것이 별것 아닌 일처럼 느껴지지만, 하나님은 우리가 모든 사람에게 친절하기를 원하세요(시 19:14).

진리 19	**멋진 직업을 갖는 것이 아내와 엄마가 되는 것보다 더 중요하다고 생각될 때.**

남편을 도울 수 있다는 것은 멋진 일이에요. 엄마가 되는 것은 우리가 받을 수 있는 최고의 선물 중 하나예요(창 2:18, 시 127:3).

진리 20	**성숙한 일을 하기에는 너무 어리다고 생각될 때.**

우리는 지금 미래의 우리 자신을 빚고 있어요. 만약 우리가 다른 사람에게 친절하게 행동한다면 친절한 사람이 되고, 지혜롭게 행동한다면 지혜로운 사람이 될 거예요(갈 6:7).

포커스 그룹 결과 요약*

질문 1: 오늘날 어린 소녀들이 자신에 대한 생각, 인간관계, 도덕적 행동, 하나님에 대한 거짓말을 믿기 쉬운 환경에 있다고 생각하나요? (본인이 어릴 때보다 더 그렇다고 느끼나요?)

- 그렇다 **85%**
- 아니다 **12%**
- 잘 모르겠다 **3%**

질문 2a: 딸과 관련해 가장 걱정되는 거짓말은 무엇인가요?

- 자아 존중감 **32%**
- 신앙 **23%**
- 이성/성(性) **15%**
- 우정/소속감 **11%**
- 또래 압력 **7%**
- 소셜 미디어 **5%**
- 문화적 영향 **3%**
- 조기 성숙 **2%** (나이에 비해 어른들의 문화와 취향을 즐김)
- 우울/불안 **1%**
- 동성애 **1%**

*모든 질문의 응답률 합이 100퍼센트가 되지 않는 이유는 일부 응답자가 모든 질문에 답하지 않았거나, 복수 선택이 가능한 질문이 있었기 때문입니다.

질문 2b: 여러분의 어린 시절에는 문제가 되지 않았지만, 지금 딸에게는 문제가 되는 것은 무엇인가요?

자아 존중감	23%
외모에 대한 고민	16%
소셜 미디어	11%
우정/소속감	8%
이성 관계	8%
동성애	7%
특권 의식	5%

질문 3: 여러분의 딸은 절대적인 도덕적 진리가 있다고 믿나요?

특정 주제(모성, 결혼, 순종/복종)에 대한 논의 이전 응답:

그렇다	80%
아니다	7%
잘 모르겠다	13%

특정 주제(모성, 결혼, 순종/복종)에 대한 논의 이후 응답:

그렇다	56%
아니다	16%
잘 모르겠다	27%

질문 3a: 여러분의 딸은 장차 결혼하고 가정을 이루는 것을 직업을 갖는 것보다 더 가치 있게 여기거나 중요하게 생각하나요?

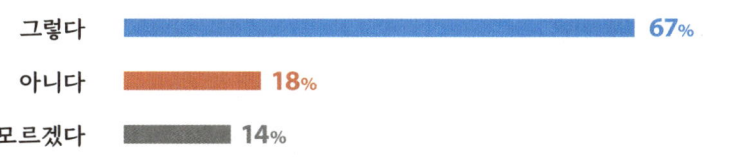

질문 3b: 여러분의 딸은 여러분과 다른 권위자들에게 순종하는 모습을 보이며 순종에 대한 믿음을 드러내나요?

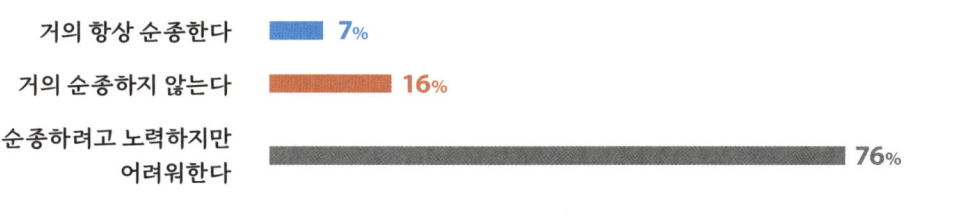

질문 4: 딸에게 '상처 주는 친구', '애증 관계', '왕따'로 인한 문제가 생기나요?

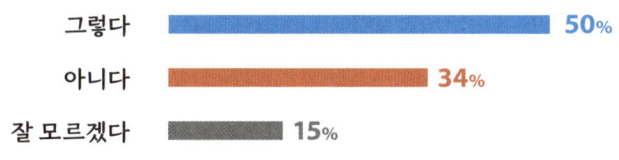

질문 5a: 딸이 예수님을 믿고 그분을 따르기로 결심했나요? 구원의 확신이 있나요?

- 그렇다 67%
- 아니다 18%
- 잘 모르겠다 13%

질문 5b: 딸이 규칙적으로 개인 기도 시간을 가지고 있나요?

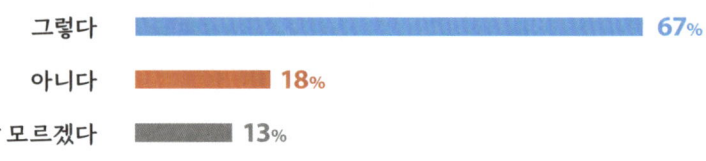

- 그렇다 30%
- 아니다 48%
- 잘 모르겠다 22%

질문 5c: 당신은 규칙적으로 개인 기도 시간을 가지고 있나요?

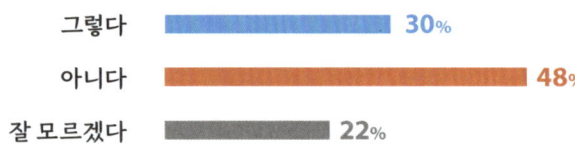

- 그렇다 70%
- 아니다 23%
- 잘 모르겠다 6%

질문 6a: 딸이 자신의 외모나 신체 중 싫어하는 부분이 있나요?

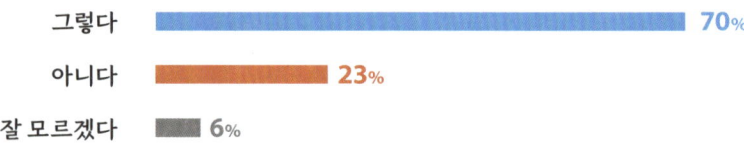

- 그렇다 50%
- 아니다 31%
- 잘 모르겠다 18%

질문 6b: (위 질문에서 '예'라고 답한 경우에만 질문) 당신은 딸이 싫어하는 외모 부위에 대해 어떻게 생각하나요?

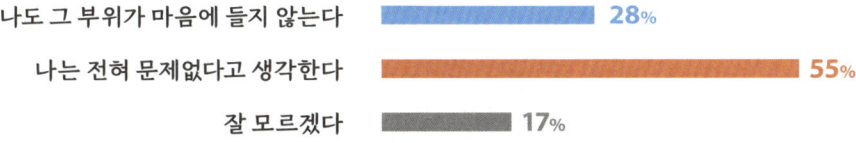

- 나도 그 부위가 마음에 들지 않는다 — 28%
- 나는 전혀 문제없다고 생각한다 — 55%
- 잘 모르겠다 — 17%

질문 7a: 딸이 남자아이에게 과하게 관심을 보이나요?

- 그렇다 — 6%
- 아니다 — 80%
- 잘 모르겠다 — 14%

질문 7b: (10–13세 딸을 둔 부모에게만 질문) 딸과 성에 대한 대화를 나눈 적이 있나요?

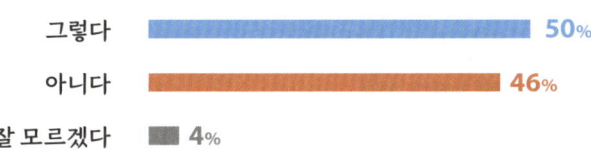

- 그렇다 — 50%
- 아니다 — 46%
- 잘 모르겠다 — 4%

질문 8: 어린 소녀가 사탄이나 악한 영의 영향을 받을 수 있다고 생각하나요?

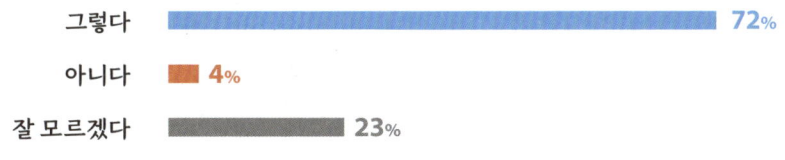

- 그렇다 — 72%
- 아니다 — 4%
- 잘 모르겠다 — 23%

포커스 그룹 결과 요약

초등학교 여자 어린이 설문 조사 결과 요약*

질문 1: 이 설문을 작성하려면 8–13세 여자 어린이여야 합니다. 여자로 태어난 것에 대해 어떻게 생각하나요?

- 여자로 태어나서 정말 좋다. **48%**
- 가끔 힘들지만, 여자인 것이 대체로 좋다. **46%**
- 여자라서 싫다. **1%**
- 남자와 여자 사이에 차이가 없다고 생각한다. **4%** **

질문 2: 여러분의 외모에서 좋아하는 부분을 모두 선택해 보세요.

- 얼굴 **75%**
- 머리카락 **90%**
- 피부 **69%**
- 눈 **91%**
- 몸무게 **53%**
- 키 **71%**
- 다리 **63%**
- 팔 **64%**
- 없음 **1%**

*모든 질문의 응답률 합이 100퍼센트가 되지 않는 이유는 일부 응답자가 모든 질문에 답하지 않았거나, 복수 선택이 가능한 질문이 있었기 때문입니다.

**나머지 어린이는 제시된 문장 중 자기 생각과 일치하는 것이 없어서 '기타'를 선택했습니다.

질문 3: 여러분의 외모에서 좋아하지 않는 부분을 모두 선택해 보세요.

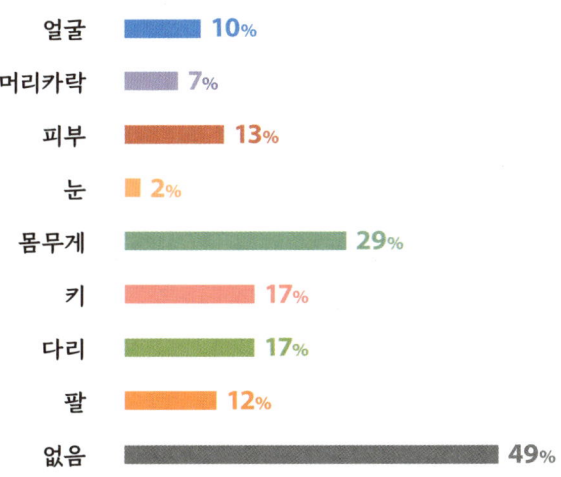

- 얼굴: 10%
- 머리카락: 7%
- 피부: 13%
- 눈: 2%
- 몸무게: 29%
- 키: 17%
- 다리: 17%
- 팔: 12%
- 없음: 49%

질문 4: 하나님은 여러분을 어떻게 생각하실까요?

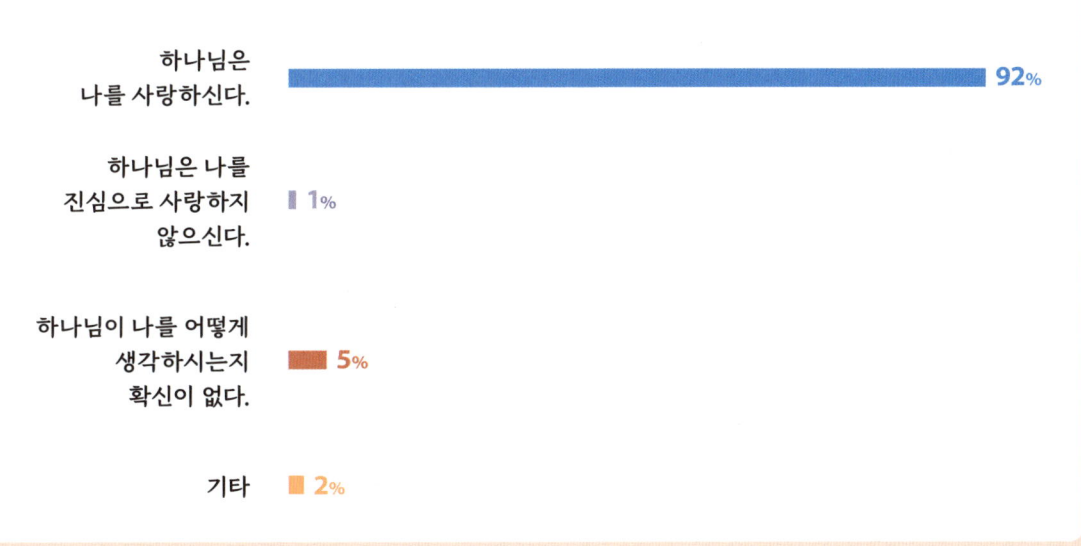

- 하나님은 나를 사랑하신다.: 92%
- 하나님은 나를 진심으로 사랑하지 않으신다.: 1%
- 하나님이 나를 어떻게 생각하시는지 확신이 없다.: 5%
- 기타: 2%

질문 5: 가족에 대해 어떻게 생각하나요? 아래에서 해당하는 항목을 모두 선택하세요.

- 우리 가족은 규칙이 너무 많다. — 15%
- 부모님이 허락하시는 것보다 더 많은 자유가 필요하다. — 22%
- 형제(자매)와 자주 싸우지만, 그것은 정상이다. — 34%
- 형제(자매)와 가끔 싸우지만, 싸우는 것은 좋지 않다고 생각하며 안 싸웠으면 좋겠다. — 47%
- 우리 가족은 평범한 편이다. — 56%
- 우리 가족은 다른 집과 많이 달라서 비정상으로 느껴진다. — 11%

질문 6: 죄에 대해 어떻게 생각하나요? 아래에서 여러분의 믿음을 가장 잘 설명하는 것을 선택하세요.

- 어떤 죄는 다른 죄보다 더 크고 나쁘다고 생각한다. — 23%
- 모든 죄는 똑같이 나쁘며, 하나님과 멀어지게 한다. — 64%
- 죄에 대해 어떻게 생각해야 할지 잘 모르겠다. — 10%
- 위의 어느 것도 해당하지 않는다. — 4%

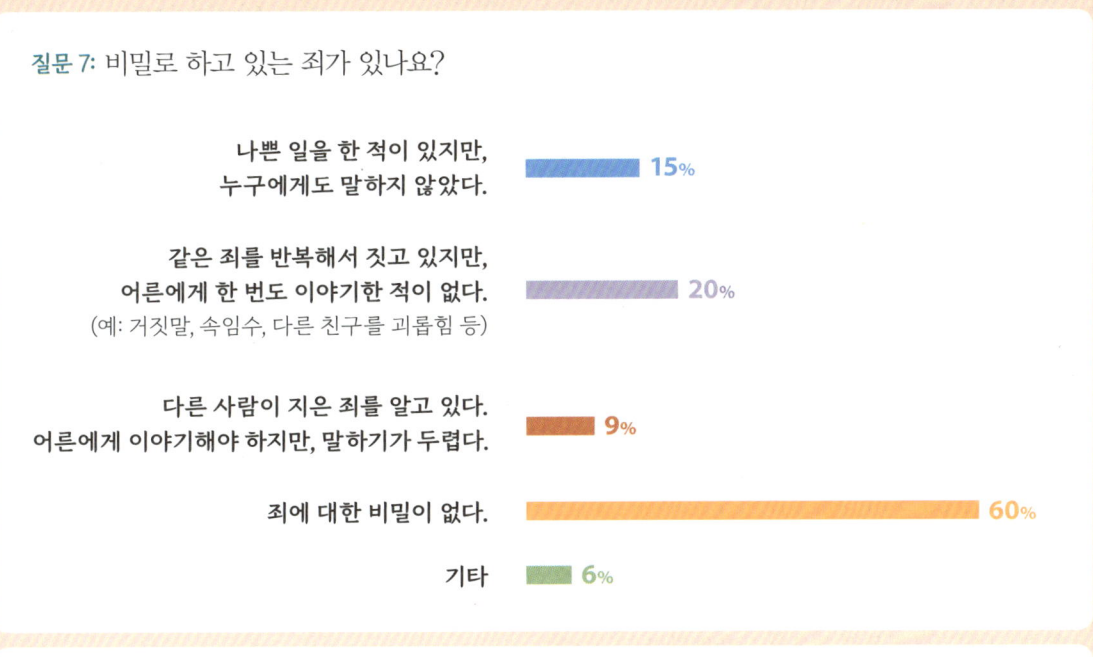

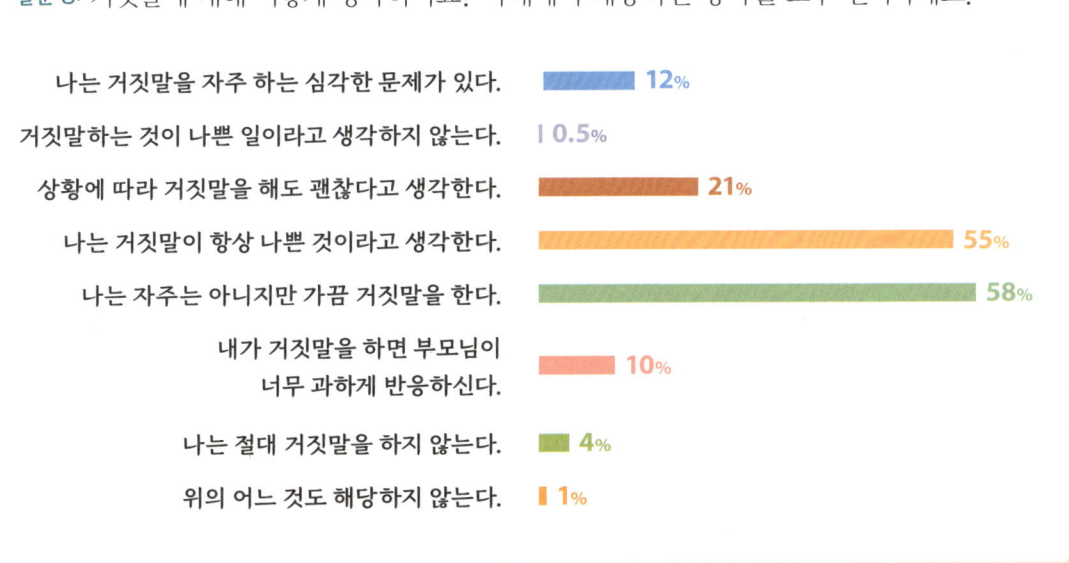

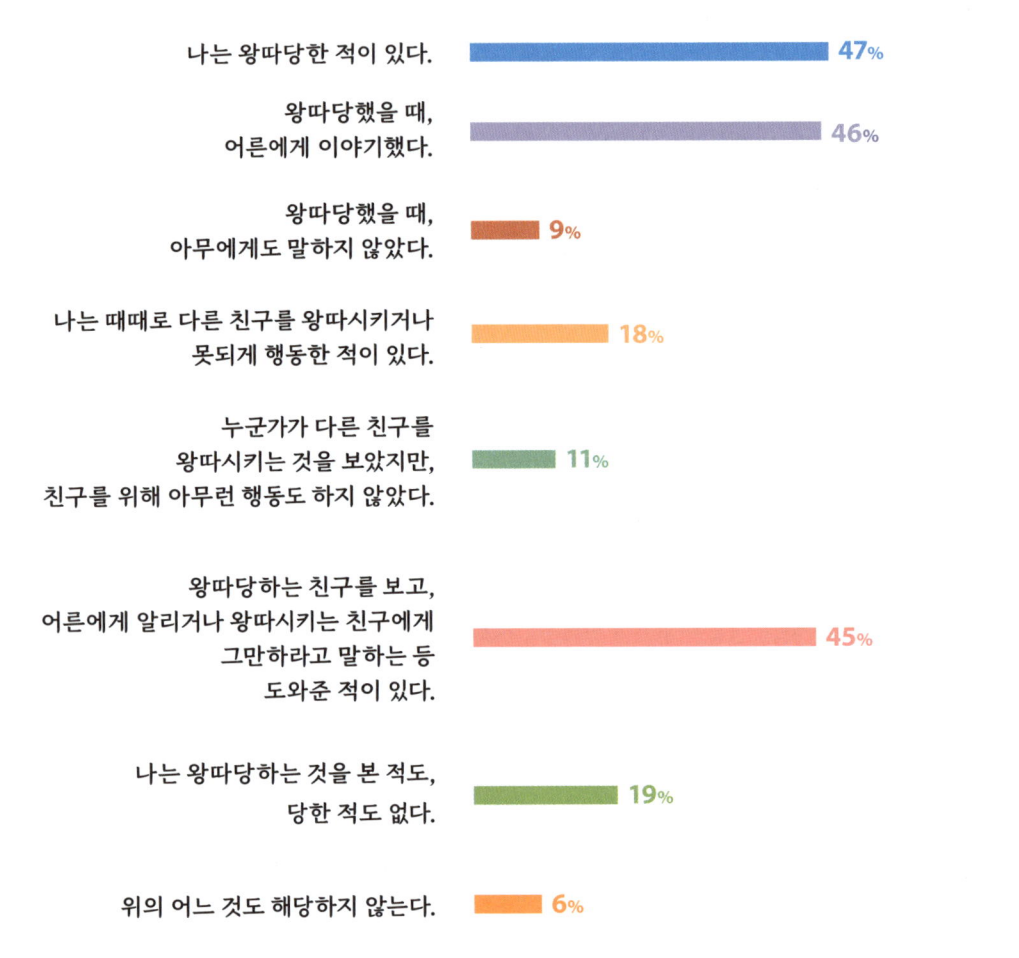

질문 10: 남자아이에 대해 어떻게 생각하나요? 아래에서 해당하는 항목을 모두 선택하세요.

항목	%
나는 남자아이에게 푹 빠져 있다.	6%
남자아이에게 관심을 갖는 것은 자연스러운 일이기 때문에 괜찮다고 생각한다.	11%
나는 남자 친구가 있다.	4%
내 친구들은 모두 남자 친구가 있다.	24%
나는 더 나이가 들면 남자 친구를 사귈 계획이다.	60%
나는 남자 친구에 대해 생각해 본 적이 없다.	54%

질문 11: 엄마와 남자아이에 대해 이야기할 때 기분이 어떤가요?

항목	%
엄마와 남자아이에 대해 이야기하는 것이 어색하다.	44%
엄마와 남자아이에 대해 이야기하는 것이 좋다.	19%
엄마와 남자아이에 대해 이야기하지 않는다.	36%
기타	15%

질문 12: 여러분이 가지고 있는 물건을 살펴보세요. 아래에서 본인만 사용하는 물건이 있다면 모두 선택하세요. (가족과 공유하는 기기나 부모님의 기기는 제외)

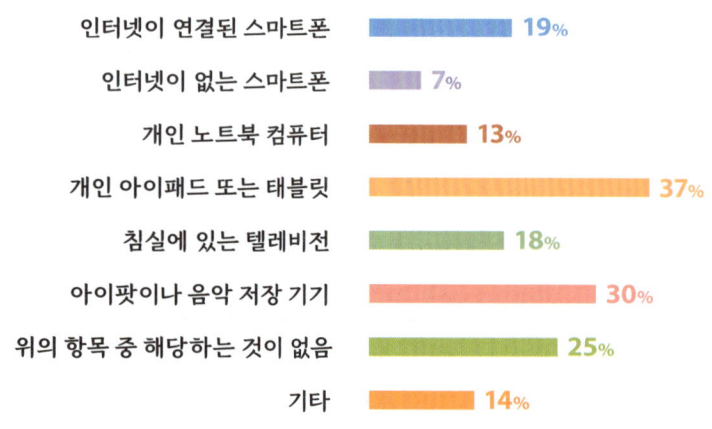

- 인터넷이 연결된 스마트폰 — 19%
- 인터넷이 없는 스마트폰 — 7%
- 개인 노트북 컴퓨터 — 13%
- 개인 아이패드 또는 태블릿 — 37%
- 침실에 있는 텔레비전 — 18%
- 아이팟이나 음악 저장 기기 — 30%
- 위의 항목 중 해당하는 것이 없음 — 25%
- 기타 — 14%

질문 13: 넷플릭스, 영화, 텔레비전 시청 및 음악 감상에 대해 어떻게 생각하나요? 아래에서 해당하는 항목을 모두 선택하세요.

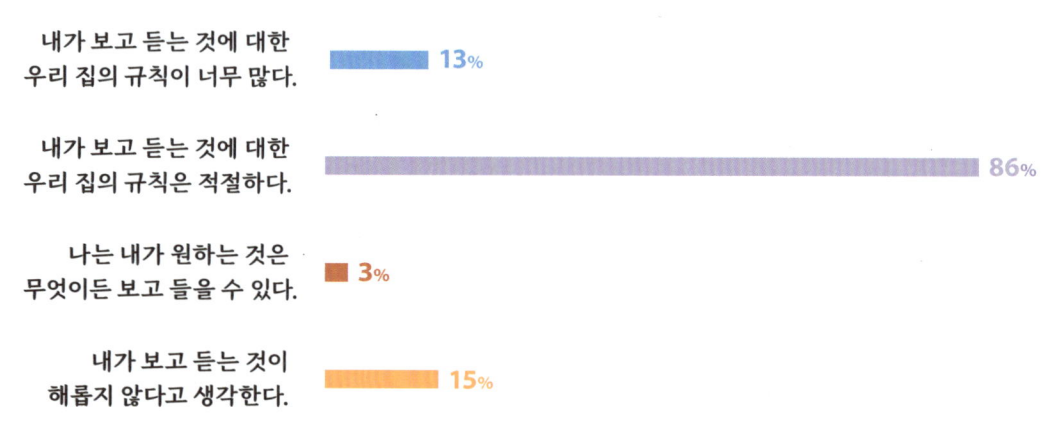

- 내가 보고 듣는 것에 대한 우리 집의 규칙이 너무 많다. — 13%
- 내가 보고 듣는 것에 대한 우리 집의 규칙은 적절하다. — 86%
- 나는 내가 원하는 것은 무엇이든 보고 들을 수 있다. — 3%
- 내가 보고 듣는 것이 해롭지 않다고 생각한다. — 15%

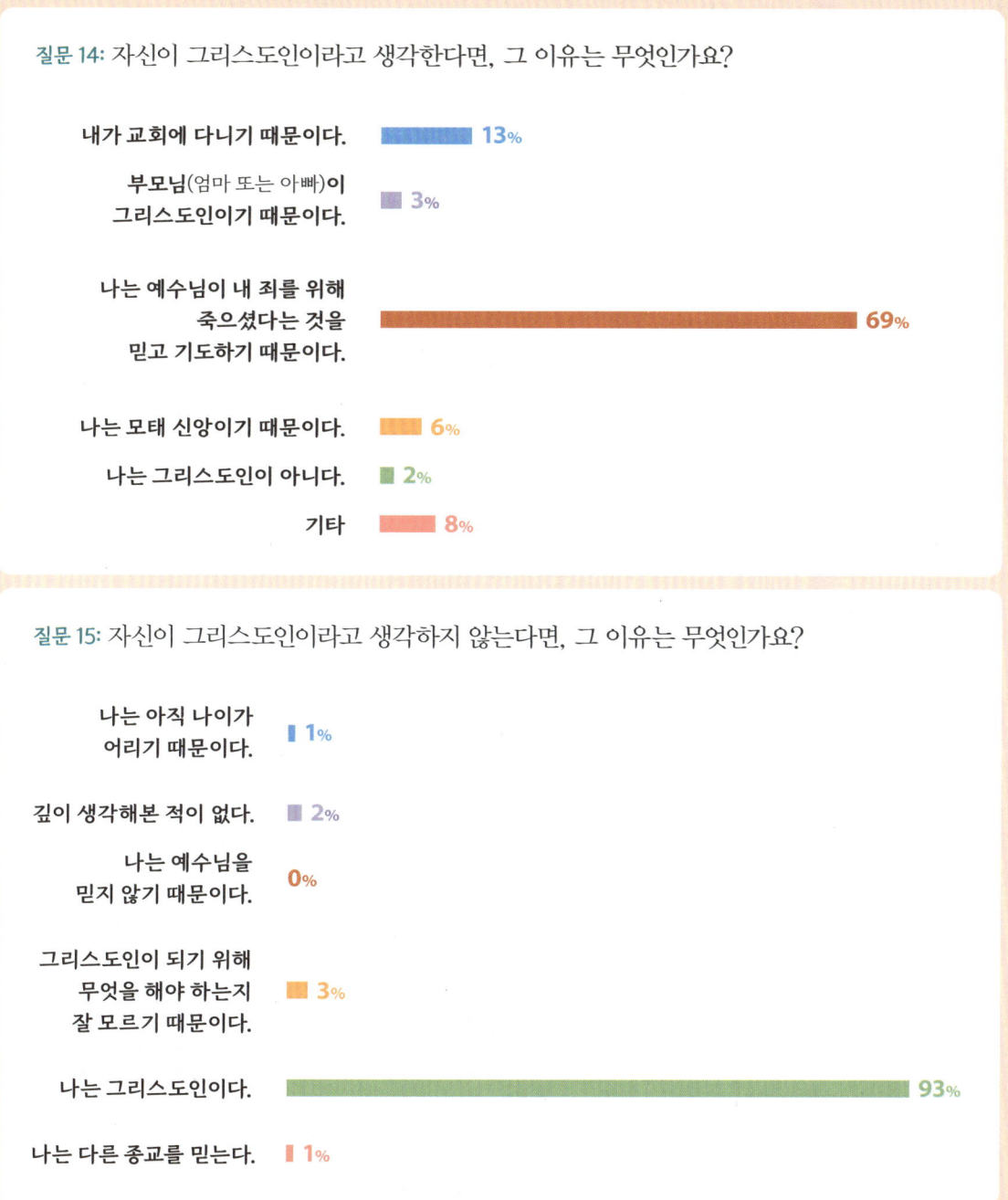

질문 16: 여러분의 나이는 몇 살인가요?

- 8세: 8%
- 9세: 13%
- 10세: 16%
- 11세: 23%
- 12세: 21%
- 13세: 18%

질문 17: 어떤 유형의 학교에 다니고 있나요?

- 공립학교: 51%
- 홈스쿨: 30%
- 기독교 사립학교: 16%
- 비기독교 사립학교: 1%
- 기타: 2%

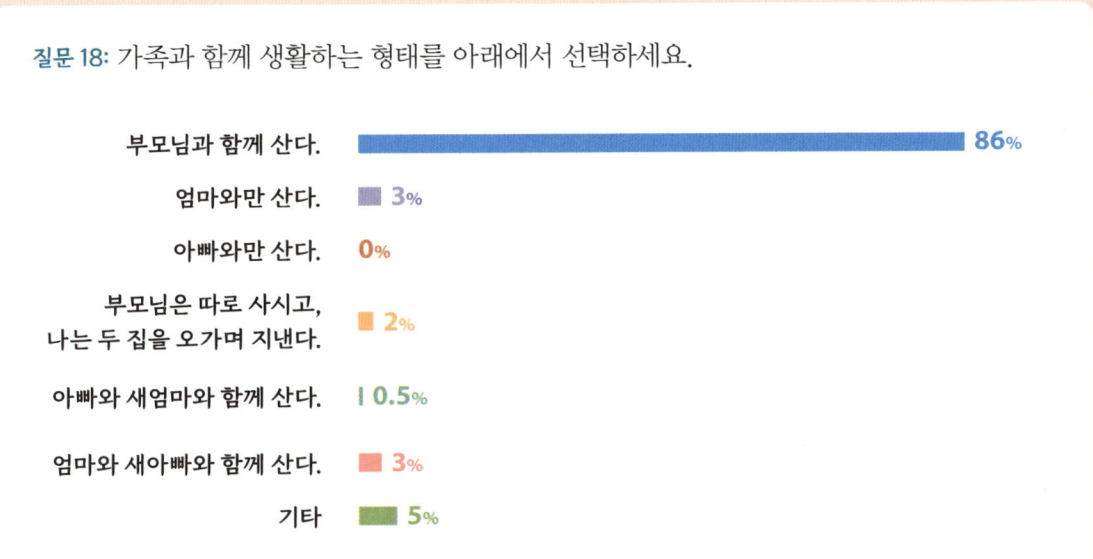

감사의 말

이 책과 여자 어린이를 위한 『앗, 내가 이런 거짓말을 믿었다니!』는 많은 사람의 도움으로 완성되었습니다. 도와주신 모든 분께 깊이 감사드립니다.

낸시 드모스 월게머스는 제가 『여성들이 믿고 있는 거짓말』의 메시지를 어린 소녀들에게도 전하고 싶다는 간절한 요청을 인내심 있게 들어주었습니다. 그녀는 소중한 시간을 내어 책의 기획 방향을 잡고 편집하는 데 아낌없는 도움을 주었습니다. 낸시, 당신은 저에게 정말 소중한 친구입니다. 하나님이 당신에게 맡기신 이 책 시리즈에 저를 참여할 수 있도록 허락해 주셔서 진심으로 감사드립니다. 저는 그 은혜에 벅찬 감동과 깊은 사랑을 느낍니다.

제니퍼 라이엘(Jennifer Lyell)은 미국 기독교 출판계에서 신뢰받는 여성 리더 중 한 명이자 낸시와 저의 소중한 친구입니다. 그녀는 책의 제목을 정하고 기획 방향을 잡는 초기 단계에서 뛰어난 통찰력을 빌려주었고, 이후에도 조언을 아끼지 않았습니다. 제니퍼, 당신은 어린 시절 마음속에 뿌려진 거짓말과 용감하게 싸웠습니다. 당신의 삶은 진리의 능력을 보여 주는 증거입니다!

미국과 도미니카 공화국 11개 도시에서 총 156명의 초등학생 자녀를 둔 엄마들이 우리의 포커스 그룹에 참여해 주었습니다. 진솔한 마음과 지혜, 소중한 이야기를 나누어 주셔서 감사드립니다. 또한 제 며느리인 알레이아 그레쉬(Aleigha Gresh)와 또 한 명의 소중한 딸인 샤메인 포터(Charmaine Porter)가 이 포커스 그룹을 진행하고 정보를 분석하는 데 큰 도움을 주었습니다. 진심으로 감사드립니다.

1,531명의 초등학교 소녀가 간단한 설문에 참여해, 엄마들이 들려준 이야기와 비교하고 분석하는 데 도움을 주었습니다. 또 한 명의 소중한 딸이자 저의 마케팅 디렉터인 오브리 브러시(Aubrey Brush)가 이 정보를 체계적으로 정리하고 교차 분석하여, 정확하게 활용할 수 있도록 도와주었습니다.

20년 동안 함께 일한 무디 출판사(Moody Publishers)의 제 친구들은 가장 어린 마음들에게까지 진리를 전하는 사역을 충실히 감당하고 있습니다. 처음으로 제게 책을 쓸 기회를 준 그레그 손턴(Greg Thornton)부터, 오늘날 출판사를 신중하고 경건하게 이끌고 있는 폴 샌타우스(Paul Santhouse)까지, 여러분은 단순히 제가 콘텐츠를 만들어 내는 능력을 넘어, 저와 함께 진리를 전하는 사역에 깊이 관심을 기울여 주었습니다. 인생의 기쁨과 어려움을 함께한 신실한 형제들이 되어 주셔서 감사합니다. 또한 랜들 페이라이트너(Randall Payleitner), 주디 더나건(Judy Dunagan), 애슐리 토레스(Ashley Torres), 에릭 피터슨(Erik Peterson), 코너 스테르치(Connor Sterchi), 이 놀라운 팀의 일원이 되어 주셔서 감사드립니다.

이번 편집팀은 제가 진행했던 어떤 출판 프로젝트보다도 중요한 역할을 해 주었습니다. 애슐리 슬레이터(Ashleigh Slater), 이번 편집 프로젝트를 이끌어 주셔서 감사합니다. 뛰어난 편집 능력과 신학적 통찰력으로 세밀한 부분까지 살펴 주셨고, 지치고 낙심했던 저를 따뜻하게 격려해 주셨습니다. 시더빌 대학교의 조이 화이트(Joy White), 바쁜 일정 속에서도 『앗, 내가 이런 거짓말을 믿었다니!』의 내용을 신학적으로 검토해 주셔서 감사합니다. 미셸 버크(Michelle Burke), 소녀들을 위한 책이 발달적으로 적절한지 검토해 주시고, 신학적 의견까지 더해 주셔서 감사합니다. 메리 카시안(Mary Kassian), 이 책에서 가장 어려운 내용을 검토해 주셔서 감사합니다. 여러분의 도움이 없었다면, 이 책은 세상에 나올 수 없었습니다. 진심으로 감사드립니다.

이제, 여러분 딸의 책을 보세요! 정말 예쁘지 않나요? 이 책이 시중에서 가장 잘 팔리는 초등학교 어린이 대상의 책들과 견줄 만큼 멋지게 만들어지는 것도 정말 중요했어요. 왜냐하면 예수님이야말로 우리가 가진 최고의 디자인 능력을 받으실 분이니까요! 제 친애하는 친구 줄리아 라이언(Julia Ryan)이 어린이 책에 생동감 넘치는 색감과 이야기를 불어넣어 주었어요. 당신은 정말 최고로 멋진 디자이너예요!

퓨어 프리덤(Pure Freedom) 사역팀은 제가 이 책을 쓰는 동안 정말 큰 힘이 되어 주었어요. 웨이드 해리스(Wade Harris), 언제나 제 편이 되어 주고, 삶과 우선순위를 관리할 수 있도록 도와주어 고마워요. 아일린 킹(Eileen King), 언제 제가 멈추고 기도해야 할지를 일깨워 주어서 정말 감사해요!

렉시(Lexi)와 오텀(Autumn), 너희의 이름과 마음을 이 책에 실을 수 있도록 허락해 주어 고마워. 너희 엄마로 살아가는 것이 얼마나 큰 축복인지 말로 다 표현할 수 없단다. 그리고 저의 어머니 케이 바커(Kay Barker), 이 책에는 엄마의 흔적이 예상보다 더 많이 등장할 거예요. 제가 여덟 살 때부터 개인 기도와 성경 공부 시간을 갖도록 가르쳐 주셔서 정말 감사드립니다.

사랑하는 밥(Bob), 일 년 내내 마감 기한으로 쫓기는 저를 묵묵히 견뎌 주어 고마워요. 당신을 남편으로 만나게 하신 하나님께 감사드립니다.

주

1장 우리는 결정해야 한다

1. "Tips for Parents" Instagram, accessed May 11, 2018, https://help.instagram.com/ 154475974694511.

2. Juliet B. Schor, *Born to Buy: The Commercialized Child and the New Consumer Culture* (New York: Scribner, 2004), 13.

3. Kevin John Siazon, "Adolescent depression rates are on the rise with tween girls especially At Risk," Today's Parent, November 18, 2016, https://www.todaysparent.com/kids/kids- health/adolescent-depression-rates-on-the-rise/.

4. Leah Shafer, "Social Media and Teen Anxiety," Harvard Graduate School of Education, December 15, 2017, https://www.gse.harvard.edu/news/uk/17/12/social-media-and- teen-anxiety.

5. "Number of child, teen, and young adult Facebook, Instagram, and Snapchat users in the United States as of August 2017," Statista, accessed April 4, 2018, https://www.statista.com/ statistics/250176/social-network-usage-of-us-teens-and-young-adults-by-age-group/.

6. Melissa Healy, "Self-harm rises sharply among tween and young teen girls, study shows," *Los Angeles Times,* November 21, 2017, http://www.latimes.com/science/sciencenow/la-sci-sn- tween-girls-self-injury-20171121-story.html.

7. Margaret Renki, "The scary trend of tweens with anorexia," CNN.com, 2011, http://www.cnn.com/2011/HEALTH/08/08/tweens.anorexia.parenting/index.html.

8. Patti Richards, "How Does Media Impact Body Image and Eating Disorder Rates," Center for Change, accessed February 12, 2018, https://centerforchange.com/how-does-media-impact-body-image-and-eating-disorder-rates/.

9. Jonathan Edwards, *The Nature of True Virtue* (Eastford, CT: Martino Fine Books, 2015). (『참된 미덕의 본질』 부흥과 개혁사 역간)

2장 진리 안에서 딸을 양육하는 법

1. Stuart Turton, "'Sex' makes list of top search terms for children," ITPro, December 17, 2009, http://www.itpro.co.uk/618913/sex-makes-list-of-top-search-terms-for-children.

2. SHiFT: Insights Into Winning the Battle for Our Children's Hearts, hosted by George Barna and Francis Chan (Franklin, TN: Tween Gospel Alliance, 2012), Digital video. Available at ishinelive.com.

3장 은혜는 어떤 역할을 하는가?

1. Dictionary.com Unabridged, based on the Random House Unabridged Dictionary, Random House, Inc. 2018, s.v. "truth," http://www.dictionary.com/browse/truth?s=t.

2. Karl Menninger, *Whatever Became of Sin?* (Portland, OR: Hawthorn Books, 1973), 179.

4장 하나님에 대한 진리와 거짓말

1. Nancy DeMoss Wolgemuth, *Lies Women Believe: And the Truth That Sets Them Free* (Chicago: Moody Publishers, 2018), 164.

2. "SHiFT," hosted by George Barna and Francis Chan (Franklin, TN: Tween Gospel Alliance, 2012), video, https://ishinelive.com/products/shift-video/.

3. 위의 책.

4. 위의 책.

5. Howard Culbertson, "When Americans become Christians," January 15, 2016 업데이트, https://home.

snu.edu/~hculbert/ages.htm.

6. Barna Group, "Atheism Doubles Among Generation Z," Barna, January 24, 2018, https:// www.barna.com/research/atheism-doubles-among-generation-z/.

7. 위의 책.

8. 위의 책.

9. Mike Nappa, "What Do Christian Teens Actually Believe About Jesus?," *Biola Magazine*, Summer 2012, http://magazine.biola.edu/article/12-summer/what-do-christian-teens- actually-believe-about-jes/.

10. 이 개념은 Philip Yancy, *Rumors of Another World: What On Earth Are We Missing?* (Grand Rapids: Zondervan, 2003), 144에서 나온 개념을 업데이트하고 단순화했다.

11. Philip Yancey, *What's So Amazing About Grace* (Grand Rapids: Zondervan, 2002), 70.

5장 나에 대한 진리와 거짓말

1. 이는 8세에서 13세 사이의 '교회에 다니는 소녀' 1,531명을 대상으로 우리가 설문 조사를 한 결과다. '교회에 다니는' 소녀들과 '교회에 다니지 않는' 소녀들이 모두 포함된 일부 조사에서는 자신의 외모를 좋아하지 않는 비율이 이보다 훨씬 더 높게 나타났다.

2. Jeffrey Zaslow, "Girls and Dieting, Then and Now," *Wall Street Journal*, September 2, 2009, https://www.wsj.com/articles/SB10001424052970204731804574386822245731710.

3. 세이디 로버트슨(Sadie Robertson)의 페이스북 홈페이지, accessed January 2, 2018, https://www.facebook.com/ sadiecrobertson/posts/707756299425971:0.

4. Talking with Trees, "What is Responsibility?" TalkingTreeBooks.com, accessed January 4, 2018, https://talkingtreebooks.com/definition/what-is-responsibility.html.

5. '트윈'(tween, 초등학교 고학년)이라는 단어는 1941년에 처음 등장했으나 최근까지 널리 사용되지 않았다. 1920년대에 프리틴(preteen)이라는 단어가 등장했다. 둘 다 그 연령대의 아이들에게 신제품을 팔기 위해 만든 단어였다. 출처: "Tweens, teens, and twentysomethings: a history of words for young people," *Oxford Dictionaries*, accessed February 19, 2018. https://blog.oxforddictionaries.

com/2015/01/13/tweens-teens-twenty- somethings-history-words-young-people/.

6장 가족에 대한 진리와 거짓말

1. John Piper, "Your Kingdom Come: Matthew 6:9–13, Part 1," Desiring God, Look at the Book video, 9:13, January 1, 2015, https://www.desiringgod.org/labs/your-kingdom-come.

2. Philip Yancey, *Prayer: Does It Make Any Difference?* (Grand Rapids: Zondervan, 2010), 172.

3. "What does the Bible say about contentment?," Got Questions, https://www.gotquestions. org/Bible-contentment.html.

4. Google Dictionary, s.v. "content," definition #1.

7장 죄에 대한 진리와 거짓말

1. Mark R. McMinn, *Why Sin Matters: The Surprising Relationship Between Our Sin and God's Grace* (Wheaton, IL: Tyndale, 2004), 110–11.

2. 낸시 드모스 월게머스의 『여성들이 믿고 있는 거짓말』(세움북스 역간)에서 인용. 이 인용문은 여자 어린이를 위한 『앗, 내가 이런 거짓말을 믿었다니!』의 독서 수준에 맞추기 위해 출판사의 허락을 받아 수정했지만, 본래 의미는 그대로 유지했다.

8장 여자에 대한 진리와 거짓말

1. Jesse Singal, "When Children Say They're Trans: Hormones? Surgery? The choices are fraught—and there are no easy answers," *The Atlantic*, July/August 2018, https:// www.theatlantic.com/magazine/archive/2018/07/when-a-child-says-shes-trans/561749/.

2. Paul McHugh, "Transgender Surgery Isn't the Solution," *Wall Street Journal*, June 12, 2014, updated May 13, 2016, https://www.wsj.com/articles/paul-mchugh-transgender-surgery- isnt-the-solution-1402615120.

3. Alfred Gluckman, *Sexual Dimorphism in Human and Mammalian Biology and Pathology* (Cambridge, MA:

Academic Press, 1981), 66-75.

4. Igor Klibanov, "Key Structural Differences Between Men and Women," *Fitness Solutions*, February 23, 2016, https://www.fitnesssolutionsplus.ca/blog/key-structural-differences-be- tween-men-and-women/.

5. Christian Jarrett, "Getting in a Tangle Over Men's and Women's Brain Wiring," *Wired*, December 4, 2013, https://www.wired.com/2013/12/getting-in-a-tangle-over-men-and- womens-brain-wiring/.

10장 우정에 대한 진리와 거짓말

1. 욥기 2:11-13, 6:14-27, 19:21-22, 42:7-9.
2. 사도행전 15:3-16:10.
3. 누가복음 22:47-62.
4. "Bullying Facts and the Challenge to be Met," *Anti-Bullying Institute*, http://antibullying institute.org/facts#.WzPlRthKhQN.

11장 미래에 대한 진리와 거짓말

1. 영어 성경 New International Version.
2. 『스트롱 용어 색인』(Strong's Concordance)에 따르면, 이 그리스어 단어는 자연스러운 애정이 부족하고, 친족이나 가족에게 냉담한 태도를 취하는 것으로 해석된다. http://biblehub.com/greek/794.htm, accessed on July 25, 2018.
3. Eleanor Barkhorn, "Getting Married Later Is Great for College-Educated Women: For everyone else, the results are mixed," *The Atlantic*, March 15, 2013, https://www.theatlantic.com/ sexes/archive/2013/03/getting-married-later-is-great-for-college-educated-women/274040/.
4. Jenna Goudreau, "Why Stay-at-Home Moms Should Earn a $115,000 Salary," Forbes, May 2, 2011, https://www.forbes.com/sites/jennagoudreau/2011/05/02/why-stay-at-home- moms-should-earn-a-115000-salary/#5878aeda75f4.
5. Jane Daugherty, "Living in a Microwave Society," *Whole Magazine*, October 6, 2013, http:// www.

wholemagazine.org/posts/olemagazine.org/2013/10/living-in-microwave-society.html.

12장 뿌리를 뽑으라(거짓을 알아차리고 바꾸는 방법)

1. Daniel Amen, *Healing the Hardware of the Soul* (New York: Free Press, 2002), 158.

2. Amen, *Healing the Hardware of the Soul*, 194.

3. Dr. Caroline Leaf, *Who Switched Off My Brain?* (Southlake, TX: Thomas Nelson, 2007), 59.